走出
情感虐待

远离关系中的羞耻感，
重塑自信人生

ESCAPING
EMOTIONAL ABUSE

HEALING FROM THE SHAME YOU DON'T DESERVE

[美] 贝弗莉·恩格尔 著
（Beverly Engel）
李昀烨 译

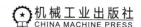

机械工业出版社
CHINA MACHINE PRESS

图书在版编目（CIP）数据

走出情感虐待：远离关系中的羞耻感，重塑自信人生 /（美）贝弗莉·恩格尔（Beverly Engel）著；李昀烨译 . —北京：机械工业出版社，2023.9

书名原文：Escaping Emotional Abuse: Healing from the Shame You Don't Deserve

ISBN 978-7-111-73605-9

I. ①走… II. ①贝… ②李… III. ①心理交往 – 通俗读物 IV. ① C912.11-49

中国国家版本馆 CIP 数据核字（2023）第 157125 号

机械工业出版社（北京市百万庄大街 22 号　邮政编码 100037）
策划编辑：朱婧琬　　　　　　　责任编辑：朱婧琬
责任校对：张昕妍　彭　箫　　　责任印制：李　昂
河北宝昌佳彩印刷有限公司印刷
2023 年 10 月第 1 版第 1 次印刷
147mm × 210mm · 9.875 印张 · 1 插页 · 227 千字
标准书号：ISBN 978-7-111-73605-9
定价：69.00 元

电话服务　　　　　　　　　　网络服务
客服电话：010-88361066　　机 工 官 网：www.cmpbook.com
　　　　　010-88379833　　机 工 官 博：weibo.com/cmp1952
　　　　　010-68326294　　金 书 网：www.golden-book.com
封底无防伪标均为盗版　　　　机工教育服务网：www.cmpedu.com

赞誉

本书如同一个温暖、富有同情心且极具洞察力的向导。恩格尔的语言仿佛一针强力解毒剂，祛除了情感虐待所带来的看似不可撼动的羞耻感。这本书的每一页都充满了希望、疗愈与智慧。

——杰克森·麦肯齐（Jackson MacKenzie），

《如何不喜欢一个人》（*Psychopath Free*）作者

这是一本指南，内容丰富且全面，能够帮助你理解并克服情感虐待。贝弗莉·恩格尔能给你所有你需要的信息，令你不再责怪自己，重新掌控自己的生活。

——伦迪·班克罗夫特（Lundy Bancroft），

《他为什么打我》（*Why Does He Do That?*）作者

对于每一个感到自己在情感上受了虐待的人，无论女性还是男性，我都强烈推荐本书。我十分感激作者能写出那些有关情感虐待如何使人产生羞耻感的内容，这种羞耻感极易危及人的自尊与自我。

——兰迪·克雷格（Randi Kreger），

《与内心的恐惧对话》(*Stop Walking on Eggshells*)、

《边缘型人格障碍基本指南》

(*The Essential Guide to Borderline Personality Disorder*) 作者

这本用爱和专业知识写成的书，可以算是专为受虐者所写的、极具同情心的指南。它为被羞耻感和情感虐待困扰的读者找到了疗愈的路。

——达琳·兰瑟（Darlene Lancer），家庭与婚姻治疗师，

《战胜羞耻与依赖》(*Conquering Shame and Codependency*) 作者

　　我坚信，这是我所写的最重要的书之一。虽然我与情感虐待的受害者一起工作已超 35 年，并写了四本与此主题相关的书，但我发现仍需要为读者提供更多的书籍。

　　情感虐待是最难被识别的虐待类型之一，因为它十分隐蔽且具有迷惑性。虽然情感虐待造成的损害十分严重，但由于其发生的速度十分缓慢，一开始受害者几乎难以注意到。情感虐待一开始产生的伤害或许十分细微，以至于受害者很容易觉得并不重要或否认这种伤害，乃至坚信这只是自己想象出来的。因此，帮助人们意识到自己正在受到情感虐待至关重要。但这也并非问题的全部答案所在。

　　我不止一次观察到，即使人们意识到自己正在遭受情感虐待，也未必准备结束这段关系。这是因为大多数情感虐待的受害者都在忍受羞耻感，这种羞耻感很可怕，且具有耗损性，令他们丧失了采取行动的动力，让他们无法相信自己原本值得拥有更好的东西。

比起意识到自己在情感上受到的虐待和伤害，克服羞耻感同样重要。除非意识到自己的羞耻感并开始修复它，否则你会感到束手束脚，难以逃离你们目前的情感关系。羞耻感会让你蜷缩起来，在你需要奋起抵抗和感受力量的时候，会让你感觉自己渺小无力。你会因为伴侣的行为而自责，有时还会为自己受虐待后的反应而感到难过。

我意识到我应该传达一个强烈的信息，让情感虐待的受害者明白即使他们已经知道这一点，结束所处的受虐关系也很不容易，这是可以理解的。我需要帮助他们，让他们不再因遭受虐待而责怪自己，还要帮助他们认识到自己应该得到关照和尊重，这尤为重要。

直到近来，羞耻感还是人们最不了解的情绪之一。人们对于羞耻感的看法，与他们对愤怒、悲伤或恐惧的看法不同。对于那些受到情感虐待的人而言，羞耻感是最该被识别的情感。正是由于羞耻感，大多数人还维持着虐待关系。

无论你选择保持你们的关系还是选择结束，如果你想重拾勇气、力量和决心，你需要直面施虐者，并／或结束一段情感虐待关系，总之你需要摆脱羞耻感。

羞耻感是情感虐待中最具破坏性，或许也是最难疗愈的要素。羞耻感让受害者始终处于虐待关系中，这会让他们的自我体验非常糟糕，以至于开始坚信他人想要抛弃自己。一旦你不断地感到羞愧，便会感到自己毫无价值、不再可爱，此时你受的伤害已然无法修复。加上受害者由于无法勇敢地面对施虐者，或无法面对逃离这段亲密关系带来的羞耻感，他便会看到情感虐待究竟怎样制造了一个"羞耻感的牢笼"。就像被关在监狱中的人没有自由一样，情感虐待的受害者也会感到困顿和无力。

要想逃离束缚你并持续令你疲惫不堪的羞耻感的牢笼并不是一件容易的事。你应该知道被虐待并非自己的错，忍受它本身已是一件艰难的事情。接下来，你需要开始相信自己应该获得更多尊重与关注，而这是一项艰巨的任务。再接着，你需要能力来支撑自己的信心，进而开始为自己挺身而出，去定义情感虐待并与之划清界限。最后，你或许需要更多自信才能够离开施虐者，他们往往是你仍爱着的人。在本书中，我将一步步地指导你完成这些艰难的任务，制订一份计划，帮助你疗愈羞耻感，从施虐伴侣的魔爪解脱，并变得更有力量。

本书还有两项更重要的使命，即支持和鼓励。

遭受情感虐待是一种孤立无援的体验。你的伴侣或许会阻止你去看望家人和朋友，你或许也会因为受虐而感到羞耻，进而与家人和朋友保持距离。你或许已经向他人敞开了心扉，对方却因为你没有离开这段关系而批评你，或是因为你正考虑离开这段关系而批评你。无论哪种情况，你或许都没有得到需要的支持。你或许感到相熟的人都无法理解你的处境，但我感同身受。我童年时就深受情感虐待，即使我当时还不明白这一点，但我知道无论我怎么努力，都无法取悦母亲，这曾让我一直感到困惑。我确信自己遇到了很大的问题，却完全找不到可以交谈的人。我当时是孤身一人。

而我想让你知道，你并不孤单。我想让你知道，无论你决定做什么，我都会支持你。

在思考要逃出羞耻感的牢笼应当做些什么时，你会发现这似乎是一项令人望而却步的任务。但我会在这趟旅途中与你同行，从一开始感到羞耻和恐惧，直到获得自我关怀○与内心的力量。我的这套计划将使这趟看似不可能的旅程成为现实。

○ 自我关怀，self-compassion，根据语境，compassion 有时译为"同情"。——译者注

　　我为你提供的这套综合计划经过精心设计，让你从明白情感虐待及其影响开始，直到了解如何从伴侣的谎言、操控和批判中解脱出来。这套计划会帮助你决定是留在这段关系中还是结束它，假使你真的能离开这段关系，它还能帮助你免于重蹈覆辙。最重要的是，这套计划将帮助你疗愈虐待带来的羞耻感。

　　这套高效的"降低羞耻感计划"（Shame Reduction Program）是为了帮助我的来访者，他们正遭受着我所说的"耗损性羞耻感"。本计划由五个主要方法构成，能够减少或消除情感虐待带来的羞耻感。

　　1. 情感虐待的去程式化。许多情感虐待的受害者都被洗脑了，需要消除这种有毒的思想。我会为这个最重要的过程提供信息与方法。

　　2. 表达愤怒。羞耻感会耗尽我们的精力，愤怒则能够激发和增强我们的能量。表达愤怒能够帮助你逐渐感觉不那么无助和无望，并开始感觉更有力量。它可以帮助你不再那么害怕施虐者，甚至可以帮助你想象自己勇敢地面对施虐者。也许最重要的是，它能帮助你将羞耻感还给施虐者。我会提供一些方法和技巧，以帮助你克服一切对愤怒的恐惧，并且用健康安全的方式发泄你的愤怒。

　　3. 自我关怀。假如我们真的要拯救病人，我们要知道，羞耻感的毒性如同大多数毒药一样，需要与另一种物质中和。同情心是唯一能与羞耻感中和的。自我关怀能教会你如何与自己形成一种内在的同情关系，以对抗你因遭受情感虐待而体验到的羞耻感。首先，你会学习到具体的同情心态和相关技能，它们可以扭转你因受到虐待而责怪自己的倾向，并帮助你理解自己为何对消除虐待感到无计可施。其次，这套计划也将帮助你理解为什么自己一直维持着这段关系，并原谅自己在受虐经历中可能表现出的负面行为，包括酗酒、药物滥用以及一切对自己与身体的粗鲁行为。最后，自我关怀能帮助你给予自己一些迫切需要的滋养、理解和认可，这样你才会感到自己值得被关心、尊重和接受。基于上述所有原因，自我关怀将是本书的重要关注点之一，也是疗愈羞耻感的主要方法之一。

4. 自我宽恕。 自我宽恕是减少乃至消除羞耻感的有效方法。在这一部分中，我将引导你一步一步地完成和自我宽恕相关的主要任务。首先，那些受到羞辱或虐待的人，需要在虐待这件事上原谅自己。其次，他们需要原谅自己留在这段亲密关系中，原谅对自己孩子和他人的伤害。最后，他们需要原谅自己对自己造成的伤害。

5. 善待自己。 羞耻感或许会令许多读者无法善待自己，正如他们很难接受他人的善意。你可能不相信自己应该得到所爱之人那样对待自己，让自己自然地感受到耐心、温柔和安慰。希望本书提供的方法能够改变你的这种看法。你甚至可能不知道该如何善待自己，但只要你坚信自己值得，本书就能帮助你学会如何实践。

除了帮助你减少羞耻感，我还能帮助消除你由于不知下一步该做什么而产生的恐惧和不安全感。你应该结束这段亲密关系吗？毕竟，你曾给过这个人承诺。你是否应该正视自己的伴侣，希望他／她能够认识到自己的虐待行为并努力改变吗？若一个人的童年十分糟糕，你可以放弃他／她吗？同时，还存在其他问题：我能够独自完成任务吗？把孩子从他的另一位至亲身边带走是对的吗？对于任何人而言，这些都是很难思考的问题，却又都需要答案。

"他"还是"她"

你打开本书时，会注意到案例中呈现的受害者有男有女。我举这些例子是因为我想让每个人都知道，情感虐待在所有类型的亲密关系中均有发生，无论其性别如何。

不管你贫穷还是富有，是否受过高等教育，是外出工作还是全职照料家庭，情感虐待都有可能在你身上发生。本书的主要目的之一就是消除情感虐待给你带来的羞耻感，包括由于你无法承认自己是这类虐待的受害者而产生的羞耻感。

为何我使用"受害者"而非"幸存者"来描述

你可能已经注意到，我采用了"受害者"（victim）这个词来描述情感受虐者。我刻意这样做是想让你认识到，你确实被自己的伴侣伤害了。

承认自己是情感虐待的受害者（或者任何事情的受害者）或许非常困难。无论任何时候，当一个人受到伤害，他都会感到无助，这种无助会让人感到羞耻。承认自己是受害者会让人深感自己软弱，甚至认为自己不如其他人。许多人认为受害者是一个贬义词，是软弱或"失败者"的同义词，但受害者的实际定义是，"一个人因犯罪、事故或其他事件和行为而受到伤害乃至被杀害"。在我们习惯憎恶与指责受害者的文化中，这个词更多是一种侮辱，而非准确的定义，以表明一个人遭受了（另一个人）或多个人的创伤。我们对这个词的糟践，已经到了用它来贬低、诋毁和中伤那些遭受过人性最坏一面之人的地步。

而我特意采用"受害者"这个词，就是因为不想让你所遭受的虐待被轻视。你确实是个受害者。你是遭受着伴侣情感虐待的受害者，还伴随着受虐经历带来的耗损性羞耻感。承认自己是情感虐待的受害者，实际上已经向疗愈迈出了第一步，因为没得到承认的事情根本谈不上疗愈。

根据《韦氏词典》的解释，"幸存者"（survivor）一词主要有两个定义：①"存活或存在着"，②"继续运作或持续繁荣"。事实上，"幸存者"这个词并未真正描述大多数情感受虐者会如何阐释自己与伴侣当下的经历。他们当然依旧存在且正常生活着，我却很难说他们处于"繁荣"和最佳状态。

我相信"幸存者"这个词或许会对人们理解受害者及其疗愈产生误导。这个词鼓励受害者去"克服"，而非解决并因这种痛苦而同情自己，但这是疗愈过程中最重要的一步。当你能够疗愈自己的羞耻感，足够勇敢地面对施虐者或是结束这段关系时，你就会成为"幸存者"。

多年以来，我收到了许多来访者的反馈，他们都表示被称作幸存者时会感到受了冒犯，尤其是在刚开始修复受虐创伤的时候。他们告诉我，他们想自己决定这个称呼，在体验到实质性的康复之前，幸存者这个词还不适合他们。而另一些人之所以愿意被称作幸存者，是因为这样能掩盖他们受的伤，幸存者这个词相对于承认自己是受害者要令人舒服一些。

在很大程度上，我之所以用受害者来形容受到情感虐待的成年人，并非在削弱你的力量感。不是我不相信你在痛苦的虐待中幸存了下来，而是我想让你意识到，你确实被自己的伴侣伤害了。

若是你对受害者一词有很强烈的反应，那请你自问为何会这样。有没有可能你还在为自己确实是受害者这一事实而苦苦挣扎呢？是否因为你的内心深处还在深深自责呢？是否你自认为受害者太软弱，认为受害者本就是失败者，因此你才厌恶成为受害者？

如果上述问题中任何一个的答案是肯定的，我希望本书能够帮助你重新斟酌这些愚昧的想法。我希望你能明白，成为受害者并非软弱的表现，而是你在人生中可能遇到的一种状态。我们都会在生活中的某一刻沦为受害者，大多数人都会不止一次成为受害者。我们无法阻止自己成为受害者，但我们能够向自己承认这点，明白自己应该抗争，同情自己的遭遇，并使用各种需要的方法让自己摆脱受虐的境地。本书将帮助你完成上述事情。

第三部分 —— 〇

决定
自己
的去留

第四部分——〇

当你离开以后

第一部分

羞耻感与情感
虐待的关系

第 1 章

情感虐待与羞耻感的完美联合

> 她的身体是牢笼，思想是牢笼，回忆也是牢笼。她曾爱过的人……却让她承受难以逃脱的伤，今夜，天空仿佛都是个牢笼。
>
> ——安·布拉谢尔（Ann Brashares），
> 《姐妹情深》(*Sisterhood Everlasting*)

假如你正处于一段情感虐待的关系中，你可能会觉得自己像待在监狱里。你无法自由地按照所选的方式生活，因为你总是需要迎合他人。你总害怕因"做错事"而被指责。你总要为自己和自己的动机做解释。

你的伴侣可能必须控制你生活的方方面面：你如何花钱，花多少钱，穿什么衣服，和谁交往。他／她可能有过强的占有欲和嫉妒心，指责你与他人调情，更甚至指责你有外遇。你或许会感觉做任何事都有受到批评和诬陷的风险。

正因如此，你感到自己被困住了，无法逃脱，甚至难以想象为何变成这样。你可能会感觉自己无法忍受再和伴侣多待一天，又会担心失去对方后自己将无法生活。你或许会感觉遭受情感虐待已经再糟不过了，可你又会担心假如失去了伴侣，情况或许会更糟。

情感虐待可能会让受害者深陷羞耻感的牢笼，因为即使知道自己受到了虐待，也可能无力结束这段关系。受害者可能会因为多年受虐而疲惫不堪，失去自信和勇气，乃至失去生存的意志。

把一个人关进监狱，目的是限制、惩罚和控制他。情感施虐者对自己的伴侣做了上述所有，实质就是让伴侣成为自己的囚犯。但我们更应该注意到，人之所以被关进监狱，是因为他"做了错事"。可事实上你并没有做错什么，不应该受到惩罚。帮助你重新认识到这一点是本书的主要目标。

情感虐待给受害者带来了强烈的羞耻感。如果人们受到的情感虐待时间足够长且足够强烈，他们便会认为自己不配得到尊重和爱。他们会渐渐相信，自己得不到尊重、耐心，受到蔑视甚至遭到残忍的对待都是理所当然的。他们经常会感到羞耻，以至于他们坚信自己不配对伴侣提出任何要求，也难以对其抱有任何期望。

⌘ ⌘ ⌘

阅读过以上内容，你可能会对号入座。你或许非常清楚自己正处于一段情感虐待的关系中，并可能由于无法离开伴侣而感到非常羞耻。你可能每天都要因为他／她的言行而痛苦，可能会敏锐地意识到他／她的虐待将让你感觉非常羞耻。

又或者，你只是怀疑自己受到了情感虐待。你或许没有意识到在情感虐待的影响下，自己正遭受多大的羞耻感。事实上，你可能会对自己是否遭受了伴侣的虐待感到十分困惑，你可能会因为亲密关系中出现的问题而责怪自己。

不管你的处境如何，只要你正在读这本书，你很可能感到困惑。因此，除了受到羞耻感的囚禁外，你还可能受困于困惑感。你可能无法理解什么是情感虐待行为，你也可能会困惑于自己应该得到伴侣怎样的对待。你可能会摇摆不定，在某一天深感自己受了虐待，第二天又会质疑这是不是真的。你可能会犹豫不决，不知到底该将你们关系中的问题完全归咎于自己，还是认为伴侣的所作所为只是由于情绪问题。

你可能已经开始严重地自我怀疑，不断问自己一些问题，比如"我是不是把事情搞得太夸张了""我是不是反应过度了"，或"我是不是在胡思乱想"。

你也可能感到困惑，不知道是应该结束你们的关系，还是继续努力改变。又或者，你可能知道自己应该结束关系，但又害怕会对决定后悔。

事实上，那些受到情感虐待的人时常感到困惑，其中有很多原因。遭受情感虐待有一个主要症状，就是你在很多时候都会感到心理失衡、感到不确定性和迷茫。这实际上往往是某些施虐者的目标所在；他们知道，如果能让你感到困惑，就能更好地控制你。

你的伴侣可能会不断地告诉你，说你有很多地方不对劲儿，而你很可能选择相信他。也许你听说过甚至阅读过有关情感虐待的知识，你能意识到伴侣对待你的某些方式可能确实是情感虐待。然而即便如此，你仍然可能责怪自己，认为是自身原因导致伴侣以这些消极的方式对待你，而你的伴侣也是这样告诉你的。他表示如果你照他说的做，他就不会这样发脾气了。他表示是你伤他太深，他才对你大发雷霆。他说他想要的，就是你通过按照他要求的事来做，表达对他的爱。

本书的另一个目标就是打消你的困惑。我想让你能够确定自己是否受到了情感虐待；如果是，进而能够认识到这种情感虐待对你造成的伤害。确定你是否受到情感虐待的最重要的方法之一，就是开始注意自己的精神和情绪状态。下面是情感虐待最常见的影响。在阅读这份清单时，请记下这些影响或症状中与你相符的项目。请在符合你当前状态的症状旁边打上标记。

☐ 持续或压倒性的混乱感

☐ 经常感觉"失衡"或失去方向

☐ 抑郁（缺乏活力，一种厄运即将到来的感觉，丧失生活乐趣，经常哭泣）

☐ 无望和绝望感

☐ 无助感

☐ 感觉自己毫无价值和／或不讨人喜欢

☐ 难以集中注意力

☐ 难以做出决策

☐ 感到不确定性和不可预测性

☐ 失控感

☐ 自我批评陡增

☐ 自尊和自信心降低

☐ 极大的负罪感

☐ 耗损性羞耻感

☐ 自毁行为（有意识或无意识地试图自我伤害或惩罚）

☐ 不安全感和恐惧感增加

☐ 严重自我怀疑

☐ 极度焦虑

☐ 持续恐惧，过分警惕

☐ 害怕失败

☐ 慢性应激状态

☐ 缺乏性欲或快感

☐ 与情感分离

☐ 与躯体分离（解离）

☐ 麻木

☐ 强迫思维

☐ 与他人疏远

☐ 创伤后迹象（惊恐发作、梦魇、闪回、创伤后应激障碍）

☐ 健康问题（尤其是慢性压力引发的问题，如高血压、心跳加速、肌肉紧张和疼痛）。一些研究人员推测，情感虐待可能导致慢性疲劳综合征和纤维肌痛综合征等疾病的发生虽然这些症状中的一部分在其他条件或情况下也很常见，但这一系列症状的组合尤为重要。如果你发现自己占了上述症状中的多数，则可能有强烈的迹象表明你确实受到了情感虐待。如果你确信自己受到了虐待，那么认识到这些影响则有助于你意识到自己留在这段关系中需要付出的代价。

上述情感虐待影响中，有不少也是抑郁症的症状（如丧失精力或愈发疲惫；无价值、无助和绝望感；不恰当的内疚感；难以思考、集中注意力或做出决定）。所以重要的是你应该注意到，有很多最令你乃至你的伴侣感到不满的行为实际上都是情感虐待的结果！换句话说，考虑到你正在接受治疗，你会以这些方式行事是完全合理的。

尽管认识到自己正遭受诸多症状的折磨后，你可能会不知所措，但这也可以改变你的生活。你可能注意到了这些症状（也可能没有注意到），但即使注意到了，也可能没有将其和情感虐待相联系；你没有意识到这些症状或许与伴侣对待你的方式有关。而这种认识，可能正是一种动力，驱使你在这一情况下决定该何去何从。

羞耻感与情感虐待的联系

到此，我们来到了本书的主要关注点：羞耻感和情感虐待的联系。目前为止，羞耻感是情感虐待最具破坏性的结果。羞耻感伤害了受害者的自尊，以至失去了自信，失去了看清真相的能力。更糟糕的是，羞耻感还会让人相信自己本该受到虐待。

羞耻感是施虐者使用的最具破坏性的武器之一，或许也是最有效的武器。情感施虐者将羞耻感作为控制受害者以及二人关系的一种方式。这种羞耻感慢慢削弱了受害者的自尊和自信，使其对自己产生怀疑，最终质疑自己的理智。当受害者感到虚弱、疲惫和困惑后，就会失去反击的能力。即使受害者意识到自己受到了情感虐待，也有不少人会开始觉得没有其他人想接纳他们了，或者认为自己离开施虐者将无法生活。这反过来又增加了他们的羞耻感。他们会用一些话来惩罚自己："我怎会如此软弱，竟然会与这般虐待我的人待在一起"，或者"我这是怎么了"。由于羞耻感，不少受害者会向家人和朋友隐瞒他们受虐的事实，但保守这个秘密会带来更多羞耻感。很快，受害者就会被羞耻感包围，进入羞耻感的牢笼。

情感虐待有一些形态尤其令人羞耻。包括以下这些形态：

❖ **羞辱你**，尤其是在他人面前。"你怎么会忘了拿蛋糕呢？你怎么会是个这样的母亲？"

❖ **嫌弃你**。"这真是个荒谬的想法。"

❖ **贬低你**。"你不过是赢了一场征文比赛，而当时只有10名其他参赛者。"

❖ **轻视你**。"你自以为很聪明，是吗？你难道不知道，你能做的事，大多数人把手绑在背后都能做到吗？"

❖ **进行言语羞辱**。"你穿那条裙子看起来就像个荡妇。"

❖ **嘲讽你**。"哦，可怜的孩子，你看上去不太舒服，想要喝瓶酒吗？"

❖ **不断地当面揭你的短**。"记住，是你让我们陷入困境的。"

❖ **用消极的方式拿你与他人比较**。"我希望你像你姐姐那样拥有高薪工作，我就不用这么辛苦地工作了。"

❖ **不断地找你的碴。**"你怎么什么事都做不好呢？我告诉过你，现在不是刷墙的好时候。"

❖ **无法被你取悦。**"你什么时候才能学会做饭？这可太糟了。"

❖ **进行侮辱性评价。**"你的发型看上去真可笑。"

❖ **"煤气灯"式操纵。**⊖"我真不敢相信，你昨晚在聚会上跟汤姆如此调情，你应该为自己感到羞耻。"（而当时你根本没有调情）

❖ **情感勒索。**"要是你不愿意做这件事，我就去找一个愿意的人。"（此处指性行为）

言语虐待是情感虐待最常见的形式，可能也是最令人感到羞耻的。它常常不易被识别，因为它往往微妙而隐秘。它可以被伪装成"建议"或"指导"，也可以用充满爱意、平静温和的声音被说出来，还可能间接出现，比如隐藏在一个玩笑里。除了上面列出的言语虐待形式，我在下面还列出了一些可被称为口头辱骂的行为。

❖ 直接辱骂你

❖ 污蔑你

❖ 嘲笑你或拿你开玩笑

❖ 奚落你

❖ 轻视你的需要和欲望（否定它们）

❖ 拒绝采纳你的意见

❖ 指责你做了本没做过的事

❖ 对你极尽讽刺

❖ 贬抑你的想法

⊖ 指通过不断灌输虚假、扭曲、片面、消极的思想来攻破受害者的心理防线，从而进行符合自己利益的情感操控的行为。——译者注

❖ 对你的观点和想法不屑一顾

❖ 过分地干预你

❖ 否认那些他／她明显做过的事

❖ 威胁你

❖ 吓唬你

除了最后三种以外，上述所有类型的言语虐待都是为了羞辱受害者。而施虐者通常会使用最后三项来自我防御或让受害者闭嘴。拒绝被取悦则是另一种十分令人产生羞耻感的情感虐待形式。下面是我的来访者布兰迪的例子。

我丈夫总是对我的体重抱怨不已。他会对我说："你又在吃东西了吗？"或者"你变得和你姐姐一样胖了。"他告诉我，我对他没有性吸引力了，被别人看到和我待在一起，会令他很羞耻。我想吸引我的丈夫，他对我不感兴趣令我十分难过。我开始变得十分自卑，不再去任何地方，因为我确信他人也会用挑剔的眼光看我。最终，我因为太过羞耻而开始节食，每天散步。我瘦了很多，自我感觉也到达了婚后的最佳状态。可他非但没有为我的减肥成果感到高兴，反而开始抱怨男人会如何与我调情。我感觉很是挫败。我很想取悦他，他却仍然在挑我的刺。

接下来，他开始指责我和其他男人调情。我本不相信我会这样，可他如此确定，让我陷入了怀疑。毕竟，我确实喜欢其他男人觉得我有魅力。然后他说我有外遇了。不管我怎么否认，他都还是坚持。他开始对我严加看管，整天在工作时间打电话给我，我下班仅仅晚到家几分钟他就生气。我不愿意因减肥而让他感到如此没有安全感，于是我不再每天散步，体重开始反弹。但这仍不能阻止他指责我有外遇。甚至，他又开始抱怨我的体重了。直到此时我才开始意识到，无论我做什么都无法取悦他。他总会挑出我的毛病。我认为他这是在羞辱我，以此让我感觉自己很糟糕。

情感虐待和羞耻感齐头并进，可以说是一场完美的"联姻"。羞耻感是情感虐待的主要因素，因为它是情感虐待行为的起因，也是情感虐待造成的主要伤害，还是施虐者采用的主要工具。认识到羞耻感如何影响你，了解羞耻感如何消耗你，将是你"越狱"的第一步。

身体虐待与情感虐待

身体虐待是对身体的攻击，情感虐待则是对精神和灵魂的攻击。情感虐待造成的伤害比身体虐待更为深刻，也更容易颠覆生活，它会导致受害者质疑自己的存在，怀疑自己为人的价值，怀疑自己令伴侣满意的能力，甚至怀疑自己爱别人的能力。

情感虐待在很多方面都比身体虐待更加有害。主要原因在于，身体虐待是周期性的。在经历一段充满悔恨、在意、关爱和宽容的蜜月期之后才会有一场激烈的爆发。而情感虐待每天都在发生，它的危害更大是因为情感虐待发生得太频繁了，而且不存在休息时间让受害者疗愈情绪。

情感虐待比身体虐待更有害的另一个原因在于，受害者极有可能责怪自己。假如有人打你，你很容易就能看出问题出在对方身上，但如果虐待的方式微妙，比如明里暗里表示你很丑、作为父母亲很糟、愚蠢或无能、没有人会爱你，你则更有可能认为这是自己的问题。本书最重要的一方面内容就是告诉你应该开始质疑，并最终对那些负面的、令人羞耻的信息说"不"，这些信息不仅不真实，而且实质上就是情感虐待。

最后，重要的一点是你该知道，情感虐待的受害者往往会比那些经历过身体虐待的人留下更严重的后遗症。他们更有可能经历更高度的焦虑和抑郁，罹患创伤后应激障碍（PTSD）的概率会更高，他们未来也往往更难信任他人，不健康的亲密关系也更有可能出现反复。（请注意一个要点，身体虐待和情感虐待也可能是同时发生的，这取决于施虐者与实际情况。）

逃离自我批评和自我怀疑的牢笼

你或许意识到自己受到了情感虐待，但你仍然可能感觉自己被困在了亲密关系里，无法改变或结束这段关系。你可能已经进行过多番尝试：跟伴侣探讨他对待你的方式，尝试无视他的言行，甚至威胁说如果他再不改变，你就离开。你可能也意识到了应该离开伴侣，却发现无法做到这点，因此你或许会认为自己软弱或愚蠢，认为自己出了很大的问题。你甚至可能尝试过离开，但当你发现自己想念对方、怀疑自己，或者很难独立了断时，就会回心转意。你或许不仅感觉自己被囚禁在了这段关系中，而且被你认为的懦弱所禁锢。

我写本书的目的不仅在于帮助你逃离情感虐待和羞耻感的牢笼，还在于帮助你逃离自我批评和自我怀疑的牢笼。在本书中，你不仅能更清楚地了解情感虐待，还能了解到它如何缓慢地侵蚀你的自尊和自信，进而让你怀疑自身，怀疑自己的认知和信念，甚至怀疑自己的理智。你将学着如何从那个不善待你的伴侣身边挣脱，即使你还爱着他。最重要的是，你会领悟到自己应该得到更好的生活，在这种生活中，别人不会议论你是多么缺乏吸引力，多么懒惰、自私、无能和愚蠢。在这样的生活中，你可以自由地做出自己的选择和决定，并且知道它们对你而言是正确的。在这样的生活中，你能够自由地弄清楚自己想要什么、需要什么，而不总是首先考虑伴侣的需求。这种生活之所以能让你自我感觉良好，并不是因为你取悦了伴侣，而是因为你能取悦自己。

我希望通过阅读本书，你能开始相信你自己，相信你有权得到快乐。你能够不再相信虐待你的伴侣口中的抱怨和侮辱，而是开始相信关于你自己的真相。你不再愚蠢，不再自私，不再无能，也不再懒惰。这些只是某些人给你编造的谎言，他们想要也需要让你低头，任由你被困在这段关系中。在本书中，你将看到这些谎言的真面目，它们只是企图控制、操控和监禁你。

我的循序渐进计划

在本书中，我向你呈现了我特有的循序渐进计划，多年来，事实证明该计划对我的许多来访者都很有效。这套计划将帮助你首先认识到自己受了情感虐待，之后再决定是否需要结束这段亲密关系。其中包括：

❖ 开始认识到自己受到了情感虐待。

❖ 理解情感虐待是如何令你感到羞耻的。

❖ 理解情感虐待引起的伤害和羞耻感是如何作用于你的。

❖ 学会如何停止羞愧和自责，并开始更实际地看待自己的伴侣。

❖ 领悟到如何不再相信施虐者的谎言、操控以及对现实的歪曲。

❖ 学会对受虐表示愤怒，并释放这种愤怒。

❖ 学会应对伴侣的负面信息，并在内心建构一种积极的话语。

❖ 学习如何同情自己的痛苦遭遇，包括如何安慰自己，并确信自己的感受。

❖ 获得力量，为自己挺身而出。

❖ 更深入地了解关于羞耻感的个人过往，并原谅自己曾相信过施虐者。

❖ 理解自己为什么在关系中待了这么久，并原谅自己。

❖ 持续治疗自己的羞耻感。

你选择了本书，就迈出了重要的一步。毫无疑问，你有时候也会想停止阅读，因为相关的信息太令人痛苦了，这没什么。你不必着急。事实上，花点时间去吸收这些信息，或许比在书中飞快地寻找答案更有用。没错，本书中提供的信息重要而有力，不过实际上，你可能已经了解了一些我要与你分享的内容。你可能已经在内心拥有了想要的答案。你或许还没触碰到这些答案；它们可能还被深埋在伴侣不断对你进行批评、谎言和歪曲之下。不过无论如何，答案依然存在。你要慢慢地阅读，在阅读过程中感受自己的情绪，就像潜到那些让你看不到真实自己的迷茫、不确定和谎言之下。

除了那些重要的信息，我还设置了许多练习来帮助你寻找关于自己的真相。我以前的来访者以及阅读过我写的其他书的读者都告诉我，完成这些练习让他们获益良多。因此，我鼓励你也这样做，最好是在阅读本书的同时去做。这段旅程有些艰难，但在彼岸等待你的是自由与心灵的安宁，以及回到你的过去，成为那个完整而快乐的人。

第 2 章

确定自己是否受到了情感虐待

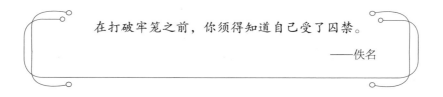

在打破牢笼之前，你须得知道自己受了囚禁。

——佚名

有时候，人很难识别情感虐待；更难于承认这确实是发生在自己身上的事情。在本章中，我们要探讨事情为什么会变成这样，我会提供一份调查问卷来帮助你做出决定。

情感虐待很难识别的主要原因之一便是它和身体虐待不同，情感虐待并无瘀伤，也没有任何外显的虐待迹象。创伤累积在心中，疤痕印刻在脑中。情感虐待甚至并不总涉及言语。它可以是眼神和手势。翻白眼、嗤笑、皱眉或者大笑都可能是情感虐待的形式，尤其是在别人面前这样做。情感施虐者甚至可以用某种批评或嘲弄的方式看着自己的伴侣，然后习惯性地发出一声失望或沮丧的叹息。他可以愤怒地翻着白眼，盯着别人，仿佛在说："哦，天哪，你敢相信她刚才说的话吗？"

发现并面对事实的路上遇到的阻碍

很不幸，在发现自己真实处境的道路上有很多障碍，而最大的障碍就是你可能并不相信自己的感觉与直觉。事实上，许多受害者不再相信自己的直觉，而开始相信伴侣的指责和贬低。比如，假如一个男人经常对女朋友说她懒惰、无能、情感冷漠，她很快就会开始相信这些关于她的事情。具有讽刺意味的是，由于他不断攻击她的个性，她会变得愈发沮丧，进而越来越没有动力和效率，她也会感到自己不再迷人，不再性感。

我的来访者雷蒙娜的丈夫不断抱怨她不想跟他同房。"自从我们结婚后，你就对我没兴趣了。仿佛你将结婚戒指戴在手指上后，就认为不需要再让我在床上开心了。"

雷蒙娜在我们的第一次咨询中与我分享了这点。

"你知道吗，事实上是我感觉自己无法被他吸引了。我根本不知道发生了什么。我以前是很喜欢和他做爱的，但现在对他没有任何感觉了。我并不责怪他的抱怨，我甚至不会责怪他和别人发生性关系，尽管他总是威胁我。我做错什么了？"

在进行咨询期间，雷蒙娜逐渐意识到，她丈夫不断的吹毛求疵、无理要求、完美主义和占有欲导致她在情感和身体上都开始自我封闭。正如我向她解释的那样，生理构造决定了女性需要感到安全和放松，才能接受性爱。那些经常受到贬低和情感虐待的人，自然就会封闭性欲。换句话说，女性的身体，尤其是生殖器官无法再通过润滑和放松来恢复活力，因此性爱不再舒适，甚至失去发生的可能。所以雷蒙娜对与丈夫发生性关系不再感兴趣，这是完全可以理解的。她的身体已处于封闭状态，以至于即使没有剧烈疼痛或不适的情况下也无法做爱（男性的身体不会以完全相同的方式对虐待做出反应，但他们会在情感上自我封闭，以至于与伴侣在一起时没有安全感）。

要确定自己是否受到了情感虐待还会遇到一个障碍——情感虐待可能是十分微妙的。下面的例子就说明了一些微妙的虐待形式。

我的来访者汤姆之所以来接受治疗，是因为他经常情绪低落，难以入睡，而且经常生病。他去看医生并做了彻底的检查，医生给了他一份身体健康的证明，不过建议他向心理咨询师寻求帮助。在几次治疗后发现，汤姆很明显受到了情感虐待。

"我妻子认为我不爱她，她一直在这一点上寻找证据。多年来，她总是抱怨我不再送花给她。因此，几周前，我记得在回家路上给她买了花。她却瞟了一眼花束对我说：'你明知道我不喜欢雏菊，又为什么要买呢？'

"现在我必须承认，她很久以前就告诉过我她不喜欢雏菊，但我忘了。我在买下搭配好的花束时，甚至没有想过问店员，这里面有没有雏菊。我认为我本应该这么做的。"

我问他："那你的妻子承认你是在乎她的，并且记得带花给她了吗？"

"不，她快被雏菊气坏了。"

"你有没有感觉自己根本无法处理这件事，永远不能取悦她？"我又问。

"嗯，没错，但有时我会认为她是对的。有时候也怀疑自己是不是真的爱她。"

"为什么呢？"

"嗯，当我通过做一些事情来表达自己的爱时，她常指责我只是在逢场作戏。为了弥补雏菊事件的失败，我带她去了一个非常不错的餐厅，吃了一顿浪漫晚餐。但她并没有为此感到高兴，还在晚餐时看着我说：'你只是想看起来体面一点，似乎你是个好丈夫一样。如果你真的爱我，你就不会买那些雏菊了。'"

"你对她说的这番话有何感想？"

"嗯，这的确很伤人，但在某种程度上，她是对的。我这么做就是想弥补自己在雏菊上犯的错误，并不是因为我感受到了爱。"

"那么她又提起了雏菊，对此你怎么看？"我问。

"哎，是啊，她经常这样，总是很难释怀。"

你能看出汤姆心里有多矛盾吗？他在指责妻子不可理喻和自己承担起整件事的责任之间摇摆不定。汤姆很轻易就相信了他妻子的抱怨和控诉。这是因为情感施虐者在操控中往往包含一定量的真相，而这足以让受害者感到困惑。

正如你从汤姆的故事中所见，受到情感虐待的不仅仅是女性。虽然最明显的情况是以男性为情感施虐者，女性为受害者，但越来越多的证据表明，男性受到的情感虐待几乎与女性一样多。一项研究调查了男性和女性的亲密关系暴力发生率，发现男性和女性感觉到情感虐待的可能性一样大。另一项研究的结果表明，男性受到情感虐待的总体风险可能正在增加。

受害者难以确定自己是否在情感上受到虐待的另一个原因在于施虐者非常善于转移注意力，为其行为找借口。当受害者试图抗议或指责伴侣的虐待行为时，其本人常被反过来说成"过于敏感"或"小题大做"。以下是施虐的一方为了迷惑伴侣或使伴侣放下防备而采用的一些常见手段。

❖"你反应过度了。"

❖"你迷糊了，我可没有这样做。"

❖"你可太夸张了。我不是那样的人。"

❖"你听错了吧。我永远不会说这种话。"

❖"你记性不好吧。我很清楚到底发生了什么。"

❖"是你太敏感了，不是我的错。"

❖"你可太夸张了。"

❖"我从来没有那样对待过你。这都是你想象出来的。"

❖"你只是在狡辩。"

❖"你不该让这件事困扰你。"

❖"你不应该这样想 / 感觉。"

上面的说法中，有没有一些让你听上去很耳熟？如果有的话，请你默默记下来，这些话都是施虐者用来混淆伴侣感受和认知的手段。

施虐者还很擅长分散和转移注意力，通过扭转局面来攻击受害者。如果你尝试着告诉伴侣，说他太挑剔了，对方很可能会告诉你："我太挑剔了？真可笑。你才是最吹毛求疵的！事实上，你现在就在挑我的刺！"如果你当面质疑伴侣的撒谎问题，他会马上指出你上次撒谎的时间。（"你之所以跟你妹妹说自己病了，不就是为了逃避家庭聚会吗？"）

情感虐待的构成要素

还有一个原因导致受害者很难确定自己是否受到了情感虐待，那就是许多人不清楚情感虐待是什么。在本书中，我将帮助你准确地识别情感虐待的形态、感受和语态，这样一来，你就可以将它与伴侣之间偶尔的伤害对方的形式区别开来。

大多数人一想到情感虐待，通常就会想到伴侣中的一方轻视或批评另一方。不过，情感虐待远不只是口头辱骂。广义上看，情感虐待可以被定义为任何使用贬低、羞辱或恐吓手段，以达到控制、威胁、征服、打压、惩罚或孤立他人目的的非身体行为。

情感虐待可以包括言语攻击、支配、控制、孤立、嘲笑或利用亲密的认知来贬低他人。它针对的是受害者的情感和心理健康，而且往往是身体虐待的前兆。

────────○ **公开的虐待与隐蔽的虐待** ○────────

我们要注意很重要的一点，情感虐待的发生模式可能是公开的，也可能是隐蔽的。公开的虐待就是公然贬低。当妻子公开地向其他家庭成员和朋友抱怨丈夫挣不到足够的钱，而且性格太懦弱不敢提出加薪时，这就是公开的虐待。

隐蔽的情感虐待要比公开的更微妙一些，但其破坏性并不亚于公开的虐待。当丈夫告诉妻子自己买不起某个东西时，妻子会若有所思地看他一眼，然后随口暗示也许其他男人能给她买，这就是隐蔽的虐待。

情感虐待是一种洗脑的形式，它会慢慢地侵蚀受害者的自我价值感、自信、安全感，乃至对自己和他人的信任。

身体虐待的爆发往往非常强烈，情感虐待则不同，它可能隐蔽而难以捉摸，它会慢慢瓦解一个人的自我意识和个人价值。情感虐待可以被比作缓慢下滴的水，一滴一滴，水滴石穿。最初，滴在额头上的几滴水并不会让你感到那么困扰，但很快，持续不断的水滴开始让你感到不安。你会用尽所有时间来预测下一滴水何时到来。你对水滴越来越敏感，直到最后，每一滴水感觉都像是迎面而来的一团烈火。

有时候，情感虐待会突然发生。你所爱的那个善良可爱的人，可能会完全变作另一个人。他会变得挑剔、不耐烦且苛刻。一个人原本如此爱你，无法忍受离开你，而突然之间，他却开始不断贬低你，完全无法跟你站在同一立场上。

正如前文提到的，情感虐待行为从言语辱骂（贬低、斥责、不断批评）到其派生出来的各种手段（恐吓、操控、拒绝被取悦、沉默）不一而足。

还有一些形式的身体行为也可以被看作情感虐待。事实上，这些行为有一个共同的名字，即象征性暴力（symbolic violence）。这些行为包括恐吓，比如"砰"的一声关上门；踢墙；摔盘子、家具或其他物品；当受害者在车内时鲁莽驾驶；破坏或威胁，声称要摧毁受害者珍视的物品。即使是较温和的暴力形式，比如向受害者挥舞拳头或手指，做出具有威胁性的手势与肢体语言，或者施虐者表现出想要杀死受害者的行为，都是带有象征性的暴力威胁。许多施虐者非常聪明，他们的施虐手法十分微妙，以至于受害者很难辨别出这些施虐行为。让我们来看看我的来访者珍妮的丈夫内森。

如果珍妮让内森做点什么事，比如修剪草坪，他就会笑着说："好的，我下星期六就去做。"可是好几个星期六过去了，珍妮发现草坪还没有修剪。"你为什么不在星期六修剪草坪呢？"她会问。"哦，我有些不舒服。我下个周末再做"，这是他的一贯回答。这种情况通常要持续几个星期，草坪没有人修剪，内森会找一些借口不去修剪。

最终珍妮开了口："如果你不打算修剪草坪，那我就雇个人来修剪吧。"这时候，内森就会情绪爆炸："你可真唠叨。我告诉过你我会弄的。你为什么要控制欲那么强呢?"这种情况在他们的婚姻中反复出现。内森会答应第二天早上把牛奶带回家,为他们的孩子泡麦片,但就是会"忘了"。在他们要去参加一个他不想参加的聚会时,他就会把车钥匙"放错地方"。他会在周六下午看完一部不情愿去看的电影后,"忘记"去接孩子。如果这时候珍妮生他的气,他就会勃然大怒,指责她控制欲强或不可理喻。无论内森做了什么,或是没做什么,他从来不会承担责任,反而会扭曲事实,让注意力集中在珍妮生气了这件事上。他表明一直以来自己都是受害者。

正是因为丈夫的这种行为,珍妮开始接受治疗。"我丈夫告诉我,是我太急躁,控制欲太强。但是,在他不断为忘记或不做某些事情找借口时,我不禁感到一阵不安。我已经到了很少要求他做任何事的地步了。都是我自己做,或者雇别人来做。我不再让他去接孩子,因为他让孩子们空等了太多次。我总感觉自己是被他操控了。在他着实不想做一件事的时候,他不会明说自己不想做,而是承诺以后再做,接下来便再也不抽出时间动手。他指责我控制欲强,但实际上,是他总随心所欲。昨晚,我们去了女儿最喜欢的餐厅庆祝她的生日。尽管内森说他不喜欢那家餐厅,但他还是同意为了女儿赴约。可尽管如此,我们在餐厅里,他全程都在抱怨那儿的食物和服务,把我们的庆祝活动给毁了。

"我不知道该怎么办。他的行为让我感到非常伤心和沮丧,所以我不想和他在一起了。可我担心自己才是问题所在。或许是我控制欲强,太没耐心,因此我十分困惑。"

在我为珍妮进行咨询过程中,她意识到自己并不是控制欲强的那个人。内森表现出了所谓的被动攻击行为(passive aggressive behavior)。被动攻击行为是一种涉及间接攻击,而非直接攻击的行为。被动攻击者通常会通过拖延、闷闷不乐或固执，表现出对家人和他人需求的抵触。

珍妮丈夫的行为在施虐伴侣中还有一方面也很常见，他设法扭转局面，指责珍妮控制欲强，而实际上出现了控制问题的是他自己。如前所述，这是施虐者的惯用伎俩，也是最令受害者困惑的手段之一。一旦有人如此反驳你，你就会怀疑自己的看法和眼前的现实。

直面真相

即使所有的迹象都已显现，你已经意识到伴侣的行为有多伤人，但你仍然很难承认自己受到了情感虐待。承认自己正在被羞辱、操控、刻薄对待、放弃和控制，可能很令人尴尬。让男性承认这一点或许会尤其尴尬，女性通常也羞于承认，尤其是当她们在生活的其他领域取得了显著成就的情况下。

"虐待"这个词本身就充满了羞耻感，在我们的文化中，受害者遭受任何形式的虐待后都会被污蔑，感觉对虐待的忍耐显得自己很软弱。但是，受到虐待并没什么好羞耻的。不幸的是，情感虐待非常普遍，远比身体虐待更加普遍，它超越了一切社会、经济、种族和宗教界限。虽然很难确定全世界遭受情感虐待的人的确切数目，但我们知道这将是个天文数字。根据一项著名的研究，所有正处于或曾经处于已婚或合法同居关系的女性中，有35%的人经历过情感虐待。令人震惊的是，美国国家亲密伴侣和性暴力调查（National Intimate Partner and Sexual Violence Survey）的新发现表明，大约一半的美国人报告称，他们在一生中曾经历过伴侣的情感虐待。

许多遭受了情感虐待的人会告诉自己，他们只是在经历一段关系中的艰难时期，甚至会理直气壮地辩称，伴侣承受着巨大的压力。他们还有可能试着说服自己这"没什么大不了的"。尽管他们可能会遭遇情感虐待带来的许多影响，比如抑郁、动机缺乏、困惑、难以集中注意力或难以做出决定、自尊不足、感到失败或毫无价值、无望、自责和自我毁灭，但他们并不会将这些影响与伴侣对待自己的方式联系起来。

还有的人可能不愿面对自己受到情感虐待的事实，因为这要求他们承认自己的亲密关系已经颇有破坏性，或是迫使他们直面伴侣对自己的感受，而事实是令人痛苦的。对于许多人而言，直面亲密关系中的情感虐待，会迫使他们采取某些行动，比如寻求婚姻咨询或个人咨询，甚至结束这段关系。这些行为或许会令人恐惧。

───○　你在遭受情感虐待吗　○───

为了帮助你识别自己是否在遭受情感虐待，请尽可能诚实地回答以下问题。

1. 你是否感觉自己在亲密关系中没有发言权，似乎你并不重要？

2. 即使你努力取悦伴侣或努力把"事事都做好"，你也会觉得自己是一个失败者？

3. 你是否因为不断纠结于解决关系中的问题，而感到愤怒、沮丧和焦虑？

4. 你的伴侣是否认为你应该为这段关系中的所有问题负责？

5. 你的伴侣是否经常责备或批评你？

6. 你的伴侣会把你看作小孩子吗？他会因为你的行为有些

"不恰当"，而不停地纠正或惩罚你吗？

7. 你的伴侣是否需要掌控你生活中的所有（或大部分）方面？你会感到自己在去任何地方，甚或在做最细微的决定之前，都必须得到伴侣的许可吗？你是否必须解释自己花的每一分钱，他是否会试图控制你的支出（而他自己花钱就没有问题）？

8. 自从开始这段恋情后，你是否不再见你的大部分（或所有的）朋友和 / 或家人？这么做是因为你的伴侣不喜欢他们，或是因为他对你和亲友们在一起感到不安，又或是因为他在他们面前对待你的方式令你感到羞耻？

9. 你的伴侣是否会认为你"不如"他或低他一等？你的伴侣是否会刻意提醒你，你受过的教育比较少，或挣的钱比较少，又或是你不如他那么有吸引力？

10. 你的伴侣是否经常嘲笑、忽视或贬低你的观点、想法、建议和感受？

11. 你的伴侣是否经常轻视你的成就、期望或是你对未来的计划？

12. 你是否感觉自己"如履薄冰"？在开始一个话题之前，你会花很多时间密切关注自己的行为和 / 或观察伴侣的坏情绪吗？

13. 你不再见朋友和家人，是因为尽管你已经多次向他们抱怨伴侣对待你的方式，但你仍然和他在一起，而这让你感到羞愧？

14. 你的伴侣总是一意孤行吗？他会干预你去哪里、做什么、和谁一起去吗？

15. 你的伴侣会惩罚你吗？假如你不按他的方式行事，他会撇嘴、回避、一言不发、抑制对你的感情或性欲吗？

16. 你的伴侣是否经常威胁称，如果你不按他的方式行事，就要结束你们的关系？

17. 你的伴侣是否经常指责你与他人调情或出轨，即便情况根本不实？

18. 你的伴侣总认为自己是对的吗？

19. 你的伴侣是否似乎无法被取悦？他是否经常抱怨你的个性、容貌，乃至你选择的生活方式？

20. 你的伴侣是否经常贬低你，或是在别人面前取笑你？

21. 你的伴侣是否会因为他自己的问题而责怪你？比如他情绪失控、开始尖叫也归咎于你？他是否会对你说，如果你没让他这么生气，他就不会这么做？她是否将自己的强迫性暴饮暴食问题归为你的错？他是否说是你导致他出现了严重的酗酒问题？他会责备你，认为如果他不需要供养你和孩子，就能完成大学学业或实现自己成为演员（作家、音乐家、歌手等）的梦想？

22. 你的伴侣是否认为你应该为这段关系中的一切问题负责？

23. 你的伴侣的性格是否仿佛发生了翻天覆地的变化？他是否上一分钟还礼貌友善，下一分钟就大发雷霆？他会因为受到一点点挑衅就大发雷霆吗？他是否会在刚经历过一段极度兴高采烈的时光后，紧接着就会出现一段严重的抑郁期？他喝酒后会性情大变吗？

24. 你的伴侣会取笑你、嘲弄你，或者利用挖苦的手段来贬低你吗？他是否尤其喜欢在别人面前这么做？而你对此抱怨的时候，他是否会告诉你那只是个玩笑，是你太敏感或者没有幽默感？

25. 你的伴侣是否不会自嘲？当别人取笑他，或做出任何看似对他缺乏尊重的评论时，他是否会非常敏感？

26. 要让你的伴侣在自己错了的情况下道歉或承认错误，是不是很困难甚至没可能？他会为自己的行为找借口，还是倾向于将自己的错误归咎于他人？

27. 你的伴侣是否会不断地向你施压，要求你和他做爱，或者试图说服你进行你无法接受的性行为？他有没有威胁过你，说要找其他人发生性关系，或者一起做他感兴趣的事情？

如果你对上述问题中的一小部分的回答是肯定的，那你就确实受到了情感虐待，而且你可能会惊讶地意识到，伴侣对待你的许多行为，实际上都是情感虐待。虽然这个事实让人难以面对，但它也能够令你解脱。正如老话所说，真相可以让你获得真正的自由。

你对调查问卷的反应

阅读上面的问题可能会让你产生某些强烈的情绪反应。请注意这些反应。比如，当你读到上述某个描述伴侣对待你的方式的问题时，你会做何感想？当你意识到这种行为是情感虐待时，会感到惊讶吗？或者，你是否意识到，你怀疑的"我正在遭受情感虐待"是对的？

你有没有发现，自己往往倾向于为伴侣的行为找借口？或者，你是否在让他的行为显得不重要，告诉自己其实"他并不经常这样做"？你很难承认伴侣对你实施了情感虐待，因此你为他的行为找借口，或者让其行为显得不重要都是可以理解的。接下来，在你继续阅读本书和完成我提供的练习时，你会发现对自己承认眼前的真相变得更加容易了。

情感虐待型亲密关系的特征是，有持续不断的伤害、羞辱和居高临下的行为。例如，如果你的伴侣只是偶尔会以上述某种方式对待你，这或许相当正常。虽然这些行为不那么健康，但不代表它是虐待。当你的伴侣开始习惯性地以上述任何一种方式来对待你，当他的虐待行为成为常态而不再是例外时，你便可以坚定地表示，自己受到了情感虐待。

在此提醒一句，许多受虐待的人都有一个共同的特质，他们会产生一种奇怪的公平感，这种公平感确实会阻碍他们清晰地看待问题。例如，一些人在看了上面的问卷后，可能会拒绝承认自己受到了情感虐待，会对自己说："但我对这些行为感到内疚。如果我做了同样的事情，我怎么能指责他情感虐待呢？"

我再重申一次，要把重点放在"行为模式"这一概念上。我们可能偶尔会以这样的方式对待自己的伴侣。毕竟人无完人。因此，即使你偶尔会以上述方式对待你的伴侣，也并不意味着你就是一个情感施虐者，尤其是当你对待他的方式，仅仅是在回应他一贯对你施加的情感虐待时。我并非在纵容你的行为，我们往往都倾向于以别人对待我们的方式来对待别人。如果你偶尔在伴侣接二连三地批评你之后无法保持冷静，从而侮辱或批评他，那你就不是在情感虐待对方。如果你偶尔对他大喊大叫或辱骂他，以此回应他一贯的残忍行为，那你也并不是一个情感施虐者。如果有时候你会几小时、几天不想和对方说话，因为你感到太过受伤，需要独处以疗愈伤口，你也并非在对其施加冷暴力。你不必为了保证绝对公平，反而忽视亲密关系中的某些真相。

在下一章，我们会关注一些情感施虐者常用的特殊手段。这能够帮助你进一步告诉自己一些有关于你们的关系，以及伴侣对待你的方式的真相。

第 3 章

常见的情感虐待方式

棍子和石子或许能伤人筋骨，而语言能够伤透人心。

——罗伯特·富尔格姆（Robert Fulghum），
《我们一生的信条，都在幼儿园学过》
(*All I Really Need to Know I Learned in Kindergarten*)

为了进一步弄清你是否受到了情感虐待的困惑，在这一章中，我会介绍施虐者最常用的方式。典型的情感施虐者拥有一系列施虐工具，可以用来操控和控制他的另一半。虽然不是每个施虐者都会有意识地使用这些方式，但有不少人确实是这样做的。

情感虐待的方式

以下是按照英文首字母顺序列出的所有情感虐待方式。请留意伴侣对你使用的是下列哪种方式。

期望滥用。如果一个人有虐待的期望，他会对伴侣提出不合理的要求。他会期望你为了满足他的需求而将一切都放在一边，要求你全神贯注地围着他转，要求和你频繁地发生关系，或是要求你把所有时间都花在他身上，这些都是期望滥用的例子。对方永远不会高兴，因为你总能做更多的事情。你可能会因为没有满足他的需求而不断受到批评和斥责。

我的来访者苏西这样描述她的亲密关系。

> 我的伴侣希望她一回到家，我就把手头在做的事情放下，全身心给她关注。由于平时我在家工作，有时她回家恰逢我要做一些重要的事情，可她认为这不重要。她会坐下来，端一杯喝的，开始向我诉说她的一天。无论她讲多长时间，我都应该坐在那里专心聆听。她喝得越多，说话的时间就越长。有时我感觉自己像个囚犯，因为我知道如果我告诉她自己需要抽身，因为手边的工作必须处理的话，会发生什么。她会长篇大论地控诉我有多不爱她，对她的生活有多不感兴趣，诸如此类。老天可不会让我开口向她分享我的一天。在这段关系中，不存在互相体谅谦让。一切都显然围着她转。

人格攻击。包括不断夸大某个人的错误；在他人面前羞辱、批评或取笑某人；或是贬低某个人的成就。施虐者还可能为了让别人否认某个人的观点而诽谤这个人，或者与其他人就某个人的失败和错误展开八卦讨论。人格攻击除了会给人带来痛苦之外，还可能毁掉一个人的个人名誉和职业声望，导致其失去朋友、工作，甚至家人。

这正是我的来访者艾弗里的遭遇。

　　我的丈夫非常没有安全感，因我受到男人的关注而倍感威胁。他讨厌我和闺密们出去，即使只是吃顿晚饭。他总是认为我在和其他男人调情，尽管我对此毫无兴趣。我只是想和除他以外的人交流一下，好好玩一玩。最终，他开始坚信我在和另一个男人偷情。他甚至跟我的家人说我有外遇。他和我的父母走得很近，每当我和朋友们出去，他都会去看望我的父母，告诉我的父母他有多爱我，以及我如何因为不忠而伤透了他的心。我的父母也为他不平，我母亲有一天甚至约我去吃午饭，恳求我不要因为风流韵事而破坏我们的婚姻。不管我如何努力让母亲相信我没有外遇也没有用。我的丈夫令我母亲坚信我有了外遇。

　　我的丈夫还向我的姐姐和姐夫抱怨，他们也相信他。因为姐姐和姐夫是虔诚信教的，我姐姐还警告我，要是我不结束婚外情，他们就不会再见我了。这让我很难受，不仅因为我和姐姐十分亲近，还因为我也非常爱侄女和侄子，姐姐不让我见他们，是不想让我对孩子们造成负面影响。

　　持续混乱／制造危机。这种行为的具体特征表现为持续不断的动荡和不和谐，伴侣的这种行为会让你持续感到不安和失衡。如果伴侣故意与你或其他人争吵，或者看上去经常与他人发生冲突，那么他／她可能是"戏剧成瘾"（addicted to drama）。制造戏剧性事件或混乱会让某些人感到兴奋，特别是那些通过关注外部世界来弱化自身问题的人，那些内心感到空虚而需要用活动来充实自己的人，以及那些在一眼望不见和谐与和平的环境中长大的人。

　　持续的混乱也可能反映出一个人的内心现状，这是边缘型人格障碍的特征，我们将在后面几章中讨论不同类型的施虐伴侣时对此进行探讨。

正如来访者亚伦向我解释的，只要事情关乎他的妻子雪莉，就不会平静。"她总是要挑起事端。自从我认识她，我都想不起来哪天她没和别人吵架。她不是在对工作中遇到的人发火，就是在和某个姐妹或她的母亲争吵。对她而言，每件事似乎都很重要，她绝不会有丝毫退让。我不得不一遍又一遍地听这些事。我从不知道回家后有什么在等着我。她如果心情很好，那么我们会度过一个美好的夜晚；她如果因为什么事而生我的气，那么我将度过一个艰难的夜晚。"亚伦虽然最初就是被雪莉的性格所吸引，但这也渐渐开始影响到了他。"我晚上睡不好觉，总是很紧张。我没有胃口，逐渐消瘦下去。而且我知道，所有这些充满戏剧性的混乱事件对孩子们也没好处。"

持续批评。持续批评可能表现为某种口头攻击，也就是伴侣不断指出你的错误、缺陷或缺点。这一切通常会以试图"帮助"或"引导"你成为一个更好的人作为幌子，但你不要搞错了，不断批评的目的正是让你感到羞耻，让你怀疑自己，自我感觉变差，这样他就可以控制和 / 或操控你，让你听命于他。

正因为这种虐待具有阴险的性质和累积效应，才会对人产生损害。随着时间的推移，它会侵蚀你的自信和自我价值感，破坏你对自己以及自我成就的一切良好感觉。

当伴侣公开批评你或大喊大叫时，你很容易就能断定自己正受到情感虐待，可当伴侣在幽默的伪装下贬低你时，你可能就很难意识到这一点。在来访者史蒂夫的案例中，直到一个朋友提醒他注意此事，他才意识到他的妻子不断地通过情感上和言语上的批评来虐待他。

史蒂夫的妻子南希是个爱开玩笑也爱笑的女人。她喜欢参加社交活动，从来都是聚会的核心。而史蒂夫是一个相当安静的人，他发现南希与人相处自如，让人觉得活力充沛。他经常对她说，希望自己能更像她一些。所以，南希在结婚后就开始取笑他是"社交智障"，史蒂夫这时就会和她一起大笑起来。但这只是个开端而已。南希开始在别人面前开史蒂夫的玩笑："请原谅史蒂夫，他今天早上忘了起床。"史蒂夫误认为这只是个温和的提醒，告诉他需要更多地参与到对话中，在结伴活动时，他会强迫自己聊天，分享自己的兴趣。可每当他这样做时，南希都会假装打哈欠或翻白眼，表示他很无聊。史蒂夫领会这个暗示后，就缩回自己的壳里去了。他感觉自己最好就是当个倾听者，让南希来做社交能手。

可南希并没有止步于此。她开始评论他的着装方式和举止方式以及他的风度。她称他为"教授"，来取笑他穿着过分保守。"你连一条带点颜色的领带都没有吗？""你那套西装穿了多久了？"他们一同出去时她会这样抱怨。"站直了！"她会这样命令，"你看起来就像个无精打采的老人。"大多数时候，史蒂夫只是尝试着对南希的评论一笑置之，尽管他有时会被深深地伤害。他往往会把这些话当回事，他认为南希只是在关心他，所以他确实会做一些改变，比如改善自己的行为举止，买一些更新、更时髦的衣服。假使有人告诉史蒂夫，说他受到了情感虐待，他会说对方疯了。毕竟南希只是想帮他摆脱困境而已。

直到他最好的朋友拉里来看望他，史蒂夫才开始意识到自己受到了情感虐待。"拉里对南希和我说话的方式感到震惊。"史蒂夫在一次会谈中告诉我，"他很惊讶，看到我一味地接受，而非站出来为自己辩护。他对我说，我已经从一个充满自信、温和友好的人变得几乎让他认不出来，我变得缺乏安全感、十分孤僻。他问我为什么允许她那样跟我说话。当我试图解释这只是她的幽默时，他说，'胡说，她一直都在贬低你'。最终，我不得不承认他是对的。"

持续责备。一旦任何事情出错，伴侣就会责怪你。什么事都是你的错；你总是做错事，总是让他失望，总是表现出你不爱他。

我的来访者沃尔特这样描述他的处境。

> 如果我的妻子工作做得不好，她会想办法责怪我。她和自己的母亲相处不好也会责怪我。哪怕是她长胖了，她还是会怪我。就她而言，发生在她身上的每件坏事都应归咎于我。
>
> 而在很长一段时间里，我都很相信她。我没有意识到，她永远无法对自己的任何行为负责。结婚时我的自尊心已经很低，因此我会很自然地责怪自己。但我读了很多书后，逐渐意识到这是妻子的问题而不是我的。她的自尊心甚至比我更低，她不能应付任何形式的失败，所以才立刻把责任推到别人身上，这个人通常是我。

控制行为。顾名思义，控制行为就是伴侣需要控制你生活的方方面面——你的财务状况，你如何管教孩子，甚至你的穿着。他可能会将你当成一个需要被管理和控制的孩子。他并不认为你是与他平等的人，而是一个不如他聪明或不如他有能力的人。他甚至可能会要求你在去任何地方或做出任何重大决定之前都得到他的许可。

支配权。在一段亲密关系中，渴望支配权的一方非常需要占据主导地位，并且常为了获得支配权而采用威胁等手段达到目的。支配行为包括命令伴侣待在身边；监控对方的时间和活动；严格限制资源（财务、电话）；限制社交活动；不让伴侣与家人或朋友接触；破坏对方的（工作、教育、医疗）机会；过分的嫉妒和占有欲；摔东西；威胁或伤害伴侣或其孩子、家人、朋友、宠物等；强迫或威逼伴侣从事非法活动。

我是在一个受虐妇女帮助中心遇见宝拉的，我在那里当过志愿者。宝拉来自一个虔诚的宗教家庭，家里要求她无条件地服从父亲，所以当她的丈夫坚持控制他们关系中的一切，包括财务、性生活，甚至她的日常安排时，她并没有多加考虑。她这样向我解释。

他不想让我工作，所以我做了家庭主妇，但别以为我过得很轻松。我必须让房子保持一尘不染。他真的会四处检查家具上是否有灰尘，或者地板脏不脏。他甚至写了一份我每周应该做什么的日程表，例如周一洗衣服，周二和周五去购买生活用品。当然，他还写了购物清单，并且规定我每天应该做什么饭。

这种情况持续了几年。虽然我不情愿，但我也没有意识到有什么特别不对劲的。我一直如此，直到有了我们的女儿玛丽。这以后，我丈夫的要求就变得更加无法被满足了。他坚持认为婴儿只能穿棉质尿布而不是纸尿裤。孩子哭的时候，他坚持让我任由她哭，这样孩子就不会被宠坏了。他要求孩子在毫无准备的状态下学会如厕；他甚至在孩子几乎坐不起来的时候，就强迫她坐在马桶上。

这就是我发生改变的临界点。只有我们两个人的时候，我愿意遵守他的一切规则，无论这些规则有多荒谬。但我无法忍受他对玛丽的所作所为。她不是个快乐的孩子，我明白，因为她得不到允许当一个纯粹的孩子，无法玩耍，没有自由。

我知道丈夫不会改变，我不想让我的孩子像我一样受到父亲的控制。所以我决定离开，带着玛丽一起走。我知道他不会放我走，所以我必须趁他不在家的时候跑到这里来。

情感勒索。情感勒索是最有力的操控形式之一。当一方有意识或无意地利用对方的恐惧、内疚，或通过比较来强迫另一方做自己想做的事时，就会发生情感勒索。情感勒索的例子包括一方威胁称，如果他得不到自己想要的，就要结束这段关系；或者伴侣一方拒绝、疏远另一方，直到对方做出让步。如果你的伴侣在对你不满意的时候，拒绝性爱或不表达情感诉求，对你沉默、冷淡，威胁称其要去找别人，或者使用其他威吓手段来控制你，他就是在使用情感勒索的方法。

情感勒索带来的威胁不一定是显而易见的。事实上，它们往往都十分微妙。例如，一个女人可能会半开玩笑地建议她的男朋友，如果想留住她，最好开始对性生活更加专注。或者一个男人为了让妻子随自己心意，可能会威胁说，她很难再找到一个愿意与已有两个孩子的女人交往的新伴侣。那些使用情感勒索方法的人，也会利用他人的内疚来达到自己的目的，让伴侣和自己步调一致。我的来访者鲁宾就遇到了这种情况。鲁宾的妻子不喜欢一个人待着。在他必须到其他城市出差时，她就尤其不高兴。

> 每当我必须出差时，她都求我不要去。我试着向她解释说，我必须去，否则我就会丢掉工作。但她会跟我争辩，说如果我真的爱她，就会找一份不需要出差的工作。有一次，当我早晨出门去出差时，她像一个受伤的孩子一样看着我。把她一个人留在家里，让我感到非常内疚。

> 不管怎样，我都要去出差，但我觉得这件事很糟糕。我每天晚上都会打电话给她，她会在电话里哭着让我回家。这把我的心都撕碎了。更糟糕的是，几乎每次我出差，她都会生病。有时她病得很厉害，甚至要住院。我必须压缩行程回家看她。

她并不是假装生病，而是真的生病。但我一回来，她就会奇迹般地好起来。我终于厌倦了这种负罪感，辞去了工作，找了一份不需要出差的工作。但问题是，这份工作的薪酬只有前一份工作的一半左右，我们如今真的要在财务方面苦苦挣扎。

以下是一些警告信号，它们表明你受到了情感勒索：

❖ 你的伴侣要求你在想做的事情和他之间做出选择。

❖ 如果你做了伴侣不想让你做的事情，他就会让你感觉自己十分自私。

❖ 你的伴侣会要求你放弃某件事或某个人，以此来证明你对他的爱。

❖ 你的伴侣威胁你，若你不做出改变，就离开你。

❖ 你的伴侣威胁称，除非你做了他要求的事情，否则就断掉你的经济来源。

"煤气灯"式操纵。如果对方为了自己的利益而故意扭曲你对现实的看法，此时他就是在操控你。"煤气灯"式操纵来自 1944 年的经典电影《煤气灯下》（*Gaslight*），在这部电影中，丈夫用各种阴险的手法让妻子怀疑自己的看法、记忆能力和精神状态，从而让她自己和其他人都相信她疯了。例如，他总是把家里（用煤气供电）的灯调暗。当他的妻子说灯光变暗了时，他就否认。他这样做是为了获得她的财产。有时，那些需要败坏伴侣名誉的人会使用"煤气灯"式操纵，以便拿到对方的钱，或者让别人背弃对方。

这类伴侣可能会不断否认某些事情的发生，而这些事情双方都知道；他还可能会暗示是你在夸大其词或撒谎。施虐者可能在试图通过这种方式对你进行控制，或者避免为他/她的行为承担责任。这是情感虐待的一种形式，是非常有意识的刻意而为。它被施虐者用来为自己的不当、残忍或虐待行为进行辩护。

"煤气灯"式操纵往往发生得非常缓慢。施虐者的行为起初似乎只是无害的误解。然而随着时间的推移，这些虐待行为会持续下去，受害者可能会感到困惑、焦虑、迷失方向、孤立和沮丧，最终失去感觉，辨不清实际发生的一切。接着，受害者可能会开始越来越依赖施虐的伴侣，通过他们来定义现实，造成让自己插翅难飞的局面。"有时候我觉得自己疯了"，来访者贝基告诉我。

> 我的丈夫告诉我他很爱我，我实在没有理由怀疑他，但在我看来，他常常会故意让我怀疑自己。举个例子，我看到他在聚会上和一个女人调情后当面质问他，他却发誓这不是真的。他会说我只是在胡思乱想，因为我太没有安全感，他会提醒我，说他对每个人都很友好。我开始告诉自己，他说的是真的，是我没有安全感，而他是一个友好的人，很快我就开始认为这一切终究是我想象出来的。这很常见吗？人们真的会以为自己看到的东西实际上根本不曾发生吗？

虽然在极少数情况下，人们确实会想象自己看到了根本没发生的事情，但在贝基的案例中，事实证明她的丈夫在他们的婚姻中有过很多次婚外情，他使用"煤气灯"式操纵让贝基感到困惑和失衡。

侵犯隐私。这种行为实际上在许多施虐者中都很常见，有一些人将这种行为发挥到了极致。我的来访者托德的丈夫就是个很好的例子。

> 我的丈夫认为他有权查看我的公文包、抽屉等物品，他会拆我的信、监听我的电话，侵入我的电子邮件账户。

当我就这一行为斥责他时，他会不假思索地辩解，指责我向他隐瞒了什么。他会说："假使你没有做错任何事，这应该不会给你带来太大困扰。"我们刚结婚时，我接受了他这个逻辑，认为我们确实已经结婚了，我的东西也就是他的，诸如此类，但随着时间的推移，我开始明白了此事的真面目。他确实有必要这么做，如此才能控制我。

另一种侵犯隐私的形式就是超越边界。我的来访者格洛丽亚和我讲述了她的丈夫如何不断地侵犯她的隐私，她在卫生间的时候，甚至在她上厕所或洗澡的时候，他都会闯入卫生间。

我想锁上卫生间的门，但他告诉我，既然我们只有一个卫生间，把他关在门外就是不公平的。但他往往只是要来告诉我一点事情，而非真的必须使用卫浴设施。

他对我的身体也缺乏尊重。他经过我身边时，总是会抓我的胸部或屁股，尽管我已经告诉他无数次，我讨厌这样。他只是笑着说，"我忍不住，你就是太吸引人了"。他似乎没有注意到，我对他的闯入有多不舒服。我觉得失去了空间，没有隐私，总是被人冒犯。这非常令人不安。我发现自己变得越来越紧张，一直在等待下一次冒犯。

侵犯隐私是情感虐待的形式之一，这倒不一定是为了控制或操控他人，但无论是故意的还是无意的，可能都极具羞辱性。正如我们会在下一章讨论的，羞耻感很可能会让我们感觉被暴露在外并受到了羞辱。

孤立受害者。情感虐待的施虐者深知，只要他们能把你与其他人隔离开来，就能更好地控制你，影响你的思想和行为。将你与他人隔绝是一种破坏你在亲密关系之外的生活和身份认同的方式，这能够培养你对他的依赖感。因此，他们通常一开始就会告诉你某些事情，比如你的家人如何不支持你，某个朋友如何不值得信任，等等。最终，施虐伴侣甚至会拒绝你去见家人或朋友。

年轻女性在人际关系中可能更容易受到孤立，因为相比于独立，她们可能更看重情感上的联系，而且年轻女性可能更重视浪漫的伴侣关系而非单身生活的好处。

安妮塔的男朋友卡尔觉得她与父母的亲近对他构成了威胁。他在恋情刚开始的时候就告诉她，自己不想让她父母"干扰"他们的关系，所以拒绝让她经常见父母，甚至不让她和他们通电话。如果安妮塔的母亲打电话来，卡尔总要坚持让安妮塔在几分钟后挂断电话，他总会在此时让她做点事，要么就制造很大的噪声，让安妮塔根本听不到母亲在说什么。

双重人格综合征。正如我在《双重人格综合征》（*The Jekyll and Hyde Syndrome*）一书中所写，我们都会时不时地体验到情绪变化。人都是具有多面性的，会根据不同的环境以及与我们交往的人表现出不同的一面。有时候，我们会被自己的行为或说出的话所震惊。

但也有一些人，他们的情绪变化远远超乎正常，他们会无缘无故地经历情绪的剧烈变化和猛烈爆发，他们会突然表现出愤怒、虐待或暴力。有些人不仅会根据环境和周围的人表现出不同的情绪，还能够创造出双重生活或完全不同的人格，这种人格对于在另一种环境下认识他们的人来说，根本完全无法认出。一个人的伴侣如果有这种综合征，那么这个人会产生巨大的痛苦、恐惧、混乱和困惑感。

双重人格综合征得名于罗伯特·路易斯·史蒂文森（Robert

Louis Stevenson）的经典故事《化身博士》（*The Strange Case of Dr. Jekyll and Mr. Hyde*），故事讲述了一名正直且滴酒不沾的科学家变成了好色之徒、酒鬼和恶棍，这似乎发生在一夜之间。这个故事隐喻了一种非常普遍的现象：所谓的好人往往都有阴暗面，他们对自己和他人也隐瞒了自己的一部分。在某些情况下，这个阴暗面实际上呈现了一种与他们的公众形象大相径庭的个性。具有讽刺意味的是，那些最有道德、最善良、最宽宏大量的人往往最有可能人设倒塌。这仿佛是一条自然法则，我们越是把自己放在很高的位置上，或者越是任由别人把我们放在很高的位置上，我们便可能摔得越狠。

虽然杰基尔博士是在黑暗的夜色中完成转变，并没有其他人目睹他的变化，但那些有双重人格综合征的人往往会任由自己性格大变，或者在其他人面前经历情绪的变化。比如，一位典型的慈爱、有耐心的母亲可能会突然大发雷霆，用可怕的字眼骂她的孩子，在房间里扔东西，甚至为了教训他们而把他们丢在家中，独自开车离开。一个平常和蔼可亲的人，一旦有人与他发生冲突，会突然变成一个"出口成脏"的暴躁疯子。

詹妮弗把自己的全部生活都奉献给了她的丈夫和孩子。她是一个全职妈妈，往常都对自己的孩子，也就是 4 岁的艾琳和 6 岁的乔什十分耐心，关爱备至。但有时，在没什么明显原因的情况下，詹妮弗会变得非常不耐烦，对孩子和丈夫吹毛求疵。他们极尽所能都无法取悦她，就仿佛她换了一双眼睛看待他们。就在几天前，她还对他们的某些品质赞不绝口，似乎一转眼，这些品质已经完全从她的脑海中溜走了，她满眼都只有他们的缺点。她的丈夫比尔在绝望中向我求助时告诉我："我的妻子只有全或无两种极端。你要么是她所见过最伟大的人，要么就是最糟糕的。我已经学会了低调行事，等她转变回来，但我不想让孩子们在这种方式之下成长。"

通常来说，患这种病的人会根据自己处于公共场合还是私密空间改变人格。例如，在办公室里温和友好、乐于合作的模范员工回家后可能会成为苛刻、挑剔、虐待成性的父亲和丈夫。他的老板和同事永远不会想到，他们在工作中所了解的那个人会做出这样的行为。而他的妻子和孩子看到他们苛刻的一家之主在老板面前克制自己，和同事一起大笑，也会感到震惊。

根据我多年来从事虐待心理治疗的经验，我认为有五种截然不同的双重人格者。

1. 被过去的事件（通常是童年创伤）"触发"的人。 在大多数情况下，这个人的行为可能完全正常，但当他被之前的创伤唤起时，就会发生根本的变化，往往会表现出与之前完全不同的个性，经常重演自己经历过的虐待形式。这类人非常难以捉摸。可能原本事情进展得很顺利，他却突然变得愤怒起来，对周围的人大发雷霆。他通常都不知道让他生气的是什么，周围的人也不知道。

2. 典型的双重人格综合征患者事实上过着多彩的生活。 这个人在家人身边可能是某种样子，离开家人后可能成为一个完全不同的人。或者在公众看来，他往往到达了美德的顶峰，而在家里，他会辱骂妻子和孩子。

3. 在饮酒、吸毒或进行其他成瘾性的活动时，性格会发生根本变化的人。 就像杰基尔博士一样，他在服用了自己在实验室里研发的长生不老药后发生了转变，这样彻底的转变通常只有当一个人因酒精、毒品、赌博和其他成瘾性行为而"改变"时才会发生。

4. 对他人的看法十分极端的人。 这种人倾向于认为某个人"完全是好人"或"完全是坏人"。一旦他认为某人很坏，就会觉得对那个人非常恶劣也是情有可原的。

5. 当你以任何方式挑战他时，都会发生戏剧性变化的人。只要事情按他的想法进行，这个人就是善良、体贴、和蔼可亲的。如果人们不按他的要求去做，以任何方式挑战他，或者敢于反驳他，你就会看到一个完全不同的人。他的防御性、侮辱性和残忍性都会变得极强。

上述转变都不是正常的情绪转变。双重人格综合征患者的异常之处在于：

❖ 他们的情绪变化比普通人强烈得多。

❖ 在很多情况下，即使他们的情绪不会改变，他们的个性也会大变。

❖ 患有这种综合征的人很少会承认自己有双重人格或严重的情绪变化。事实上，有的人根本无法意识到自己有如此极端的情绪变化，或者有两种截然不同的性格。

❖ 他们转变后的性格往往与原本的样子有很深的冲突（例如，一个极度反对通奸的牧师却无法控制自己强烈的性冲动）。

❖ 他们的性格转变或双重性格往往是由于人格障碍，也有可能是由于以前的受虐待经历。（许多患有双重人格综合征的人在童年时曾受到虐待，还有许多人因此出现了人格障碍。）

过分嫉妒、占有欲强的行为，包括跟踪。不管你与朋友、同事甚至家人是多么纯洁的关系，你的伴侣都有办法把它扭曲成肮脏、自私或有问题的。他会表现出嫉妒、发脾气或提出过分苛责的问题，无论你说什么，你怎么解释，他都听不进你的话。他万分确信自己的看法是正确的，也就没有机会了解真相。你越是想解释，他就越能让你看上去有负罪感，因此解释通常不值得尝试。

以下是我的来访者克莱尔告诉我的情况。

> 我丈夫嫉妒成性。只要我看一眼其他男人，他都会指责我调情。我们出去时，我要确保自己眼睛盯着他，这样我就不会给他任何机会指责。
>
> 如果一个男人打电话到家里找我，他就"审问"我这人是谁，是怎么认识我的，想从我这里得到什么。即使他问了我，他仍然会在脑海中创造一个关于此人的完整场景。他不断地告诉我，他的手段是很高明的，只要我欺骗他，他都能"知道"。
>
> 事实上，他本不必如此离谱。我爱我的丈夫，我真的非常喜欢他。我极尽所能让他知道这一点。但是他实在太过警惕，我做什么都无法保证自己没有背叛他。
>
> 他有时会极端到尾随我，看我是否要和其他男人共进午餐，他不止一次千里迢迢跑到另一个城市，专程到商务会议上来监视我。
>
> 我尝试着理解他的不安全感，但随着时间的推移，他非但没有好转，反而变得更糟了。在我看来，他的怀疑近乎偏执。我对他的不断指责已经到了忍无可忍的地步。我知道我是个好妻子，但我已经开始对事情的变化感到绝望和无助。我想我不能再这样下去了。

被动攻击行为。拖延是人们表现被动攻击行为的主要方式。因为他们实在不想做某事或去什么地方，所以会找借口来拖延这件事。若是他们必须完成一项任务，他们会等到最后一秒，以此来惩罚分配任务的人。被动攻击行为也可能以其他方式表现出来，比如当他们无法如愿以偿时就会生气，表现出某种虚假的恭维，不与人交往或者拒绝交流（沉默），找借口躲避某人以表达他们对此的厌恶或愤怒。完全忽视他人的请求也可能成为一种被动攻击行为。

被动攻击行为可能会造成情感虐待，这是因为它会让你感觉自己过于专横、控制欲太强或缺乏耐心。由于你的伴侣表现得很随和，也不会公开表达他对被迫做某事的愤怒，因此当你因为他没有完成那些承诺会做的事而生气时，你也可能会以感到内疚而收尾。伴侣的任何行为如果让你怀疑自己的想法或质疑自己的身份，就可能是情感虐待，而被动攻击行为和"煤气灯"式操纵一样，都是最受施虐者欢迎的行为。

性骚扰。通常情况下，性骚扰是指工作场所中的性威胁，但一个人可能会受到任何人的性骚扰，包括自己的伴侣。性骚扰是指让人厌恶的性暗示或带有性意味的身体或言语行为。当一个人被迫违背自己的意愿进行性行为时，无论是因为她当时不想做爱，还是不想做某一特定的性行为，都是受到了性骚扰。试图强迫伴侣进行其不感兴趣、令其心烦意乱或反感的性行为，这也是性骚扰。通常情况下，其他形式的情感虐待与性骚扰相伴而生，比如不合理期望、持续批评、辱骂和情感勒索。

艾琳的丈夫萨姆就不断地强迫她做爱。他希望每天晚上和早上都做爱，有时会在半夜勃起并醒来，然后开始用下身推她。他的性要求不仅是性骚扰，也是一种不合理的期望，因为即使艾琳答应了，他似乎也从来没有满意过。"他会抱怨我没有投入足够的精力，或者我的行为方式不正确。"

艾琳认为，只要丈夫想要，就要与他发生性关系是自己作为妻子的职责，她担心如果没照做，对方会见异思迁。但事实上，他把这作为一种情感勒索，他告诉她："如果你不愿意，我就去找其他愿意的人。"

萨姆还向艾琳施压，要求她进行各种"古怪"的性行为，其中很多都令她反感。她一旦拒绝，他就会威胁说要找一个愿意遂他心愿的人。这种情感勒索几乎每次都奏效，因为艾琳非常害怕失去他。"我知道这听起来很荒谬，但尽管我讨厌所有来自性的压力，而如果他真的和其他人发生性关系，我会更难受的。我会觉得自己是个失败者，连自己的丈夫都满足不了。"

沉默。这主要出现在你的伴侣没有如愿以偿的时刻，会用沉默来惩罚你。这种沉默可能会持续数小时甚至数天。

你的伴侣可能通过沉默来告诉你，你做错了什么。此后，他会拒绝与你交流，或拒绝与你进行任何形式的有意义对话。他可能会忽视你的存在，在情感上疏远你，与你保持距离。他甚至会避免与你眼神接触或直视你，让你觉得自己存在感低下或微不足道。除了长时间的沉默，还可能包括长时间的不予反馈。他甚至能够把你排除在他的生活之外，对你隐瞒消息，让你感觉自己是个局外人，这种沉默的状态被称为"石墙"[⊖]。

期望自己能解读伴侣的沉默并不合理。然而，你可能会发现自己扮演着和平使者的角色，不断地伸出双手试图弥补关系。为了让伴侣重新和你对话，你可能会不断道歉。你可能会开始感觉你们的关系非常没有安全感，乃至产生一种被遗弃的恐惧。这种不断道歉并承担罪恶感的状态，会极大地削弱你形成与培育健康自我价值感的能力。

除了带来痛苦，受到忽视和排斥还会让你感到非常羞愧。它会威胁到你对归属感的基本心理需求。你的伴侣用沉默来惩罚你，试图诱导你产生无能为力和羞愧的感觉。

自恋型的情感施虐者往往比其他类型的人更高频率地使用石

⊖ stonewalling，指拒绝对话及合作。——译者注

墙策略。虽然许多人认为自恋者有着强大的自我和极强的自尊，但实际上，他们用所谓的自信和虚张声势掩盖了一个非常脆弱的自我。正因为如此，他们倾向于要求得到崇拜和爱戴，如果你挑战他们的权威，或者以某种方式不尊重他们，他们就会愤怒。因此，他们可能会在情感上有所保留，以此来惩罚你，让你做到安分守己。

你想在冲突中保持平和与正常的愿望会让自恋者回到他想要的状态——对局面的掌控。你越是靠近他，他就越自以为是。他会保持沉默，直到他认为你受到了足够的惩罚。他知道，忽视你就是在贬低你的存在，让你觉得自己微不足道。

象征性暴力。如前所述，虽然情感虐待通常只包括非身体形式的虐待，但它也可以包括所谓的象征性暴力，一些以吓唬你和控制你为目的的手势（例如用手指指着你的脸、握拳）和行动（例如扔东西、打碎你喜欢的东西）。

威胁性行为。这包括为了吓唬或控制你而发出一些听来微妙甚或不那么微妙的威胁或负面言论。还可能包括在你们发生争吵时威胁要离婚，或者威胁说，如果你不对他的性要求做出妥协，他就会对你不忠。

破坏和摧毁你的努力。这或许可归为被动攻击行为的一种，因为它也可能成为施虐者的惯用伎俩。这种形式的情感虐待有个很典型的例子，即当你想做某事或去某地时，你的伴侣会表现得好像对此没有意见。他甚至可能表现得热情洋溢，内心却一直不赞成这种做法。我的来访者内奥米的情况就是如此。

> 当我告诉丈夫，我想回到学校上学时，他似乎完全赞成。他甚至问我，能不能做些什么来支持我。我告诉他，如果他能在我有课的晚上照看孩子们，就是帮了我

大忙，他答应了。但一开学，他那乐于助人的提议似乎就被抛在了脑后。他下班回家很晚，并不会在我有课的晚上照看孩子们。由于他不照看孩子，把他们单独留在家里让我觉得不自在，我不得不到处奔波，设法找人来照看孩子。有几个晚上，我到最后一刻都找不到任何人，因此不得不缺课。当我打电话给他时，他却表现得无动于衷，还告诉我是他的老板让他加班，他也无能为力。而我说到他可以提前打电话告诉我时，他却很生气，说我是在攻击他。

　　而当我决定雇一个固定的保姆后，丈夫却抱怨我花掉的学费已经太高了。他告诉我："从你的课程和书本费用到现在的保姆费用，这可是一大笔钱。上这些课有什么用呢？又不能帮你找工作什么的。"我这时才意识到，他从一开始就不想让我回学校念书。

不可预知的反应。这种类型的情感虐待包括施虐者出现剧烈的情绪波动和突然的、没有明显原因的情绪爆发，表现包括尖叫、咒骂、哭闹和扔东西。还可能包括某些不一致的反应，比如在不同的时间点，对于相同的行为做出截然不同的反应。比如他可能某一天说过一件事后，第二天就说出相反的话，他还可能经常改变主意，某一天喜欢一件事情，第二天却开始讨厌它。

以下是我的来访者帕蒂的经历。

　　上周我炖肉的时候，我丈夫告诉我他很喜欢。这周我做的时候他却不愿吃，告诉我他讨厌炖肉之后怒气冲冲地出了门。

这种行为之所以有破坏性，是因为这会让他人，尤其是伴侣不断地感到紧张不安。你总是在等待另一只鞋砸下来，永远不知道他对你的期望到底是什么。与这样的人生活在一起会倍感压力和焦虑，你经常会感到害怕、不安和失衡，感觉自己必须保持高度警惕，等待伴侣的下一次爆发或情绪变化。

这种类型的虐待行为可能是某些精神疾病（如双相情感障碍）或人格障碍（如边缘型人格障碍）的征兆。

用你的秘密来对付你。当我们开始一段亲密关系时，通常会敞开心扉，告诉伴侣关于自己的一些非常私密、令人尴尬的事情，包括一些关于我们的过去经历或家族的历史。这是与某人亲密相处的必经环节，但情感虐待的施虐者会利用这些私密信息来虐待我们，无论是用作争吵，还是提醒我们表示他们可能会与别人分享这些信息，以此来攻击我们。这种情感虐待实际上就是在利用隐私来贬低对方。

言语攻击。是一种特别奏效的情感虐待形式，可能包括以下各种形态。

- ❖ 辱骂或斥责你。
- ❖ 通过讽刺或所谓的取笑来贬低你，让你感觉不自在。
- ❖ 经常在别人面前开你的玩笑。
- ❖ 对你指手画脚，把你当仆人对待。

言语攻击包括斥责、贬低、污蔑、辱骂、尖叫、威胁、过分责备、羞辱、尖刻地讽刺，以及对他人表达厌恶。这种虐待行为会极大地损害他人的自尊和自我意象。与采用身体暴力来攻击身体一样，言语虐待可以攻击思想和精神，对人造成极难愈合的创伤。大喊大叫不仅会贬低他人的身份，而且十分可怕。当有人对我们大喊大叫时，我们可能担心对方会诉诸身体暴力。

我第一次见到罗伯特和凯瑟琳是在婚姻咨询中。罗伯特说，他经常对妻子凯瑟琳感到恼火。"我简直难以相信你能那么傻。"

这是他典型的用语之一。其他的还包括"快把你的脑子从屁股里拿出来",以及"你在想些什么"。其中的暗讽如出一辙,表示凯瑟琳不是很聪明。

这些评论出现于凯瑟琳和罗伯特结婚后不久。"我确实犯了很多错误,"凯瑟琳向我解释说,"我也不怪他对我的不耐烦。"凯瑟琳似乎不明白罗伯特的话伤害了她的情感,他的持续斥责正在损害她的自尊。凯瑟琳最终承认:"我会试图向他隐瞒我犯下的错误,因为我知道一旦被他发现了,他又会说我太蠢。"她还坦白了其他的一些事情。"每当我和罗伯特在一起时,我似乎要比平时犯更多的错误。我想正是因为我太担心自己把事情搞砸,所以才会变成这样。"

罗伯特和凯瑟琳似乎都觉得罗伯特有权责备、辱骂凯瑟琳,即使我向他们解释过罗伯特实际上在用言语虐待凯瑟琳之后,事情仍然如此。不久之后,罗伯特停止了治疗,但我还继续观察着凯瑟琳。随着时间的推移,罗伯特变得越来越暴躁,而凯瑟琳感到越来越力不从心。有一天,她告诉我,罗伯特说了一些特别残忍的话,此时她崩溃了,开始抽泣起来。这是凯瑟琳的转折点。她终于意识到自己受到了虐待,也意识到这对她造成了怎样的伤害。

(资源、情感上的)克扣。这种类型的情感虐待可能伴随着沉默的方式,其目的在于惩罚你。你的伴侣可能会将感情、性、金钱或其他"特权"扣留下来,试图控制你以达到他的目的。

⌘　⌘　⌘

你可能会惊讶地意识到,你日常生活中遭遇的许多行为,实际上都可以被看作情感虐待。尽管你可能没有为这些消极而令人沮丧的行为贴上虐待的标签，但它们仍然会伤害你，甚至能在方方面面伤害你。或者当你意识到自己对伴侣虐待行为的预感完全正确时，你大概就能舒一口气。无论你的伴侣如何为他的行为辩护，他都没有理由表现得麻木不仁、充满恶意和残忍。

────────○　**遭受情感虐待的各种方式**　○────────

❖ 请采用上面的综合清单作为参考，列出你遭受情感虐待的所有方式。

❖ 现在，把你的清单读一遍，记住你写下的事项。深吸一口气，然后说出这句话："我在这些方面遭受了情感虐待。"如果你无法大声说出这句话，那就悄悄地对自己说。

请注意你说话时的感受。有些人甚至不敢对自己说出"我正在遭受情感虐待"这样的话。如果你的处境就是如此，请注意你为什么会感到如此害怕。你若是说了这句话，是否感觉会有人从角落里冲出来打你？你是否觉得仅仅对自己说这句话，就是对伴侣的不忠？你是否感觉既然已经说了这句话，就必须针对虐待做点什么了？你终于说出了这句话，现在是不是松了一口气？如果是这样，就请再说一遍："我在这些方面遭受了情感虐待。"请感受这句话中的强大力量。请承认说出这句话需要勇气。现在，请大声再次说出这句话："我在这些方面遭受了情感虐待。"承认自己正在受到情感虐待可能会让你感到难过。如果是这样，就让自己感受一下这种悲伤吧。意识到这一点确实非常令人难过。如果有需要，就哭一场吧。

有些人可能会注意到，说了"我在这些方面遭受了情感虐待"

之后会感到愤怒。如果你是这种情况，也请允许自己去感受和表达这种愤怒。找到一种安全的方式来表达你合理的愤怒，从以下三件事中挑选一件或全部来完成。

1. 给你的伴侣写一封信，告诉对方你受其虐待的感受。你可以缓一缓再决定是否真的想把信交给伴侣。

2. 想象自己正在和伴侣直接交谈。告诉对方你被虐待后的真实感觉。不要退缩，也不要评判自己。想说什么就说什么。你可以说脏话，还可以责备和控诉。在表达这种愤怒时，没有哪种方式是错误的。

3. 找一种与身体有关的方式来表达你的愤怒。问问自己的身体想如何表达愤怒。有些人需要通过喊叫来发泄愤怒，有些人则想扔东西，还有一些人想打碎或撕碎东西。做你身体想做的任何事，以释放储存在你身体里的愤怒。

尊重你完成这次练习后产生的反应。无论产生什么感觉都没关系。你可以把清单放在伴侣找不到的地方，在你继续阅读这本书的时候进行参考。当你感到困惑时，它可以成为你的必要提醒；当你质疑自己是否受到了虐待时，它可以给你提供内心的认同。

情感虐待对你有什么影响

在你花了一些时间来接受自己遭受了各种各样的情感虐待之后，是时候关注这种虐待对你的影响了。在接下来的两章中，我们将讨论情感虐待行为对一个人造成的主要伤害（尤其是羞耻感），不过现在，你要花点时间回想一下伴侣的情感虐待是如何伤害和摧残你的。如果你觉得很难去回想，请回过头来看看第 5 页的清单。

你可以先写下这句话：

　　"我的伴侣通过以下的方式对我进行了情感虐待，我
为此深受伤害。"

或许你还可以完成下面这些句子。

　　"伴侣对我实施了情感虐待，让我从此_____。"
　　"伴侣对待我的方式让我从此少了_____。"
　　"伴侣对待我的方式让我从此多了_____。"

　　前两章内容的目的在于帮助你更清楚地了解自己是否受到了
情感虐待，并帮助你识别自己所受的虐待类型。准确地了解你的
伴侣采用了哪些方式来让你感到困惑、失衡、自我感觉低迷，这
是非常有益的。当你开始意识到伴侣的行为可被称作虐待，你就
不会那么容易相信他的话，也就不容易被他操控了。接下来的两
章内容将帮助你更好地理解羞耻感在情感虐待中的作用，这无疑
也能帮助你更好地理解自己，并理解自己的反应和行为。

第 4 章

羞耻缘何成为控制的手段

> 羞耻，一种噬魂的情绪。
>
> ——卡尔·荣格（Carl Jung）

你或许常因伴侣的不悦而感到羞耻，可坦率来说，你却并不会怪罪对方。即使你不断地尝试改善，仍会感觉自己是个失败的伴侣、配偶或父母。你或许常因伴侣对待你的方式而深感羞耻。你深知对方正在施以情感虐待，也明白对方施加情感虐待就是为了羞辱你。

很多人都对羞耻感很熟悉，它会贯穿一生。也有的人不清楚羞耻感为何物，也不知道其感受。无论你属于哪种，在本章乃至本书的剩余部分，我们都将致力于消除情感虐待受害者常体验到的羞耻感，无论这种感觉是因遭受虐待而生，还是由你自己带进亲密关系之中的。

接下来，我会更加细致地探讨羞耻感如何与情感虐待共同造成原初的伤害，以及它如何成为人们虐待成性的罪魁祸首。许多人都不明白一点，任何类型的虐待都源于羞耻感。多年以来，治疗机构与康复团体都将虐待与权力和控制欲联系起来，总体而言，这无可非议。但他们忽略了一点，即权力与控制欲的内核在于羞耻感。

施虐者的原始动机在于羞耻感，除此之外，受害者遭遇的情感虐待也会带来羞耻感。受害者之所以体验到可怕的羞耻感，是因为其长期遭受批评、污蔑、嘲弄、蔑视以及贬损。这样的羞耻感会侵蚀受害者的自尊、自信以及自我价值，基于此，他们会认为自己不称职、毫无用处，不值得被爱与需要。而这一切又会带来更多羞耻感，并让受害者丧失逃离的力量与动力。

羞辱他人包括令其放下戒备、打击其自尊、瓦解其尊严、辱没其人格。羞辱伴侣是获取权力和控制感的完美手段，然而它还并未被看作虐待的特定成分，羞辱能否造成某种特定的伤害也未成定论。更重要的是，从这种羞辱中恢复的问题也未解决。

在本章中，我将羞耻感看作情感虐待的一种形态，会阐释其特殊影响，并帮助你治愈羞耻感，进而重获自信，完善自我图式，并带着足够的力量去终结遭虐待的关系。同样重要的是，即使你在感到伴侣的恶劣对待之后还不准备结束关系，我也会致力于帮你停止对自己的羞辱。羞耻感会让你觉得自己是个可怕的家伙，遍体鳞伤、毫无价值且令人生厌。同样，你会认为自己浑身毛病，因此不值得被爱和接纳。羞耻感让你攻击自我。一旦你对虐待型伴侣的羞辱习以为常，你的自我感觉会变差，因此无力反击，无力照顾好自己，乃至无力终结关系。此时，施虐者便掌握了完全的控制权。

施虐者对人的羞辱能如此有效，是因为我们渴望与他人建立联结，寻求他人的接纳，也就是寻求归属感，而羞耻感很容易就能让接纳和联结消失。无论采取什么形式羞辱他人,都是对他人的控制,都是利用了对方与别人建立联结的需求,用断绝联结和拒绝威胁对方。

羞辱不仅是虐待他人的内核,也是一切暴力的内核,无论是之于个人还是世界。羞耻感激发了人们首先尝试使用权力控制他人。羞辱他人对于那些本就"低人一等"的人而言,是一种补偿的手段,他们很可能曾经历过他人的羞辱,而这挫伤了他们的自尊和荣誉。我们倾向于将自己的羞耻感传递给他人。羞辱他人让我们感到自己高人一等。若要探寻这种权力与控制欲的本质,我们便要追溯其源头,即羞耻感。

我将情感虐待称作"羞耻感的牢笼",因为其完美地阐释了一段情感虐待关系中的产物。顾名思义,情感施虐者会为受害者慢慢建起一个牢笼。受害者最终在持续的拷打之下变得不堪一击,内心已然失衡,完全无法理智回击,最终丢盔弃甲。受害者被施虐者的意愿、谴责与信念所囚禁,最终成为其囚徒。更糟的在于,受害者在成为囚徒的同时,原本关于自己的美好感受也被逐渐蚕食。她会厌恶自己,因为自己既无法勇于抵抗施虐者,也无法离开。受害者会感到自己越发孱弱,而这让施虐者变本加厉。此时,受害者深感羞耻,因为她无力离开,沦为了羞耻感的囚徒。她感到自己不堪一击、无路可逃、困顿万分。

羞耻感的类型

羞耻感是情感虐待中最具伤害也最为隐晦的形态。羞耻感的类型多样,最终都会成为困住受害者的"牢笼",其中分类如下。

❖ 受害者在遭遇言语虐待、持续批评、轻蔑、藐视或是被取笑之后，立刻产生羞耻感，尤其是在他人面前发生如此遭遇。受害者会感到羞怯和自卑，为自己在人前如此被动而感到羞耻，尤其是当批判来自自己深爱或信任的人时。

❖ 当受害者开始深信自己无法取悦伴侣，并认为无法达到对方的合理期待时，羞耻感也会产生。

❖ 当一个人发现无法维护自己的立场，就会感到羞耻感。即使受害者并不赞同施虐者，或是感到自己受了误会，他也会依据从前的经验认为自己沉默为妙，这些经验可能来自伴侣或是原生家庭。

❖ 言语虐待、批评、不合理的期待或是"煤气灯"式操纵点滴累积，会带来累积的羞耻感。

❖ 当受害者意识到自己长久以来遭受对方的不待见时，羞耻感也随之而来。

❖ 向家人和朋友隐瞒受虐之事也会带来羞耻感。

❖ 受害者产生的羞耻感源于他人的品头论足——无论他人认为他不该容忍虐待行为，还是应该为了维系家庭而忍耐虐待。

❖ 如果受害者离开其施虐伴侣的行为违背了自己的宗教或文化信仰，她也会感到羞耻。若她所受的教育便是应当屈从于男人，应该不计代价投身家庭，此时她便会感到违背了信仰。

羞耻感刺激了施虐者

作为情感虐待的受害者，你固然需要将关注重心放在自己的问题及其治疗上，但了解施虐者的动机也很有帮助，如此你就不会再将虐待归咎于自己。出于这个原因，我将在后面的第 9 章提供一些信息，以帮助你识别自己面对的是何种类型的施虐者，并且帮助你找到具体方法加以应对，最终从各种施虐者那里解脱出来。

虽然他们的施虐方法甚至动机或许都不尽相同，但所有情感施虐者都有一个共同点：他们自己就充满羞耻感，这往往是因为其在童年时就受到了可怕的羞辱。我们总倾向以别人对待我们的方式去对待他人，这一点对大多数施虐者来说，更是如此。他们往往会像父母对待自己那样对待伴侣，或者基于自己眼中父母的交往方式来对待伴侣。一些施虐者选择控制、辱骂、羞辱伴侣，他们认为这样的行为方式理所应当。还有的人则是无意识地这样做，甚至往往没有意识到自己在重演父母的虐待行为。

不少人会把这种耻辱投射到别人，尤其是自己的伴侣身上。对一部分人而言，他们（虽然是无意识）的理由如此："要是我能率先羞辱别人，那他们就没有机会羞辱我了。"有的人则因为太过羞耻而筑起了一堵防御墙，如此就没有人能触及他们内心。这样一来，他们实际上变得毫无羞耻感：其行为不再受到社会规则的支配。他们可以为所欲为，包括虐待和攻击他人。

这个阴险的循环只会造就更多的虐待受害者。正如前文所说，羞耻感是人受虐待后的自然反应。事实上，虐待是令人羞耻且不人道的。从自己的伴侣那里听到他认为你愚不可及、不称职、冷漠、自私、懒惰或任何类似侮辱，最终开始不再信任他，并不会为自己感到羞愧是非常困难的。一旦你深感羞耻，便更容易受到操控和控制。

此外，当你受到侮辱、批评、控制或责备时，你很难找到任何办法来为自己辩护，申述自己的处境，或让他人看清实际情况，如此就会开始感到无助。你会感到自尊尽失，甚至在他人眼里很无助，进而感到更深的羞耻。你会开始觉得自己像一只无助的动物，受到一只比你庞大许多的动物的压制。不管你如何尝试着扭动身体，都无法脱身。

　　作为人类，我们愿意相信自己能够控制降临在身上的事。当这种个人权力感因为受到任何形式的迫害而遭遇挑战，我们都会感到羞耻。我们相信自己应当能够保护自己，假使无法这样做，我们便会深感无能为力。这种无能为力使我们倍感羞耻，羞耻感便油然而生。受害者在受到伤害后，倾向于深感羞愧，他人的施虐便因此轻而易举了。

如何识别羞耻感

　　尽管羞耻感是我们所能感受到的最强烈情绪之一，但这种情绪可能很难被识别。尽管羞耻感会让你愤怒、悲伤或恐惧，但它实际上是一种独立情绪，要比其他情绪更为隐蔽和全面。它能够控制你的整个身心。当你感到羞愧时，就像有人用大头针扎了你一下，让你体内的空气都耗尽。你会感到自己如泄了气般渺小。

　　无论我们是否明确意识到了这一点，羞耻感都是我们内心深处一种受到暴露和贬低的感觉。当我们感到羞耻时，就会想要躲藏起来。我们低头缩肩，抱成一团，仿佛试图让自己无懈可击。许多人将羞耻感描述为一种意欲消失或融化的感觉，就像《绿野仙踪》(*Wizard of Oz*)中的邪恶女巫一样。还有人将羞耻感描述为感觉就像有个锚将他们拉了下来。他们感到从里到外的沉重。

　　大多数深感羞愧的人都会认为自己有缺陷或不受欢迎，这样的信念不被他人知晓，又无处不在。有的人感觉自己不够可爱或不够好。有的人感觉自己一文不值，似乎不配得到任何好东西。

羞耻感也会让我们感到孤立无援，仿佛与世隔绝。在原始文明中，一旦人们违背社会规则，就会被逐出部落。被羞辱的感觉如同遭到放逐，似乎自己不配和别人在一起。它会让我们想躲避人群，或逃避人群聚集的处境。

在生理上，我们可能对羞耻感有多种反应。我们可能会反胃，可能会迷失方向或感到眩晕，可能会出现坠落感。有些人甚至感觉自己突然发烧了，因此才有了"火辣辣的耻辱"（red hot shame）一说。

除了当下感到羞耻之外，许多人还会把羞耻感藏在自己体内。有的人感到内心疼痛，有的人感到胃里灼热，还有的人仅仅感觉麻木。看看你能否从经历中找到类似情况，找到你体内的羞耻感。它可能是一种感觉，或许你也能把它想象成一种形状或颜色。

以下是来访者与我分享的几个例子。

❖ "我将羞耻感藏在体内。我总是没精打采，我似乎以自己为耻。"
❖ "我将羞耻感看作一团巨大的黑暗，几乎要把我的整个身体填满。"
❖ "我认为羞耻感是我心中的一个事故多发地段。"
❖ "我花了很长时间，才在自己体内找到羞耻感。因为它隐匿在一个角落里，没有人能发现它。我看到一个受伤的孩子缩成一团，将双臂抱在头上保护自己。当我丈夫开始责备我时，我就会产生这种感觉。"

健康的羞耻感和耗损性羞耻感

羞耻感并不全都有害。有健康的羞耻感，也有耗损性羞耻感。

健康的羞耻感能防止我们的社会关系受损，或者激励我们去修复它们。它会让我们关心别人对自己的看法，并帮助我们确定某种特定行为与行动的社会成本。

虽然每个人都会不时体验到羞耻感，许多人都会产生与羞耻相关的问题，但任何形式的虐待受害者往往都会遭受耗损性羞耻感。耗损性羞耻感非常耗费人的精力，它会对人们生活的方方面面产生负面影响，包括人们对自己的看法，与他人的关系，与浪漫伴侣亲密共处的能力，在事业上取得成功的冒险能力，以及他们的整体身心健康。耗损性羞耻感会让人产生无价值、羞辱和自我厌恶的非理性感觉，这种感觉会通过反复的创伤经历施加在一个人身上。这些创伤经历往往源于童年，但也可能是由持续的情感虐待造成的。

这种类型的羞耻感通常被称为有毒的，因为它会损害和侵蚀人的各个层面，并对个人的心理面貌、情绪状态和维持积极自我意象的能力产生破坏性影响。

情感虐待不仅是一种有效的虐待形式，由此产生的耗损性羞耻感也是人类情感中最具破坏性的。这就是我们为何不仅要努力逃离虐待，还要努力治愈与之相伴而来的羞耻感，且这一点尤为重要。

羞耻感是虐待、暴力行为和破坏性亲密关系的根源。它也是许多成瘾行为的内核，尤其是酒精和药物滥用、性成瘾和强迫性暴饮暴食，因为许多情感虐待的受害者转而使用酒精、药物或其他成瘾来应对虐待。

我的来访者斯蒂芬妮转而通过食物寻求安慰和逃避。"我结婚后体重增加了45千克。我感到羞愧难当。我的孩子们和我在一起时，被人看见会很尴尬，丈夫告诉我，我在生理上对他没有吸引力了。我知道我需要减肥，但我的嘴仿佛就是停不下来！"

斯蒂芬妮很快意识到，她在用食物降低自己在情感上受虐而产生的羞耻感。"关键在于我会一直吃，直到失去任何感觉。面对丈夫虐待我的事实，我就是这样处理的。我固然讨厌自己吃得太多，但我更讨厌自己所处的现实。"

耗损性羞耻感会损害人的自我意象，其方式是其他情感无法比的，它会令人感到深深的自我缺憾、低人一等、毫无价值与令人生厌。如果一个人经历过足够的羞耻感，她可能自我厌恶，以致意欲自我毁灭乃至自杀。这便是我的来访者希娜的遭遇。

> 我的丈夫告诉我，我是一个很糟糕的母亲和妻子，我相信了他的话。他不断地指出我未完成的事情或犯下的错误。他当着孩子们的面指出我的错误和不足，让我在孩子们眼里显得很愚蠢。他批评我的厨艺、家务、容貌，乃至我对电视节目的选择，以及我的一切。而我将这一切都听进去了。我从未质疑过他的看法或目的。我看不出他是在从我的痛苦中获取慰藉。

> 每到晚上，我会哭上几个小时，他却只会走进书房，这样我就不会打扰到他了。我变得万分沮丧，以至于开始收集药物，以求自杀解脱。我攒下所有的药，包括孩子的药和丈夫的处方药。我甚至偷了我母亲的降压药。我不知道致命的剂量到底是多少，只是相信只要服用足够的药量，我就可以结束这种痛苦。

> 我不知道是什么阻止了我服药。我猜是考虑到这种情况会对孩子们造成极大的影响，尽管丈夫已经尝试说服我，让我相信孩子们并不爱我。

耗损性羞耻感的影响

耗损性羞耻感和自责真的会让人进入病态。研究表明，羞耻感和压力有关，尤其是在人们觉得自己缺乏力量、技能、知识或胜任力来应对某件事的时候。压力甚至会影响免疫系统。临床心理学家玛丽·特纳（Mary Turner）博士等研究人员解释称，我们的文化中已经发展出了一套应对负罪感的程序。你会据此承认自己做错了事，发誓不再重蹈覆辙，为自己的行为赎罪，并接受其后果。既然已经存在这套公认的程序可以消除负罪感，那么这种情绪便不会引发压力，也就不太可能影响免疫系统。然而羞耻感，尤其是耗损性羞耻感或持续的羞耻感则可能对你产生影响。无助和无能为力的感觉，会使人产生高水平的引发压力的激素。

当你遇到可感知的威胁时，下丘脑就会触发你体内的警报系统。这个系统会促使你的肾上腺释放大量激素，包括肾上腺素和皮质醇。皮质醇是一种主要的应激激素，会改变免疫系统的反应，抑制消化系统和生殖系统以及人的生长进程。这个复杂的警报系统还与控制情绪、动机和恐惧的大脑区域有交集。

通常来说，一旦可感知的威胁已经过去，人的激素水平就会恢复正常。但是，当压力源持续存在，你不断地感觉受到诸如情感虐待及其造成的羞耻感等攻击时，战斗或逃跑反应则会仍然处于开启状态。压力反应系统的长期激活，以及皮质醇和其他应激激素的过度暴露，几乎会扰乱人体的一切进程。这会增加你出现很多健康问题的风险，包括焦虑、抑郁、消化问题、头痛、心脏病、睡眠问题、体重增加、记忆力和注意力障碍。

羞耻感对一个人的心理也会产生很多破坏性影响。它可能会对人的自尊、自信、身体意象、性取向、与他人相处的能力，以及照顾或保护自己的能力和意愿产生毁灭性的影响。其中一些影响可以说十分严重，也有一部分比较轻微，但正如你接下来会看到的内容，所有影响都会造成个体的严重受损。

羞耻感的严重影响

尽管羞耻感造成的损害可能在影响上出现重叠和相交，但其通常表现为七大类。

1. 自我憎恨和自我厌恶感：包括对自己或自己的身体感到厌恶，觉得自己不配得到任何好的东西，包括爱、感情、成功或幸福。这种自我憎恨可能导致破坏性行为，并导致下述自我毁灭的出现。

2. 自残：包括实际自残行为或自残的想法，如划伤、焚烧或刺伤自己，还包括自杀的想法乃至自杀的实际尝试。通常而言，受害者的自我毁灭行为往往也出现在其他方面，包括进行没有保护措施的性行为、鲁莽驾驶、醉酒和吸毒后驾驶、与危险人物交往或实施犯罪行为等危险活动。

3. 自我忽视：包括连人的基本需要都无法满足自己，比如充足的食物（让自己挨饿、剥夺自己的适当营养）、水、衣服（无法保证自己免受恶劣天气的影响）、休息和睡眠；还包括不满足自己必要的牙科和医疗需求。

4. 重现童年虐待：包括与早年施虐者相似的伴侣或朋友交往（有时甚至主动选择一些看上去像施虐者的人），或者变得像施虐者（有他们的习惯、言语和行为），然后将虐待再转移给其他人，通常是亲密伴侣和孩子。这种再现还包括形成一套特定模式，比如默许他人（在感情上、身体上和性方面）虐待你，或者任由别人利用你。

5. 成瘾行为：包括对酒精、毒品、性、色情、购物、偷窃、赌博和恋爱（这是一种强迫性的、长期渴望浪漫爱情的行为，其目的是从他人那里获得安全感和价值感）成瘾。

6. 愤怒：通常表现为易怒、大喊大叫、经常争执（无论是身体上还是言语上），虐待孩子或伴侣，以及路怒症状。愤怒的外在表现为对他人的怨恨和敌意。一旦愤怒受到压抑并指向自己，可能会导致抑郁、自我憎恶、自我伤害和自我惩罚（见第 1 项）。

7. **孤立**：情感虐待的受害者所经历的羞耻感，会使他们与其他人产生距离。他们会出现潜意识甚至有意识的理性思考，认为"如果我不在别人身边，就不需要承受进一步受到羞辱的风险"。孤立行为包括与他人交往时感到极度焦虑，不能或不愿意与他人交往，在家中闭门不出，很少外出和 / 或由于十分孤僻而在社交场合无法与他人交谈，或无法正常回应他人的夸奖。

羞耻感的普通影响

虽然羞耻感的普通影响往往不会给情感虐待受害者的生活带来很大的损害，但我们无法低估它们所带来的痛苦和生活改变。这些常见的行为模式可能相当麻烦，还可能对受害者的生活产生以下重大影响。

❖ 对纠正或批评很敏感，容易出现羞耻感。

❖ 防御性：在自己和别人之间建立一堵墙，将批评阻隔在外。

❖ 自我批评倾向：对自己十分苛刻，无法原谅自己。

❖ 完美主义：一再试图避免进一步受到别人的虐待。

❖ 讨好他人：尝试进一步遭受羞辱。

❖ 无法站在自己的立场上说话，不能表达自己真正的意愿，因为害怕冒犯或伤害到别人，从而承受进一步遭受羞辱的风险。

❖ 被迫提升成就动机，变得强大，尝试着控制他人。

❖ 缺乏动力（无法完成既定的目标和计划）、困惑（无法找到职业道路，无法向伴侣做出承诺）。

❖ 对自己和他人的不合理期望过高。

现在，你已经更充分了解了在一般情况下，羞耻感会如何影响情感虐待的受害者，花点时间去思考它对你的各种影响是十分重要的。在阅读本章时，你可能已经了解了自己的行为和思维方式，但请再花点时间完成下面的练习。

───────○ **耗损性羞耻感对你有什么影响** ○───────

❖ 看一看上面列出的羞耻感的严重影响与轻微影响，注意观察有哪些项是符合你的。并在这些项旁边做上标记。

❖ 在进行评估时，要关注自己的感受。你们中有的人或许已经意识到了羞耻感对自己的影响，因此，这对你而言或许是一种用于验证的经历（因为有人证实你的感受是正确的，这种感觉很好）。然而，许多人可能还没有意识到，是羞耻感让你经历了上述不好的感觉和行为。在你（和其他人）看来，曾经似乎无法解释的事情终于有了意义，这会让你感到某种解脱。你能意识到自己并不孤单，其他情感虐待的受害者也有同样的感受，这也能让你感觉还可以。不过，当你以这种十分具体的方式意识到虐待和随之而来的羞耻感对你的生活造成了多大的影响时，你也会出现悲伤和愤怒的感觉。

了解到羞耻感可能通过各种方式来影响你后，你就向疗愈又走了一大步。一旦你开始认识到羞耻感对你造成的负面影响，你就会尽力以某种方式来结束情感虐待。了解到自己会不可避免地受到情感虐待的影响，可以帮助你开始原谅自己的某些行为，以及无法结束这段关系的自责。

第二部分

打破羞耻感
的牢笼

第 5 章

走出羞耻感困境

别用他人对待你的方式来评判自己。

——C. 肯尼迪（C. Kennedy），《欧墨菲》（*Omorphi*）

如果你像众多情感虐待的受害者一样，一开始就因为自己在亲密关系中受虐而感到羞耻，那么如果你无法停止这段关系，情况则会更为糟糕。你不仅会感到羞耻，还常常会被别人的问题和评论所羞辱，比如"你为什么要留在关系中呢"，或者"我所能接受的伴侣，绝不可能和你丈夫对待你一样对待我"。

那些有自己的事业和经济来源，本可以离开的女性更会对自己的处境感到羞耻。正如一名来访者与我分享的那样："我在职业生涯中取得了成功。其他女性会向我寻求建议。我随时都能离开我的丈夫；不会像很多女性那样因为缺钱而陷入困境。所以，当我意识到自己正处在一段对我具有如此剧烈伤害的关系中时，我会感到非常羞愧。"

受到情感虐待的男性则处于一种奇特的境地，他们会意识到别人希望自己更坚强，不该忍受妻子或女朋友的虐待行为。一名男性来访者告诉我："我不能向任何人诉说我的情况，否则他们要么会嘲笑我，要么就会说我软弱。一个男人受到他妻子的虐待，人们对此是不能理解的。他们只会想，'他是有什么问题吗''他为什么不干脆结束关系呢'。"

上述原因伴随着羞耻感，可能会让你变得十分虚弱，我们需要用整整一章的篇幅来帮助你停止自责和羞辱自己。这么做是因为你选择了一个会情感虐待你的伴侣，而且你无法自己离开这段关系。

你们确实处于情感虐待的关系中，这没有什么值得羞耻的。情感虐待受害者的年龄、种族、社会地位、经济地位、性别和性偏好各不相同，任何人都可能受到情感虐待。无论你有多聪明、多强大，或者多富有，你仍然很可能与情感施虐者纠缠在一起。

被一个施虐者吸引并不代表你愚蠢或单纯。许多十分聪明、受过良好教育、头脑精明的人都会发现自己处于和你一样的境地。大多数施虐者会把自己描述为有爱心、心理健康的人，而不是他们最终表现出来的那种让人产生羞耻感，一味控制和操控他人的样子。所以，别再责怪自己没有看穿对方的外表，或者没能看出对方施虐的一面。

被当作目标的弱势人群

由于生病、失去亲人或最近的创伤而变得特别脆弱的人，往往会成为情感虐待的对象。我的来访者阿尔玛就经历了可怕的羞耻感，因为她嫁给了一个几乎在情感上毁了她的男人。

> 五年前，我被一个陌生人强奸并遭受了残酷的殴打。当时我被丢在一条巷子里等死，但一个好心的陌生人发现了我，还叫了救护车。正是那天，我遇见了我丈夫。他就是我入院那家医院给我看病的医生。他对我极尽关爱和照顾。在我经历了一番凌辱之后，你会认为我将害怕任何靠近我的男人，一开始我也的确如此。但这位医生非常细心，他解除了我的防备。最终，我以一种很长时间以来未曾用过的方式来对他报以信任。
>
> 我出院后，医生还继续联系我，只是询问我怎么样了。我哭泣的时候，他会给我送来食物并陪我坐着。从未受到过如此温柔对待的我，发现自己爱上了他。

不幸的是，阿尔玛的丈夫实际上是最恶劣的一类施虐者，这种人会刻意搜寻那些脆弱的人。在阿尔玛嫁给她丈夫的四年里，丈夫对她进行了情感上的折磨，以至于她几乎因为精神问题而住院。

> 他把我关在自己家里。他不在，我就不能走出家门。如果我质问他，他就把我锁在壁橱里。他喜欢将我完全控制起来，喜欢看到我无助和无力的样子。他强迫我和他做爱，有时还把我的手绑在背后，用滚烫的蜡油折磨我。他是个十足的恶魔。我都没想到能活着逃出他的魔掌。

阿尔玛的故事很极端但并不罕见，因为许多情感施虐者都会寻找自己可以控制和虐待的脆弱人群。这些施虐者在公共场合把自己伪装成有爱心的人，在社区里，他们善良正直，或者像阿尔玛的丈夫这样有声望，你永远想不到他们会这样虐待别人。

背叛型创伤

我们难于辨认情感虐待的施虐者的另一个原因在于，许多情感虐待受害者在儿童或青少年时期经历过所谓的"背叛型创伤"。当你信任的人或应该值得你信任的人背叛你时，就会发生背叛型创伤，例如父母或其他照顾者的性虐待。这些早期遭遇的人身侵犯经历，会干扰受害者社交能力的发展，其中健康地决断应该信任谁的能力受损尤为严重。这增加了他们在人际关系中的风险，使他们无法准确地选择信任谁，进而增加了再次受害的风险。背叛型创伤会导致他们的信任机制受损，这种机制与感知预期性焦虑的能力相关，而预期性焦虑往往又预示着危险状况。换句话说，那些经历过背叛型创伤的人，无法解读潜在的不健康情绪状态。此外，具有信任缺陷的人可能会经历以下情况。

❖ 做出适当自卫行为的能力有限。
❖ 自我保护能力有限。
❖ 无力结束一段带有身体或情感虐待的亲密关系。

你被施虐者吸引的其他原因

你会受到施虐者的吸引，并且无法识别虐待行为的迹象有许多恰当的理由，比如以下这些。

❖ 人们在没有意识到的情况下与情感施虐者建立关系是很常见的，因为施虐者的控制和羞辱方式往往很是微妙，不容易被识别出来。

❖ 施虐者一开始往往看起来充满爱心，极尽关怀。事实上，他们中的一些人确实如此。但渐渐地，他们会使用各种各样的方式，变得越来越具有控制欲并善于羞辱。

❖ 和阿尔玛的丈夫一样，有的施虐者实际上有隐藏的阴暗面，他们会刻意不让大多数人看到这一面。直到他们与他人建立了情感上的亲密关系，这一面才会显露出来。否则，一般人都会把他们描述得很善良且有同情心。

❖ 与你之前交往的那些不愿做出承诺的前任不同，施虐者可能会马上公开为一段关系做出承诺；也就是说，对方或许会想和你一直在一起。这或许非常有吸引力，尤其是当你经历过被父母忽视，或交往的人不愿为你们的关系做出承诺后。

❖ 你的伴侣可能一开始会对你极尽宠爱，一遍遍地说你非常棒，他从来没有遇到过像你这样的人。这对那些自尊心不强、从前被父母或前任批评的人来说尤其具有诱惑力。

❖ 大多数人之所以倾向于结婚或开始一段带有承诺的长期亲密关系，是因为他们体验到了被伴侣无条件接纳的感觉，这种感觉对于有些人而言，可能是有生以来的第一次。如果你在孩提时代没有感受过无条件的爱，那么成年后若有人无条件地爱你、接受你，这样的体验会非常令你震撼，能让你体验到自己有多脆弱。而且，许多情感施虐者非常善于操控他人，并熟练地利用一个人的弱点来对付他。

爱意轰炸

上述清单的最后三项都能被列入所谓的"爱意轰炸"（lovebombing）中，这是一些施虐者故意采取的方法，其目的是解除人们对陌生人的本能戒备。施虐者会营造一种强烈的爱与仰慕的氛围，以快速增加与目标人物之间的亲密感，而非让情感缓慢升温。这样的方法可能包括以下几种。

❖ **面面俱到的花言巧语。**当受害者不断地听见他人赞美自己是多么美丽、曼妙且让人无法抗拒的时候，她的自尊就会得到提升，这实际上会使她的大脑产生各种物理和化学变化，她对施虐者的注意力也就此得到了巩固。通常情况下的受害者都是自卑的，所以这种自尊的提升会特别令人兴奋。

❖ **依赖性。**施虐者会坚持不断与受害者会面，这会占用受害者越来越多的时间和精力，同时也能降低受害者见到其他人的频率。随着与他人接触的减少，受害者获得温暖和爱的唯一来源，似乎就是这个新的伴侣了。这种情况持续的时间越长，受害者就会陷入越深的魔咒中，最终发现自己离不开施虐者了。

❖ **宿命。**施虐者会试图让受害者相信，他们的相遇是特别的。为此，他会用诸如"我以前从未对任何人有过这样的感觉"和"我认为你是我的灵魂伴侣"这样的话欺骗受害者。

弥补童年的一切痛苦

除了上述原因，许多人会错误地认为伴侣会弥补自己小时候遭受的一切痛苦和缺陷，这些痛苦可能会让施虐者和受虐者都体会到失望和受虐的感觉。上述需要和期望不一定是有意识的，但它们却可能十分强有力。

我的来访者卡门的父亲在她只有两岁的时候就抛弃了家庭，

她从此再也没有见过他。卡门总是对几乎不相识的父亲有一种渴望，感觉自己心中有一个空位留给他。18岁时，她遇到了劳伦斯，几乎顷刻间就爱上了他。他又高又壮，身上有一种她认为很吸引人的气质。"和劳伦斯在一起让我感到很安全。我知道他会一直照顾我，保护我。"他们相识几个月后就结婚了。

但结婚后不久，卡门就注意到，劳伦斯不光保护她，还要占有她。每次他们出去，他都会指责她和其他男人调情，他从不愿意让她一个人出去。"一开始我以为他是在保护我，但渐渐地，我开始意识到他是不信任我。他认为如果我一个人出去或者和朋友出去，就会和男孩子们聊天。"

卡门与她的朋友甚至家人渐渐疏远了。"出于某种原因，劳伦斯不喜欢我的妹妹，于是不让我去见她。现在我意识到了，这是因为我妹妹能够识破他。"

这一切持续了好几年。卡门心态的转折点出现在她怀孕的时候，劳伦斯开始越发控制她了。"没有他，我哪儿也去不了，甚至根本没法见到另一个男人。他开始管我叫妓女，说我以后会是个糟糕的母亲。这让我不禁开始想，'他又会不会是个好父亲，会像对待我一样对待我们的孩子吗'。"

这种质疑是卡门真正反省的开始。事实上，这就是她来接受治疗的原因。我们探讨了她选择劳伦斯的缘由，她意识到这是由于自己在寻找从未见面的父亲。

"我太怀念拥有父亲的感觉了。我见到劳伦斯时，他仔细检查了所有的箱子。他又高又壮，在他身旁我感觉自己小鸟依人，我就喜欢这样。他看起来很自信，我喜欢他那种'负责任'的态度。不幸的是，我被他那虚张声势的自信迷惑了，而这实际上只是他在掩盖自己的不安全感。他的负责任态度，反而成了他控制我的一种方式。"

像卡门一样，你的伴侣可能会渐渐变得更挑剔你，批评你的一切，包括你的着装方式、说话方式，以及你在其他人面前的行为方式。他可能会以指导或教导的形式表达自己的批评，这种批评也可能仅仅表现为他想要帮助你。

我为何会离开

你不应该责怪自己选择了一个施虐者，你同样不应该责怪自己没有在刚看到虐待苗头的时候就离开。毕竟，你爱你的伴侣，你想暂且相信他说的话，你愿意相信他的承诺（承诺不会再那样对待你）。如果你小时候有过被责备和羞辱的历史，当伴侣告诉你，他这样做都是你引起的，或者他在之前的任何一段恋情中都没有这样做过的时候，你也就不难相信他的话了。

情感虐待的受害者倾向于将伴侣的虐待行为及其对自己的影响最小化。例如，尽管伴侣的虐待行为正愈演愈烈，但你可能已经确信，这并没有那么糟糕。你可能听说过或读过关于亲密伴侣被虐待或遭到家庭暴力的故事，被虐待的一方遭到殴打、折磨甚至谋杀，这些可怕的故事可能会让你更难意识到自己也受了虐待。毕竟，你的伴侣从来没有打过你，从没把你推到墙上过，也从来不曾把你锁在房间里。

你为何不为自己挺身而出

情感虐待的受害者经常遭到批评，只因为伴侣第一次施虐时，他们没有为自己挺身而出。大多数施虐者都非常善于应对另一半表现出的顾虑。每次你注意到伴侣身上出现了你不喜欢的地方，他可能都会说你太吹毛求疵或无中生有。他甚至可能会倾听你的顾虑，并多次向你道歉，以期你回心转意。比如，他会为自己的过分嫉妒而道歉，并承诺永远不会再发生这样的事情，他也可能解释说自己的工作压力很大，并为把气撒到你身上而道歉。

即使你开始意识到令人不安的行为不会消失，甚至变得更糟，你的伴侣可能会说服你，表示你们亲密关系中遇到的问题是"正常的"，你们两个只需要共同努力，就能创造一段更好的关系。这时，你往往需要做出某种改变，才能让他不再胡作非为。

最终，你可能会意识到上述问题并不正常，事实上需要改变的并不是你。你可能会再次尝试向他提起他那些令人无法接受的行为。不幸的是，你即使用这种直接的方法也没有用。首先，情感虐待的施虐者往往十分擅长歪曲你的言辞，并且对你故伎重演。例如，当你试图反抗或拒绝他的要求时，他通常会对你大喊大叫、咒骂和侮辱。你可能已经得出结论，假如想要维持平静，最好就是顺从伴侣的意愿。

施虐伴侣在面对另一半时，还会用到另一种方法，那就是径直冲出房间，拒绝听你的话。对方会不等你说完，也不会给你反馈，就直接大步走出房间，拒绝沟通。相比处理手头的问题，施虐的伴侣往往会夸张地结束谈话，以此向你展示到底谁是领导者，从而结束一场令人不舒服的讨论。

施虐者还会利用羞耻或内疚来操控你。当受害者试图站出来反抗伴侣，或指责其冒犯行为时，施虐者经常会扮演受害者的角色，对你说："我不敢相信你真的会这样想我。你不知道我只想让你开心吗？可无论我做什么，你永远不会满意。坦率地说，我只想知道你是否根本不会快乐。"

比方说，你的伴侣一再在别人面前贬低你，这会让你越来越不自在。在最近一次这样的事情发生之后，你找到他并要求他停止这样做。他却不会和你谈论这件事，不会承认自己做了这件事，不会道歉并承诺不再犯，他很可能极力否认，表现得仿佛深受这指责的伤害，或者生气离开，向你表明这些抱怨不值得进行一次严肃、深刻的对话。

虐待关系的结束为何如此之难

一旦你确定自己受到了情感虐待，并被这段经历伤害了，你就会感觉更糟。我的许多来访者在意识到自己确实受到了情感虐待后，会感到非常羞愧，因为他们无法离开这段关系。

一个来访者告诉我："我希望自己别那么清楚自己被虐待的事实。""至少我可以假装这件事以前没有发生过。但如今我知道，自己需要结束这段关系，可是我又感到非常羞愧，因为我做不到。"

事实上，你们在结束这段关系时遇到困难，这也并不令人羞愧。你爱你的伴侣，你们共同构建了生活。你可能会怀疑能否在经济和情感上依靠自己。你的自信可能比遇见伴侣时低得多。你被打得落荒而逃，你已经受到操控，以至于不相信能照顾好自己和孩子。

许多受害者难以离开的另一个原因在于自己的不知所措。辛西娅不知是该离开还是留在丈夫身边，于是开始接受心理治疗。他们结婚两年了，她解释说对方是典型的双重人格综合征患者。

"结婚之前，詹姆斯是你能想到的最有爱心、最体贴的男人，但现在他变得毫无耐心且很挑剔。他会抱怨一切，抱怨我的着装方式、做饭方式、打扫房子的方式。他似乎在寻找一切可以批评的事物。前几天他逮住了我的把柄，因为他在冰箱后面发现了一些旧物！在结婚之前，我们常常长谈，可现在当我对某件事发表意见时，他会把我当作孩子，或者把我当傻瓜一样对待，对我说的话不屑一顾。"辛西娅解释说，如果她的丈夫一直这样做，她很确定自己应该和他离婚。但有时候，他又会回到结婚前的样子，让她很纠结。"这太令人困惑了。他居然还能对我这么好。他对我说他爱我，说他很抱歉对我这么挑剔。他父亲就对他很挑剔，他也知道这有多伤人。他一直很支持我，因为我和父母之间有一些问题，他对我以及与我们共同生活的女儿真的很好。"

辛西娅花了一段时间才得出结论，她的丈夫在对她进行情感虐待。她还需要认识到一点，她和丈夫在一起的时间越长，对自己的感觉就会越差，变得越来越困惑和迷茫。但即使她已经能直面这些事情，却仍然无法离开。

受害者之所以不会结束有情感虐待的亲密关系，其常见原因包括：

- ❖ 受害者将亲密关系中的所有问题都归咎于自己。
- ❖ 受害者开始相信施虐者，最终确信是自己太愚蠢、无能、丑陋或不讨人喜欢，任何人都不会想接近自己。
- ❖ 受害者开始相信，光靠自己会一事无成。
- ❖ 施虐者威胁要将秘密告诉所有人，说受害者虐待自己的孩子，或者扬言要把孩子带走甚至杀死他们。
- ❖ 受害者害怕孤身一人。
- ❖ 受害者有被虐待或受羞辱的历史，所以虐待对其而言是很正常的。

仔细看看上面列出的原因，其中是否有符合你的。如果找到了，请提醒你自己，这些是情感虐待受害者留在亲密关系中的常见原因，事实上，它们甚至是很好的借口。

虐待或羞耻史

在上述原因中，最后一项尤其重要，这可能是你一直停留在一段虐待关系中的主要原因之一。许多人在成年后，进入一段情感虐待的关系之前，都曾遭受过羞耻感的重创。正因为如此，你可能会觉得产生羞耻感是正常的。对许多人来说，这种羞耻感的根源是受到虐待。儿童时期的羞耻感及其伤害，是受到虐待或忽视的儿童在成年后可能维持情感虐待型亲密关系的主要原因。

不幸的是，羞耻感是许多人在成长过程中很难规避的一部分，因为许多父母（和其他照顾者）认为羞辱孩子是一种可以接受，甚至有益的管教形式。

父母羞辱孩子的方式有很多，包括以下这些。

贬低。来自父母的评论，比如"你真是个爱哭的孩子"或"和你在一起让我很丢脸"，对孩子来说是种可怕的羞辱。父母将自己的孩子和另一个孩子进行消极比较，说"你为什么不能像鲍比那样做事呢？他可不是爱哭的孩子"，这不仅是一种羞辱，还教一个孩子常常拿自己和同龄人比较，发现自己在比较中有很多不足。

责备。孩子犯错时，他对自己的行为负责十分重要。但许多家长不仅会教训孩子，还会责备和斥责孩子，对她说："你是个白痴！本该明白的东西却还不知道。"所有这一切都会让孩子感到羞耻，以至于无法找到合适的方法，昂首挺胸地从这种情况中走出来。像这样责备孩子，就像在揭她的短处，会让她产生无法忍受的羞耻感，以至于她可能会被迫推卸责任或想方设法找借口。

蔑视。厌恶或蔑视的表情会传达出十足的拒绝。轻蔑的表情（通常是冷嘲热讽或抬起上唇），尤其是当其来自对孩子很重要的人时，可能会引发具有破坏性的羞耻感，会让孩子感到无法接受，备受冒犯。当我还是个孩子的时候，我妈妈对我有一种非常负面的态度。很多时候，她要么用期待的眼神看着我，仿佛在说"你现在到底在干什么"，要么对我的所作所为露出不满或厌恶的表情。这样的眼神让我感到非常羞耻，让我感觉自己出了很大的问题。作为一名年轻女性，我对别人的看法非常敏感。我会过分关注自己的外表。我往往会接受男性伴侣要求的任何事，每当男人要结束我们的关系时，我总会心碎不已，感觉受到了很可怕的拒绝，并认为分手是因为他发现了我非常不合格或是糟糕透了。

羞辱。正如格森·考夫曼（Gershen Kaufman）在他的书《羞耻感：关爱的力量》（*Shame：The Power of Care*）中所说，"没有什么经历比另一个显然更加强大、更有力量的人利用其力量来打击我们更丢脸了"。我可以亲自证明这一点。我母亲除了用蔑视的表情羞辱我之外，还经常惩罚我，用树枝打我，她经常在家门外、在邻居面前这样对我。我体验到的羞耻感，就像是灵魂深处的伤口。

禁止性期望。父母适当的期望能对孩子的行为起到必要的指导作用，且不会妨碍孩子的行为。然而，禁止性期望往往是有关迫使孩子出类拔萃地完成某项任务、技能或活动的。例如，一些父母不是为了让孩子在参加体育运动中获得乐趣，而是坚持要让孩子在这项运动中"成为最好的"，当孩子的表现不符合父母的期望时，就会遭到惩罚或拒绝。过分要求孩子在某项活动或技能上出类拔萃的父母，更有可能迫使孩子做更多事情，比如在活动中对孩子大喊大叫，或者在孩子明显失去兴趣的时候，仍要强迫他上课或参加某项运动。根据考夫曼的说法，当孩子意识到自己真的有可能达不到父母的期望时，往往会体验到考夫曼所说的"束缚性自我意识"（binding self-consciousness），这意味着孩子会痛苦地看待自己以及自己的行为，并严厉地评判自己。当父母以这种方式期望孩子达到某个目标时，实现目标会变得更加困难。孩子体验到的成就目标压力越大，就越容易变得自卑，这反过来又会剥夺他的注意力和执行力。这会让孩子陷入自我批评中，父母也会对他表现出反对和轻视。

向孩子表达对他感到失望。 父母让孩子感到羞耻的另一种方式是让他知道自己令父母失望了。诸如"我真不敢相信你能做出这样的事"或"我对你深感失望"这样的信息，伴随着否定的语气和面部表情，可能会瓦解孩子的意志。

---○ **孩童时代的你为何羞耻** ○---

❖ 根据上文的信息，列出你的父母或照顾者在你小时候羞辱你的所有方式。

❖ 现在，更全面地写下你印象中最让人觉得羞耻的经历。你可以慢慢来，逐一记下事件或词语，尽可能多地提供细节。记录时，要关注自己的身体反应和情绪感受。当你的伴侣使用上述任何一种方式来羞辱你时，这些感觉和情绪可能会让你联想到自己当天的感受。

❖ 把这份关于你的童年羞耻经历的清单放在一个伴侣找不到的安全的地方。甚至你可以用它作为开篇，开始写一本由自己严密保管的日记。随着学习进程的推进，这本日记将会非常有益。它会提醒你，自己是如何走到今天的，希望它能帮助你，别再因为无法离开这段关系而责怪自己。

其他重要的羞耻感体验

除了父母的羞辱之外，你从前还可能因为以下事情中的全部或某些而感到羞愧。

❖ 因童年受到虐待、忽视和遗弃而感到羞耻。

❖ 因成年以后亲密关系中的情感或身体虐待而感到羞耻。

❖ 其他创伤，例如青少年时期或成年时期遭遇的性侵犯。

童年虐待

研究表明，对于童年受到虐待的受害者而言，羞耻感是一种很有代表性的情绪，他们往往会轻视和贬低自己。受害儿童往往认为虐待是他们自己造成的，他们不配得到无条件的爱。这种信念往往会延续到他们成年后的亲密关系中。

此外，研究表明，成年人尤其是女性，在儿童时期就受到伤害的话，以后的生活中会有再次受害的风险。比如在一项著名的调查中，我们发现，在儿童时期经历过身体虐待或性虐待的女性中，有72%的人在成年后也会遭受暴力，而相比之下，在没有经历过童年虐待的女性中，这一比例仅为43%。一般说来，在儿童时期经历过任何形式虐待或忽视的人，重新受到伤害后会显得尤其脆弱。这其中有几个重要的原因。

❖ **自我意识受损。** 童年时经历过虐待的人通常会出现自我意识受损。这会让你根据别人的反应来判断自己对某种情况的感觉，因此可能更容易上当受骗，更容易被别人操控。你即使与自己的孩子，可能也无法划定适当的界限。此外，你可能很难向他人寻求帮助，很难创建或找到人际支持网络，进而从中获得有效的支持。

❖ **回避**。回避行为可以通过暂时减轻你的情绪痛苦来帮你应对状况。一些有关回避的更严重的症状包括药物滥用、强迫性的高危性行为、进食障碍和自我伤害行为。最常见的一种回避方式就是解离（dissociation），这是一种逃避虐待和痛苦的方式。成年的虐待幸存者经常描述称，当他们受到虐待时，会让自己的身体变得麻木，或者从俯视角度来"观看"虐待。作为一个孩子，这可能是受害者在性虐待或身体虐待中存活下来的方式，这种方式让其实现在情感上应对那些无法承受的身体和/或情感上的痛苦。但是，解离可能会成为一种无意识的习惯，不仅会让受害者从充满不适或虐待的场景中解脱出来，还可能会让她否认正在发生的虐待行为。如果你在自己的身体里缺位，就会长久地忍受虐待。虽然你或许并未意识到虐待行为及其后果，但这并不意味着你没有受到负面影响。

❖ **认知扭曲**。认知扭曲是指我们的头脑会让自己相信一些不真实的事情。比如，假设你在童年时遭受了虐待或忽视，你可能会将世界视为一个危险的地方。因为过去的你没有抵抗能力，在应对危险时，你可能会低估自己的自我效能感和自我价值感，因此在面对困难时，你会感到无能为力。你很可能会感到无力保护自己。

❖ **低自尊**。研究显示，那些经历过童年暴力或目睹父母暴力的女性，成年后可能会面临成为受害者的风险，因为她们更有可能出现低自尊的情况。

❖ **暴力日常化**。那些在父母一方对另一方进行情感或身体虐待的家庭长大的人，可能会认为暴力行为是用来处理冲突的正常反应。

忽视

研究表明，童年时受到忽视会增加一个人在成年后遭受亲密伴侣暴力的可能性。更具体地说，经历过童年忽视的成年人所需应对的，来自亲密伴侣的心理虐待行为风险，数量更多，类型也更多样。人们在一项重要的研究中发现，儿童时期遭受忽视，会让一个人进入非虐待亲密伴侣关系的能力受到干扰。

情感上的忽视尤其会对孩子产生很大的影响，令人惊讶的是，其影响与身体或性虐待一样大。当父母没能对孩子的情感需求做出反应时，就会发生儿童时期的情感忽视。即使父母可以大体上照料孩子，但还是有一些看不见的东西缺位了：父母没有认可孩子的感受，也没有回应孩子的情感需求。

最终，情感上受到忽视的孩子可能会感到深切的孤独。孩子会体验到自己的需要、感觉都不重要，自己或许永远不应该寻求帮助（因为这会被看作软弱的迹象，或因为他们认为这样做毫无希望）。随着年龄的增加，他们往往会经历不必要的内疚、自我愤恨、缺乏自信，或者感到自己有很深的人格缺陷。

如果你小时候受到了情感忽视，思考一下那些经历为何会让你在成年后更容易受到情感施虐者的伤害。这要么是因为对方看似给了你承诺，许诺让你得到父母未曾给予的爱和关注，要么是因为你对伴侣的期望太低，毕竟你小时候的所得很少。

儿童性虐待

虽然所有的虐待都十分可耻，但儿童性虐待尤其可耻。这种情况的长远影响包括抑郁、自杀倾向、性功能障碍、自残、慢性焦虑、创伤后应激障碍、解离、记忆障碍、躯体化以及人际功能障碍。但儿童时期的性虐待最严重的后果，就是耗损性羞耻感。

儿童时期性虐待受害者产生羞耻感的原因有很多。

* 当一个人受到伤害时，就会产生羞耻感，因为受害行为会让每个人都感到无助，而这种无助会催生一种羞耻感。
* 当一个孩子被成年人或年龄大一些的孩子以十分私密的方式侵犯身体，他／她就会感到羞耻。
* （被迫）参与一些连孩子都知道是禁忌的活动，或者像许多孩子描述的那样，做一些让自己十分"讨厌"的事，都会让他们感到羞耻。
* 当孩子的身体对犯罪者的触摸产生反应时，孩子会觉得被自己的身体"背叛"，这也会让他／她感到羞耻。

承认儿童时期的性虐待在很大程度上影响甚至构建了早期受害者的人格，影响他们保护自己不受进一步性侵犯和其他侵犯的能力，甚至影响他们的动机，而这一点很重要。儿童时期性虐待的受害者往往无法做到为自己挺身而出，无法充分保护自己，因为这种虐待对年轻女孩或男孩的自尊、自信和自我概念都有毁灭性的损害。此外，这种创伤可能会让受害者很难相信自己也应该得到保护和尊重。

童年时期的虐待，尤其是性虐待，不仅会给人带来巨大的羞耻感，而且经历过这些形式的虐待，还会让这个人在成年后再次成为受害者。许多研究报告了对儿童的虐待和忽视与亲密伴侣暴力行为之间的关系。托莱多青少年关系研究（Toledo Adolescent Relationships Study）发现，儿童受虐待问题预示着亲密伴侣的暴力行为。

此外事实证明，在一般情况下，羞耻感的情感体验和自责倾向与二次受害有显著的关系。你对自己解释负面事件的方式，即用什么方式解释某件坏事为什么发生在你身上，会强烈影响你对自己的感觉，让你觉得自己是个罪有应得的坏人，或者这些不好的事件都是你造成的。

你们中有许多人在读这本书时，都能清楚地想起小时候受到虐待或被忽视的经历。但有些人的记忆不是很清楚，还有些人质疑自己的记忆力。许多人并没有为他们的经历贴上虐待或忽视的标签，尽管他们显然经历过这一切。如果你不确定自己小时候是否受了虐待或忽视，或者不确定什么是虐待，我都建议你看看我的书《这不是你的错：如何治愈童年创伤》（*It Wasn't Your Fault: Freeing Yourself from the Shame of Childhood Abuse with the Power of Self-Compassion*）中所列的完整清单。

────────○　　**你的羞耻感的故事**　　○────────

❖ 列出到目前为止，你所能记得的童年和成年后经历的所有羞辱和虐待。把你所有的羞耻感体验白纸黑字地写下来，这可能是一种极为强烈的体验。请注意，不要指望自己能一口气把这份清单列完。你可能需要几天甚至几周的时间才能完成。事实上，一下子列出这份清单并不健康，也没有太大的益处。

❖ 用这份清单写下你的"羞耻感的故事"。描述每一件令你羞耻之事给你的感受，以及你认为这件事为自己带来的影响。我要再次强调，不必一次写完你的羞耻感的故事。写下你生活中的某一次经历或一个时刻，先让自己消化它，感受它带来的一切情感。接下来再尝试写下另一次经历。试图一次做完所有事情会把自己压倒，你不会喜欢这样的感觉。

❖ 当你写完自己的羞耻感的故事后，对自己大声朗读。在这样做时，注意你感觉到的情绪，以及身体里正在发生的变化。这些故事可以有效地帮助你回想起生活中所经历的一切，回想起你所忍受的苦难。允许自己去感受浮现出来的一切情绪。我们将在后面的章节中讨论自我关怀的重要性，但现在开始，你要对自己的痛苦产生共情，它们具有疗愈效果。要做到这一点，你只需对自己说：

　　我还是个孩子的时候就遭受了如此多的耻辱，这太令人难过了。

　　或者

　　难怪我会和情感虐待的伴侣在一起；我在重复童年时自己的遭遇。

这样的练习将帮助你更深入地理解你自己和你的行为。这也能帮助你对自己的痛苦抱以同情，不仅是从你在现任伴侣那里经历的痛苦，也包括你在孩提时代可能遭受的痛苦。我们将在第8章着重讨论自我关怀的好处，但现在你要知道，你越是了解自己，就越能治愈过去和现在遭受的耻辱。

⌘　⌘　⌘

本章中描述的一切，都是对你为何选择这个伴侣，以及为什么仍然处于虐待关系中的有效解释。请写下本章中提到的所有符合你情况的理由。接下来，下次当你开始责备自己无法逃离一段情感虐待关系的时候，就可以让自己想起那些合乎情理、令人信服的理由。

为了应对自我批评，或是别人对你为何不离开这段关系的批评，你可以着手让自己明白以下几点：

我会选择像我伴侣这样的人，这是可以理解的。

或是

我现在无法离开我的伴侣，这是可以理解的。

请注意，尽管我已经概括了许多原因，比如你为何可能会无意识地选择施虐伴侣，为什么因为儿时遭受的忽视或虐待而很难结束这段关系，但这并不意味着受虐待就是你的错。有些人即使在童年时没有经历过虐待或忽视，也会受到情感虐待。

第 6 章

别再相信施虐者

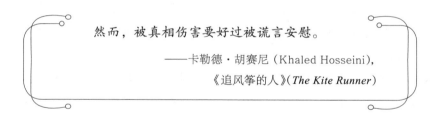

> 然而，被真相伤害要好过被谎言安慰。
>
> ——卡勒德·胡赛尼（Khaled Hosseini），
>
> 《追风筝的人》（*The Kite Runner*）

　　我的许多来访者最初并没有意识到自己受到了情感虐待这一事实。事实上，大多数来做心理咨询的人都希望我解决这些问题，此后他们就会成为更好的伴侣或父母。他们往往会问："我到底是怎么了？""为什么我做不到丈夫要求我做的事呢？""为什么我无法向妻子证明我是爱她的？""为什么我什么事都做不好呢？"

　　一旦来访者开始描述他们与伴侣的生活，问题就变得非常明显了：问题不在于他们太懒惰或太自私，也不在于他们不愿意与伴侣发生足够的性关系，因为伴侣对他们并没有其他抱怨；问题通常在于伴侣对他们的期望不合理，或者伴侣对他自己、他人和整个世界的看法是扭曲的。

那些被虐待的人往往会相信，当伴侣在抱怨某件事时，就是因为自己实际上做错了事情。比如，一个女人并不会想到丈夫或男朋友的抱怨，就是为了让这个女人产生不良的自我感觉。她并不会怀疑伴侣会刻意把注意力放在她的缺点上（这些缺点可能是真实的，也可能是想象出来的），这样一来他就不必关注自己的缺点了。施虐者之所以责怪自己的伴侣，是因为这样他就不必对自己所做的事感到内疚，也不必为自己的问题、弱点和过错承担责任，而人们往往不理解这些。受害者当然不会意识到，他的伴侣可能只是一个十足的自恋者，凡事都随心所欲，永远不会满意。最重要的是，受害者不明白，只要伴侣让他 / 她感到了羞耻，伴侣就不必感觉到自己的羞耻。受害者也不会想到，伴侣可能会因为患有边缘型人格障碍或有相关特质，而通过扭曲的视角来看待受害者。

由于以上所有问题都真实存在，因此你需要相信并理解以下几点：大多数施虐者批评你并不是关心你的最佳利益，也不可能是在关心你们恋情的最佳利益。施虐者只是专注于自己的私利，但不幸的是，他们往往会专注于让你觉得自己"不如"他们。一旦你明白了这一真相，当你谈论自己的伴侣时，就能开始以一个全新的视角来看待对方。不要假定伴侣针对你的言论是真的，而应该质疑对方的动机。你应该问问自己：

❖ 让我相信我自己有问题，对我的伴侣有什么好处？
❖ 把每件事都怪在我头上，对我的伴侣有什么好处？
❖ 让我产生自我怀疑，对我的伴侣有什么好处？
❖ 让我相信自己不够好，对我的伴侣有什么好处？

你对这些问题的回答很可能非常具有启发性。一旦开始意识到伴侣的动机可疑，他要想用抱怨、评价和含沙射影的方式来控制你就没那么简单了。

因此，预防情感虐待的第一步，就是不要总是相信伴侣对你说的话。不要把伴侣的话放在心上，不要把伴侣的虐待行为和言语放在心上。相反，更重要的是，你应该认识到伴侣的看法、评价和观点是错误、扭曲的，是非常不合理的。

这种立场似乎很是极端。毕竟，你的伴侣不可能永远是错的。他所告诉你的某些有关你自己的事似乎是正确的。他似乎比任何人都更了解你，因为他能看穿你的谎言。他知道你的过去，也知道"你有能力做什么"。而且他并不会总是吹毛求疵或无理取闹。有时他充满爱心、十分体贴，正因为如此，你才会相信他真的很在乎你。

尽管要你不再相信自己的伴侣，看上去似乎很激进，但为了抵消你总是相信他的倾向，你必须选择不再相信他。你只有这样做，才能摆脱他的控制。

如果你像大多数情感虐待的受害者一样行事，就会承担过多的责任：毕竟已经认为一切都是你的错了。这会让你极容易受到指责、操控和谎言的伤害。你不需要伴侣反复强调你总是犯错。你很可能已经相信这一点了。而事实上，你所需要的恰恰相反。你需要开始相信，自己并不总是问题的根源。你需要意识到，自己不可能像伴侣所说的那样糟糕。没有人会如此指责你，完全否决你做事的方式。

而你从一味相信自己的伴侣，到意识到不一定需要相信他的话，这种转变的出现并不容易。突然开始从一个不同的角度来看待和聆听伴侣的想法，是很困难的。本章将帮助你完成这个重要的过渡。

你所听到的谎言

在我使用"谎言"这个词时，所指的不仅仅是说假话这种行为。谎言还包括营造不诚实、充满责备、吹毛求疵、心理投射、使用"煤气灯"式操纵以及寻找替罪羊的氛围。谎言可能有各种各样的形式，包括彻头彻尾的假话，以及夸大、歪曲和心理投射。以下是施虐者最常见的说谎方式。

谎言 1："我是个男人，所以你得照我说的做。"

谎言 2："我比你强，所以我受到特殊优待是理所当然的。"

谎言 3："我比你聪明，所以你应该相信我说的每一句话。"

谎言 4："我需要给你建议（或指导你），因为你靠自己无法做出正确决定。"

谎言 5："你太愚蠢（或疯狂）了，都不知道自己在做什么。因此你犯错的时候我必须指出来，否则你永远无法意识到这一点。"

谎言 6："我的童年很可怕，因此你要满足我缺失的需要。"

谎言 7："你甚至没意识到对我有多差，我要你给我讲清楚。"

谎言 8："你太不靠谱了，所以我要认真盯着你，充分关注你的一举一动。"

谎言 9："你已经不再是我结婚时认识的那个人了。"

谎言 10："你并没有满足我的需求／期望，因此你需要努力提升自己。"

谎言 11："你伤害了我的感情（让我失望了），现在你需要弥补我。"

谎言 12："作为我的妻子／女朋友，你有责任满足我
所有的性需求和欲望。"

尽管你的伴侣可能不会使用一模一样的话，但重要的是，你
要注意其中隐含的信息。正如你所看到的，所有这些谎言都围绕
着四个基本观点：①我比你优越；②你无能或不称职；③你不值
得信任；④你对我有所亏欠。

在施虐者制造不实氛围的各种方式中，最常见的是说谎、心
理投射和"煤气灯"式操纵。让我们从说谎开始，分别来彻查每
一类问题。

说谎

有的施虐者实际上也相信自己的谎言；其他人知道他们在说
谎，但他们一心想让人相信这些谎言是真的。典型的施虐者主要
以三类谎言作为你们相处的基础：①你要对伴侣的幸福负责，②
你要为伴侣的愤怒担责，③你有责任修复这段关系。让我们更深
入地分析一下这几类主要的谎言。

1. 你要对伴侣的幸福负责。这个谎言利用了人们天
性中健康的、想要取悦伴侣的愿望。没有人能对伴侣的
幸福负责。你可以尽自己所能地帮助伴侣，令其感受到
被爱和安全感，但最终，让他／她快乐是你伴侣自己的
责任。不幸的是，一说到什么能让自己快乐，施虐的人
往往会产生不合理的期望。

伴侣可能对你产生以下不合理的期望：

❖ 让你把所有的注意力都集中在他／她身上。

❖ 你，甚至孩子都要将他／她的需要放在首位。

❖ 你要把他／她看作领导，他／她在所有决策中拥有最终
决定权。

然而无论你多么努力，总有人永远不会感到幸福，
因此你取悦他们的努力都是徒劳的。施虐者通常是抑郁、
没有安全感、能力不足的人，他们会有严重的精神健康
问题，而你无法解决这些问题。

2. 你要为伴侣的愤怒担责。施虐伴侣会认为，只要
他们生气，错都在你身上。要是你能做到某事或不做某
事，他们便不会生气了。正是因为你激怒了他们，所以
他们在情感（或身体）上虐待你是正当的。对他们来说，
解决问题的办法就是别让他们生气。让他们为所欲为，
不要质疑他们，不要否定他们，也不要和他们过不去。
这个谎言能让施虐伴侣扮演父母、老板或权威的角色，
而让被虐待的一方处于守势，导致其产生严格的自我监
控、事后批评和自责。

3. 你有责任修复这段关系。因为施虐者不能或不愿
承认自己的问题，他们会把问题投射到别人，尤其是伴
侣身上。因为对他们来说，关系问题都是围绕你展开的，
所以你必须是那个解决所有问题的人。但你很有可能在
亲密关系问题中没有扮演任何角色，或仅仅只扮演一个
很小的角色。是的，你已经听过许多次，亲密关系是一
条双行道，每个故事都有两面，当然这些观念也有几分
道理。但更有力的事实是，你根本不会导致伴侣施虐
（没有人会这样做），是他自己在进入这段关系时遇到了一
些问题，正是这些问题导致他开始施虐。尽管我们通常
认为修复破裂的关系应该是双方的责任，但事实上，停
止虐待一定是施虐者的责任。

施虐者经常利用你的理解和／或宽容来操控你，让你相信自己有责任修复这段关系。基于此，他通常会对你说，"你需要对我多一些理解，因为你知道，我的童年很艰难"或者"你需要原谅我"。这两句话或它们的某些变体力量特别强大，使施虐者的伴侣往往要忍受任何人都不应该遭受的行为。

许多情感虐待的受害者会因为内疚或责任而留在亲密关系中，尽管这段关系已经对他们自己的精神健康造成了损害。这是当我问来访者马蒂为什么要和他的妻子在一起时他告诉我的，尽管他非常不开心。

> 我妻子的童年十分可怕。她被继父性侵，而当她告诉母亲时，母亲却指责她撒谎。所以她经历了太多，导致无法控制自己的行为。
>
> 比如说，要是她感觉我将别人排在了她前面，或者似乎站在了其他人那边，甚至是我们孩子那边，她都会十分愤怒。她有信任问题；她很容易嫉妒，占有欲极强。她经常指责我和其他女人调情，或者对她不忠，然后她会勃然大怒，开始尖声大喊大叫。我尽量不往心里去，但当我无法认同她的"指控"时，她就会说我是骗子，而且好几天都不跟我说一句话。这件事让我很难受，但我知道她控制不了自己。

马蒂的妻子因为经常被童年虐待的经历刺激，无法控制自己的反应。虽然马蒂对她非常同情，但她确实需要心理上的帮助。她的伴侣不应该为了支持她而牺牲自己的幸福（和心理健康）。

可悲的事实在于，你可能已经在建立亲密关系后开始相信我们上面讨论的三类主要谎言了。伴侣的信念和期望，或许会使你的信念和期望更强烈。你可能会将伴侣视为偶像，给予他远远超过应得的权力。如果他受过更好的教育，或是有更多的成就，你可能会认为他在几乎所有问题上都比你了解得更深入。假如你在一个极端保守的家庭长大，家里的男性就会掌握所有权力，你可能会自然而然地将这种权力赋予你的男性伴侣。

心理投射

在很大程度上，你的伴侣是知道自己在撒谎的。他故意这样做，是为了让你产生不好的感觉或怀疑自己，以便在你面前保持优越的地位，或者在他做错事时通过欺骗你等方式掩饰自己。施虐者还有一种谎言的形式（虽然他们不一定是故意这样做的），这种形式就是心理投射。

心理投射是一种防御机制，是指人会通过否认某种特征的存在或者将这种特征归因于他人，来保护自己的自尊。例如，一个习惯对别人粗鲁的人指责他人粗鲁，一个受到自己愤怒情绪威胁的人，经常指责伴侣怀有敌意。这可能是一种无意识的防御策略，意味着此人甚至没有意识到自己在做什么。事实是，这些人在指责你做了什么事，或指责你以某种方式行事有问题的时候，他们就不必自己面对这些问题了。

这种无意识防御机制还有另一种表现，当一个人意识到自己做错了事情时，他会假设其他人也会这样做。因此，他要想指责你的时候，就能相当自信。比如，对配偶不忠的人往往会指责伴侣对他不忠。

来访者吉娜的丈夫一直要她相信她从小就性格有问题，没有人可以和她相处。他指责她太容易嫉妒，占有欲太强，而且有严重的失信问题。吉娜的自尊心极低，并且没有安全感，因此多年来她一直相信丈夫对她的评价。

在我第一次见到吉娜时，我问她是否相信丈夫对她的指责从来都是真实的。她告诉我，说自己没有意识到这些行为，但对丈夫的说法，她坚信不疑。"我不是很了解自己，"她告诉我，"我想我已经失去了和自己的联结，已经看不清自己了。"

但随着我们的继续咨询，事情一目了然，吉娜的丈夫正在利用投射来回避这样一个事实——事实上他才是那个嫉妒、占有欲强、无法履行承诺的人。

随着吉娜继续接受治疗，她开始觉察到自己的丈夫到底有多顽固。"他讨厌我接受心理治疗。他总是唠叨着要我辞职。我开始怀疑他为什么这么坚决地反对，也开始怀疑他是不是害怕我会变得更强大。"

随着时间的推移，吉娜开始关注其他事情了。"我感觉自己好多了，所以我报了一个舞蹈班。可他一点儿也不喜欢这样。他坚持要去那里接我，我敢肯定，这是因为他担心我会在那里遇到些什么人。如果我下课后和某个男性聊天，他就会指责我调情。我开始感觉到我丈夫和我一样没有安全感。他总是指责我爱嫉妒、占有欲强，现在他仍然如此。为了让他别再来烦我，我建议他参加一些活动，这样他晚上就可以不用独自一人待着了。但他说，他只是想回到过去我们两个人整晚都在一起的样子。我突然意识到，我根本就不是那个充满嫉妒、没有安全感的人，他才是。而他让我相信我就是有问题，这样他就不必处理自己的不安全感了。"

"煤气灯"式操纵

我们在本书第 3 章中讨论了"煤气灯效应"这种现象。正如前文所提到的，这个词来自电影《煤气灯下》，在电影中，丈夫试图通过让妻子自我怀疑来让她发疯。"煤气灯"式操纵是一种极为有效的情感虐待形式，因为它会让受害者质疑自己的感觉、知觉、记忆、本能，质疑现实甚至理智。因为受到欺骗而不相信自己，或许就是最大的谎言。这赋予了施虐伴侣很大的权力和控制力。一旦施虐伴侣破坏了受害者的自我信任能力，受害者就更有可能忍受施虐行为，并继续维持这段关系。

当伴侣对你实行"煤气灯"式操纵时，要揭露他是非常困难的。事实上，"煤气灯"式操纵的目的就是令你困惑。为了帮助你摆脱困惑，下述一些迹象能够表明伴侣正在对你进行"煤气灯"式操纵。

❖ 他会否认自己说了一些你很确定他说过的话："我没说过，是你在胡思乱想。"

❖ 他会否认自己做了你确信他做过的事："我没有花那笔钱，一定是你花了。"

❖ 他会否认发生过某些事："你确定那是真的吗？你也知道，你的记性不好。"

❖ 他会指责你小题大做或过于敏感："你会为这样一件小事生气吗？"

❖ 他可能因为自己的错误而反过来指责你："我才没有很容易生气，你才总是生我的气呢！"

❖ 他会通过纠正你的回忆，让你质疑自己的记忆："事情不是这样的，而是那样的。"

❖ 他会把自己的错误归咎于你："我迟到的原因是你忘了把油箱加满，我才不得不在加油站停下来。"

为了克服这种虐待的形式，你必须对这些迹象进行重新认识，并努力学会重新相信自己。而下面的迹象表明你成了心理操纵的受害者。

❖ 你会经常感到困惑。
❖ 你总是怀疑自己。
❖ 你怀疑伴侣责备你的事到底是否正确。
❖ 你严重怀疑自己是不是要疯了。
❖ 你怀疑自己的认知和眼前的现实。
❖ 你质疑自己的记忆力。即使你并没有用伴侣看待你的方式来看待自己，但你还是会怀疑对方说的是否正确。
❖ 你会产生一种感觉，觉得自己从前是个完全不同的人，比现在更自信、更放松、更爱玩乐。

如何对抗各种谎言

尽管你很难做到不去相信伴侣的谎言，但首先你要做到不再相信伴侣的贬低，不再相信他所谓的为你着想的建议，不再相信他对你的评价。他可能几个月甚至几年来，一直在慢慢地操控你，让你相信他所说的是绝对事实，相信他比任何人都了解。但事实是他完全错了。他眼中的你比不上任何人，因为他是用有羞耻感的眼光看你，而这实则是他自己的羞耻感。他想把自己的羞耻感转嫁给你，这样他就不必体会到这种羞耻感。

许多施虐者自称是专家、导师或有独特见解的人。以下是施虐者常常对伴侣说的一些谎言。

❖ "这是为了你好。"
❖ "我知道什么对你来说是最好的，你的状况太糟糕了。"
❖ "你只需要照我说的做，我知道自己在做什么，而你不知道。"
❖ "我知道自己在说什么，而你不知道。"

　　这听起来耳熟吗？如果施虐者足够关注他自认为你有毛病的地方，他就没必要应付自己的问题，也不需要改正自己的缺点。他仍然是那个专家、导师、有独特见解的人，只是想帮助你，只是想让你看到自己行为中的错误，这样他就是足够爱你了。但至关重要的是，你应该了解一个事实：爱并不是让伴侣成为更好的人，而是让自己成为更好的人。当我们真正爱一个人的时候，我们会想让自己做出必要的改变，这样亲密关系才会对两个人都有好处。如果伴侣对你施加情感虐待，那他一定是没有努力提升自己。

如何让自己不去相信伴侣的贬低

　　为了不再相信伴侣的贬低、负面评价和让你不受用的建议，你需要开始采取以下步骤。

别再赋予伴侣太多控制你的权力

　　在你们的关系中，可能一直存在着一种权力的不平衡。受到情感虐待的人常常被那些看上去比自己懂的多、比自己更有自信的人吸引。事实上，这可能是施虐者最初有吸引力的一部分。当你没有自信和安全感的时候，身边有一个能体现这些品质的人会让你感到舒服。它们能让你感到安全、被保护着。如果你感觉自己不够聪明，没有受过良好的教育或不够成功，那么满足这些条件的人或许就会非常具有吸引力，如果这样的人被你吸引的话，或许对你而言就是一种赞美。假如你有严重的社交困难，很难和别人交流，那么一个有魅力、容易与人沟通和交谈的人对你就很有诱惑力。你无须感觉自己像是角落里的壁花[○]。他会把你带进谈话中，把你带到其他人面前。因此从一开始，你可能就赋予了伴侣太多的权力。你可能已经将他捧上神坛了。

然而，也许权力的失衡也是随着时间推移而发展起来的。可能有一个权力逐渐转移的过程，最终让你觉得自己"不如"他。他可能已经变得越来越固执己见，越来越有控制力。也许一旦结婚了，他就会坚持要做"一家之主"，让你照他说的做。你可能辞去工作做了全职妈妈，伴侣则开始贬低你和你所做的一切。或者由于你没法给家里挣钱，你可能已经开始感觉自己在依赖伴侣。如果你是男性，你的伴侣在结婚或生孩子后或许会更具控制力。她可能坚持用自己的方式行事。

无论是从一开始就存在权力失衡的问题，还是情况随着时间的推移而改变，事实上，你不该再放弃自己的权力。为了做到这一点，你需要认识到自己是如何将权力赋予对方的。

你可能会通过某种方式放弃自己的权力，比如坚信伴侣有权纠正和责备你的不当行为。你必须认识到，伴侣的责任并不是不断地记录你犯下的所有错误，也不是纠正你或指导你应该怎么做。

即使有事真让伴侣感到了困扰，他也该以一种尊重你的方式向你提出问题，让你知道他为什么烦恼，并表达他的感受。如果你做了什么伤害他的事，他也可以随时告诉你。他的责任不该是抱怨你如何伤害了别人的感情或冒犯了别人，而他却在这样做。

还有一种方式也可能让你放弃自己的权力，那就是你总会征求伴侣对事情的看法。你可能已经养成了这个习惯，因为你很难自己做出决定，而对方总是很乐意为你做决定。你应该避免将选择权交给对方的倾向，而开始自己做决定。我并不认为这件事很

○ 指社交场合因羞怯待在一旁的人。——译者注

容易，因为你现在可能比刚开始恋爱时更容易怀疑自己，但你在做了几个决定之后，或许会开始更加相信自己的判断，也能感到你在努力赋予自己力量。

别再将伴侣的话当作绝对真理

不管你的伴侣表现得多么像绝对权威，事实上他都只是一个普通人，并不比其他人强。不仅如此，他的话也常常会刻意让你难受，让你羞愧。他说这些话是故意让你感觉自己不如他，自己不够格，自己配不上他。这样他才能保持对权力的掌控，保持对你的控制。请别再给他那样的权力了。

在他拒绝你的意见、想法和建议时，更多暴露了他的问题而不是你的问题。他这样做，要么因为他并不是真的在乎你的感受和观点，要么因为他在故意让你感觉自己很渺小、愚蠢且无关紧要。

当他指出你的错误或缺点时，并不是为了教育你，而是为了让你对自己产生不好的感觉，他能因此感觉自己高人一等。在他把你当成一个需要管教的孩子时，他就是在构建优越感，因为他并没把你当作平等的伴侣，他认为你不像他那样有能力，或和他一样聪明。但他错了。你同样有能力，也一样聪明。你和他可能拥有不同的能力，你或许与他在不同的领域各有擅长，但你和他一样聪明且有能力。

当他告诉你，你的感觉是非理性的或疯狂的，这时候要记住，施虐者可能无法与自己的真实情感联结，所以在你情绪激动时，他可能感受到了威胁。他可能无法对他人产生同理心，因此当你表达对他人的关心时，他可能会取笑你。他或许还会嘲笑你"太过敏感"，因为他对别人不会产生太多的感情，而你的感受在他看来是小题大做。他可能会告诉你，你这是反应过度或缺乏理智，因为他不想承认你可能也会提出一些好的观点。

别将他的话和反应当真了

你要开始更仔细地倾听伴侣所说的话，关注他是什么时候说的。他喝了酒的话，会变得对你更挑剔吗？当他感觉自己在生活中其他方面很失败时，会开始挑剔你、孩子或其他亲人吗？例如，你的伴侣如果没能升职，他会把对自己的愤怒转嫁到你和孩子身上吗？

你要开始质疑他的动机和他对事情的反应。他回家时，会不会因为发现客厅地板上放着玩具而突然大骂一通？与其疯狂道歉然后跑去捡玩具，你不如停下来想一想。地板上的玩具真的足以让一个成年人如此疯狂吗？他的愤怒会不会与玩具无关？他会不会因为邻居刚买了一辆新车，而自己的旧车开了十年而生气呢？会不会是因为他没有赚到更多钱而感到力不从心？欺凌或批评你，会让他对自己感觉好点吗？这并不是批评你的好借口，但对你而言是有效的提醒，你要记得他的侮辱与你无关，而且是不真实的。

记住，施虐者往往会把愤怒发泄在他们最亲近的人身上，尤其当他们认为对方是自己的财物或附庸时。不要将他的愤怒或侮辱看作针对你的，而要记住他在其他场合，和其他人相处的时候也会产生问题。如果施虐者是因为一件小事而激动不已，那么他很有可能是在拿你泄愤。因此，不要一味道歉，不要急于"让自己做得更好"，任由他那样便是。

当伴侣说那些明显看似不合理的事十分合理的时候，别再相信了

你要随时向伴侣汇报行程；告诉伴侣你在哪里；每晚都和伴侣做爱；你花的每一分钱都要说明去向；你要切断与朋友和家人

的所有联系，这些都是不合理的期望。

伴侣期望你永远同意他的观点，这也是不合理的。我的来访者扎克就是一个很好的例子。

> 我妻子希望我永远站在她的立场上。若是她不喜欢某个人，就希望我对这个人有同样的感觉，如果我没照做，她就会觉得受了侮辱，有意无意地骂我没有支持她。若是她告诉我，自己和某人发生了口角，她也希望我能站在她那边，即使我坚定地认为她错了。若是她向我抱怨我做错了事情，那就是希望我承认错误并道歉，即使我认为自己一点儿都没错。对我妻子而言，不存在"事物都有两面性"这回事，反而会认为"不听我的话，那就滚蛋吧！"

当伴侣的看法扭曲时，别再相信了

他可能会告诉你，他对事物本质的看法是正确的，但事实上，他的看法往往是扭曲的，这种扭曲是为了让他看起来更好，而让你看上去不那么好，扭曲后的他永远不必承认自己是错的，永远不必正视自己的问题。以下是我的来访者宝拉与我分享的内容：

> 多年来，我一直以为自己要疯了，因为我坚信丈夫对事物的看法。尽管我直觉上认为他的想法有问题，但我如果暗示他可能是错的，某些事情可能是他的误解，他就会表示遭受了侮辱，因此我也点到为止。后来我开始注意到，他总是将自己视为受害者，似乎只能从自己的角度看问题，而不能站在别人的角度。我还注意到，这种情况并不只发生在我俩之间。他会告诉我他和某人发生了争吵，我认为很明显是他错了。即便如此，我也不敢告诉他这点，甚至不敢让他试着站在别人的角度上看问题。

相信自己的感知与直觉

相信自己的感知与直觉可能非常困难，因为伴侣对你的洗脑或许已经损害了你。如果你开始遵从自己的内心，开始跟随自己的直觉，你就会发现隐藏在其中的真相。

畅销书《恐惧给你的礼物》(*The Gift of Fear：And Other Survival Signals That Protect Us from Violence*) 的作者加文·德·贝克尔 (Gavin De Becker) 坚信，如果我们多加注意，本能或直觉可以帮助我们免受伤害。我们的直觉是一种迅速出现在意识中的感觉（如果我们选择相信直觉，这种感觉足以引起我们的注意），而我们并没有意识到直觉产生的原因。这是一种本能反应，它让我们能够在不加分析推理的情况下直接了解某些事情，它弥合了我们头脑中有意识和无意识之间的鸿沟，也弥合了本能和理性之间的鸿沟。

直觉是我们最复杂同时也是最简单的认知过程。它将我们与自然界以及自己的天性联系起来。作为人类，我们有一个明显的优势，那就是我们既有本能又有理性。根据德·贝克尔的说法，我们天生就有能力对某种情况或自己的安全做出准确的评估。

不幸的是，许多人并不适应将直觉作为自己行为的指导策略。事实上，我们花了很多时间忽视或舍弃了自己这方面的能力。

以下是来访者塔米的分享，阐释了她如何开始相信自己的直觉。

> 当我丈夫第一次向我抱怨我的行为时，我确实相信他说的话。我从来没有想过，他可能是故意让我感觉自己不够好。他总是向我保证这是"为了我好"，我也相信了他。但自从我来接受治疗后，我开始质疑他口中涉及我的事情。首先，从来没有其他人抱怨过我这些所谓的自私行为。事实上，我朋友总是告诉我，我是一个慷慨且充满爱心的人。然后，我开

始注意他向我抱怨时，我自己的感受。我可能原本度过了完美的一天，可一旦他开始攻击我，我就能感觉到自己的身体变得紧张，仿佛正在为攻击做准备。当他指出我做错了什么或说错了什么时，我的胃里就会有一种恶心的感觉。以往，那种恶心的感觉是因为有人告诉我，我有一个新的缺点，但现在是因为我的直觉试着告诉我自己，他说的是错的。

开始打破固有观念

那些受到情感虐待的人已经被洗脑，他们相信施虐者的说谎、心理投射和"煤气灯"式操纵。因此，你需要打破固有观念，抛弃施虐者根植在你内心的谎言和失真的事实。这一点十分重要，因为若你不完成这一步，伴侣的谎言就会继续在你脑海中盘旋，即使你与施虐者的关系已经结束很久，精神仍会处于受困状态。

要打破这样的观念，你需要识别伴侣告诉你的谎言，并意识到它们只是操控工具。下面的内容能够帮助你揭穿你伴侣的谎言。

────────○　**揭穿伴侣的谎言**　○────────

❖ 想想你发现伴侣撒谎的次数吧。许多施虐者都是声名狼藉的骗子。他们撒谎是为了让自己看起来比实际情况要好些。他们通过撒谎来为自己的不良行为辩解。甚至在没有必要撒谎的时候，他们也会撒谎。

❖ 注意你的伴侣是多么频繁地改变自己的过往。对太多人撒谎，或许会中了自己的圈套。

❖ 注意你的伴侣在何时会变得防御性很强。是在你敢于指责他的谎言和谬误的时候吗？

❖ 注意他在公开场合，或在他想要留下深刻印象的人面前的举止。他看起来像不像个两面派？他向别人呈现的形象，是不是和在你面前呈现的是两个版本？你认为哪个版本的他更像是在说谎？

❖ 你的伴侣是否经常与他人发生冲突？他是否很容易感到受辱，甚至会和别人打架？如果是这样，请你仔细想想，你的伴侣是不是常常会被你或你的行为"侮辱"。你要开始看清他的本来面目——一个要求被别人尊重的人，即使他并不一定值得尊重。

❖ 想想伴侣指责你有哪些不好的行为。你可以挑选一个自己将信将疑的。现在问问自己，伴侣自己是不是也有这个坏习惯？如果是这样，那么他很可能会有意无意地把自己的错误投射到你身上。

❖ 你的伴侣是否经常指责你做了某些事，而这些事恰恰在你眼里是他的不足？

❖ 你的伴侣会把自己的问题归咎于他人吗？他总会认为自己是受害者吗？人们是否总是"挑剔他"，对他不公呢？如果是这样，或许实际上你的伴侣是在欺骗自己。

如何消除你的旧观念

我推荐你采用以下步骤，帮助自己从伴侣的谎言和操控中解脱出来。

1. **获取外部反馈**。情感虐待的受害者常选择独来独往，这既因为施虐者往往不鼓励甚至禁止受害者获取亲密关系，也是因为受害者太过羞愧，觉得自己不值得获得友谊或支持。但是，如果你仍然有一些亲密的朋友，并且仍然和你的家人关系密切，那就请开始检查施虐者所说的你的事情到底是不是真的，这可以说是一种对现实状况的检查。例如，与其相信施虐者说你自私，不如问问朋友们是否也这样看你。与其相信自己确实轻浮，不如问问家人和朋友是否也这样看你。你能收到的外部反馈越多，你就越能接受现实。（但这条规则下有一个例外，就是家庭成员曾对你实施过情感虐待，而你最终遇到的伴侣是施虐父母或兄弟姐妹的复制品。如果这正是你的处境，那么你从这些人处得到的反馈，或许会和施虐者告诉你的类似。）

2. **别再责怪自己**。如果施虐者能让伴侣产生自我怀疑和自我憎恨，伴侣就不会注意谁才是真正的问题所在。施虐者很擅长转移视线。如果受害者认为自己才是问题所在，认为自己不够好、不够格、不称职、精神不好或不讨人喜欢，就很难意识到自己受到了情感虐待，这是因为他寻找答案的方向是错误的。不要总是把自己视为问题的根源，你需要把目光放在自己之外，盯住那些一直抱怨的人。

这可能与现在的状况相反。每当出现问题时，情感虐待的受害者往往会审视自己，去回想自己做错了什么，探究自己是如何造成问题的，并责怪自己。

3. **不要试图改变自己来取悦他**。不要再审视你的行为，纠结于如何才能改变并取悦伴侣。事实上，你永远无法取悦他。他甚至不想被你取悦。他就是要找到可以抱怨、责备和批评你的契机。他想要证明你不爱他。为什么？因为那样他就不必关注自己的不安全感、羞耻感和问题了。他无须审视自己的生活，就能发现自己为何如此不快乐，为何感到如此缺乏安全感，为何自我感觉如此糟糕。

　　每当健康的人被某件事困扰，比如感到焦虑、沮丧或心烦意乱时，他们都会从自己的内心寻找答案。有虐待特质的人则恰好相反，他们会不由自主地看向外部。他们把目光投向外部，寻找那些他们看不顺眼的人，并且责备这些人。

　　事实上，你的伴侣很可能自我感觉很糟糕。他感到羞愧和自责，已经忍受不了自己。在趾高气扬、虚张声势、自以为是的背后，是一个恐惧而充满羞耻感的人。他不相信自己值得被爱。

　　4. 不要认为自己理应受到虐待。即使你最终能够承认自己受到了情感虐待，可能仍然会觉得这种虐待是正当的，可能仍然认为这是自己应受的。但事实上，没有人理应受到任何虐待。但不幸的是，当人们被羞愧压得喘不过气来时，很难让自己再相信本不应该受到虐待。

　　无论是在这一章还是在本书中，重要的内容都围绕一点，那就是你不应该受到情感虐待。你不应该被批评、嘲笑、侮辱、取笑、斥责、不断质问、当着别人的面贬低、诬告、辱骂，也不必忍受任何其他情感虐待行为。你并非愚蠢、丑陋、无能或不讨人喜欢，以至于除了伴侣之外，没有人能够爱你或忍受你。和我们所有人一样，你也有缺点，你也会犯错，但这并不意味着你的伴侣有权把你当作毫无价值或讨人厌的人来对待。

　　即使你的父母和伴侣都这样对待你，也不能证明问题出在你身上。这只能证明你可能一直都在遭到虐待，正因为如此，你已经习惯了受虐，不相信自己值得更好的。但事实上，你应该得到更好的，你值得被爱、被珍惜、被欣赏。

　　5. 不要认为自己不讨人喜欢。如果你的伴侣看不到你的优点，那就有问题了，不过问题并不在你。如果你的伴侣不能欣赏你给亲密关系带来的益处，那他就是被自己的愤怒、羞耻感、自私，以及被家人虐待的经历蒙蔽了双眼。他无法认识到自己的缺点，不仅如此，他还把这些缺点投射到你身上。

当我们爱一个人时，我们会欣赏他积极的一面，容忍或接受他不那么积极的一面（虐待除外）。我们知道人无完人，也不会指望伴侣都是完美的。同样的道理，有人若是爱我们，也不该期望我们是完美的。

我敢肯定你的伴侣也有很多缺点，犯过很多错误，但你不需要为他犯的任何一个错误而对他指指点点、吹毛求疵。这就是爱一个人的意义所在，接受你的伴侣，接受他/她的好与坏（同样，除了虐待行为）。

在第 8 章，我将向你介绍自我关怀的概念和实践方式。这能够帮助你开始爱自己，接受真实的自己。

拒绝伴侣的谎言和推测

现在，让我们帮助你采取一些行动来摒弃伴侣的谎言和投射。下面的练习就是一个好的开始。

对这些言论说"不！"

❖ 我们先来写下伴侣对你说过的最让你觉得痛苦的词或句子，那些让你怀疑自己的话，那些深入你的身体和心灵，并让你憎恨自己的话，那些剥夺了你的力量、自信、真实自我体验的话。我的来访者笔下的词有"闭嘴""胖子""懒惰""妓女"等。来访者笔下的句子有"你太笨了""你就不能做一件对的事吗",以及"你太胖了,我不想和你做爱"。

❖ 仔细看看你列出的言辞。你至今还相信其中哪一个?你有没有意识到其中有一些谎言?在这些词或句子中,有些让你现在感到愤怒,因为你看到了它们的本来面目,它们都是谎言,旨在让你的自我感觉变差,让你顺从对方的计划,其本质就是投射,它们严重扭曲了事实,让你无法确定什么是真的,什么是假的("煤气灯"式操纵)。

❖ 圈出那些对你来说最刺耳的词句,可能是因为你很难摆脱它们,也可能是因为它们太伤人了。这些词句都是最开始就应该从你大脑中被清除出去的。

❖ 关注每一个负面的词或句子,一个接一个地向它们说"不!"比如,如果你觉得最伤人的一句话是"你真是个蠢货",那就对这句话说"不!"你只需要说"不!我不傻!"(你可以默念,也可以大声地自言自语。)

❖ 不断地说"不!"一遍又一遍地阅读每个你想要从脑海中抹去的词和句子,要么默默地对自己说,要么大声地说出来。注意你每次说这句话时的感受。

用真相替换伴侣的谎言

把你的注意力集中在接受下面列出的真相上,用你最需要的东西(认可、鼓励、安慰、理解和关怀)呵护你的思想和灵魂。

❖ 事实上,这不是你的错。
❖ 事实上,如果他对自己的感觉很糟,那也并不是你的错。
❖ 事实上,如果他无法欣赏你,那也不是你的错。

❖ 事实上，如果他不能欣赏所有你为他做的事，那也不是你的错。

❖ 事实上，他无法接受你的爱，那也不是你的错。

❖ 事实上，他因为太过缺乏安全感而试图占有你，那也不是你的错。

❖ 事实上，他一直都在生气，那也不是你的错。

❖ 事实上，你应该获得更多。

现在写下你的真相清单：哪些是真相，而哪些不是你的错。

真相是_____。

_____不是我的错。

你不必继续接受伴侣的羞耻感和愤怒。你不必继续相信自己应该为对方的不快乐负责。你不必继续相信自己应该受到惩罚。你不必继续相信自己不值得被爱或不值得快乐。这些都是谎言。

没有什么比真相更有力量。真相能让我们真正获得自由。揭穿伴侣的谎言，包括他对你和对自己说的谎言，这会是你从伴侣的情感虐待中解脱出来的最有效方法之一。在接下来的两章中，我将提供更有力的方法来继续帮助你反驳施虐者的谎言，首先是在自己的头脑里演练，进而直接面对施虐者。

第 7 章

用愤怒来改变旧习惯，给自己以力量

抓起愤怒的扫帚，赶走恐惧的野兽。

——佐拉·尼尔·赫斯顿（Zora Neale Hurston）[一]，

《公路上尘土飞扬》（*Dust Tracks on a Road*）

　　希望此时此刻你已经达到这样一种境界，不会不假思索地相信伴侣说的每一句话，也不会总是接受他／她的批评。你已经开始重新认识到，伴侣的动机远不是通过给予负面反馈和批评来帮助你，而是想让你感到缺乏安全感，感到自己不称职、不讨人喜欢。至少，你已经开始意识到自己不应该总是相信伴侣对事情的看法，你已经开始怀疑对方的意图。

　　下一步，你将会开始积极地反驳伴侣对你的负面言论和看法。在上一章，你通过练习说"不"展开了实践，我们将在本书接下来的部分继续此过程。

[一]　小说家、黑人民间传说收集研究家、人类学家。——译者注

你可以通过一个特别有效的方式反驳伴侣的负面言论，并开始赋予自己力量，也就是说，你要与自己的愤怒建立联结并释放它们。在这一章，我将通过三种方式帮助你做到这一点：①告诉你以健康方式释放愤怒的好处，并为你提供如何操作的有效建议；②帮助你克服对正当愤怒的抗拒，这种愤怒是由你所受的虐待行为而起；③帮助你将恐惧、无助和绝望转化为行动。

请注意，本章中大多数宣泄愤怒的建议，都是让你间接地发泄愤怒。一般来说，发泄愤怒和直面伴侣是两个不同的步骤。我建议你在尝试着直接面对对方的行为之前，找到一些安全的方法来发泄自己被压抑的愤怒。假如你选择直接面对你的伴侣，那么你需要保持机智。如果你积聚了许多从未发泄过的愤怒，你们的沟通可能会变成一场互相叫嚷的比赛，甚至以身体暴力结束。另外，如果你在面对伴侣之前释放了一些受到压抑的愤怒，你便能够更容易地让对方理解你的观点，并且更好地抓住重点。在这一章中，我将为你提供安全发泄愤怒的建议。

愤怒的多种好处

与正当的愤怒（你有权利去愤怒）产生联结，是观念更新中的重要一步。愤怒可以帮助你赶走伴侣的伤害和虐待言行。积极地利用愤怒，可以帮助你重建失去的自尊和自我意识。最重要的是，愤怒可以帮助你重建力量感，掌控自己的生活。将我们的愤怒表达出来有很多好处，它们包括：

❖ 它是强有力的。
❖ 它可以帮助你摆脱羞耻感。

❖ 它可以帮助你清除有毒的情绪。

❖ 它能够成为驱力。

让我们深入地关注愤怒的每一种好处。

愤怒是强有力的

你很有可能对伴侣心怀极大的愤怒。不管你是不是有意识地承认自己受了虐待，你都有可能已经心怀这种愤怒很长时间了。你可能一直在压抑自己的愤怒（有意识地把愤怒放在一边），或者一直在克制自己的愤怒（否认自己生气了）。不管怎样，这种被压抑的愤怒很可能已经消耗了你的精力很长一段时间。要开始释放你积压的愤怒有一条非常重要的原因在于，这样做会让你感到充满活力和力量。

愤怒可以和你之前受到的教育或者你从别人身上看到的不同，它可以是一种非常积极的情绪。愤怒能够警告我们有问题存在或是有危险蛰伏。同时，它能激励我们面对问题或直面威胁，并为我们提供克服障碍的力量。因此，愤怒既是一种警告系统，也是一种生存机制。

我们感知到威胁后，第一反应便是恐惧。当我们面临生存威胁时，神经系统会通过提高自己的防御能力来准备应对这种威胁。这种内在的防御机制存在于自主神经系统的交感神经系统中，因肾上腺素的释放而被触发。肾上腺素会帮助我们提升能量，给我们提供更多的力量和耐力，用以击退敌人，或者加快我们逃离敌人的速度。

虽然你可能并没有和伴侣进行过生死搏斗，但你常常会因为对方的行为或言论而倍感威胁，你的情感健康进而也受到了威胁。

当有人说一些不恰当、不尊重或恶毒的话来伤害或激怒我们时，我们不仅会感觉受到威胁，也会感到愤怒。不幸的是，对于正在受到情感虐待的人来说，承认自己的愤怒往往很消耗安全感，更不用说将其表达出来了。但你现在或许正在改变这种情况。如果你开始怀疑甚至已经不再相信伴侣的负面反馈时，你可能会感到些许愤怒。你感到愤怒，是因为他试图说服你相信自己是个自私、愚蠢、丑陋、无能的人，是个不称职的母亲，或给你贴上其他负面标签，还唆使你相信这一事实。所幸，你会因为他打着"助人"的幌子让你怀疑自己而感到愤怒，你会因为他一直在用谎言操控你感到愤怒。假如你认为自己不应该被伴侣如此对待，你就会感到非常生气。

如果你意识到伴侣对待你的方式让你感到愤怒，那么你应该允许自己表达这种愤怒，将愤怒向外界表达出来是很重要的。这一点之所以如此重要，是因为愤怒的释放可以极大地增强你的力量。事实上，愤怒是我们所拥有的最具力量的情绪之一。

当我们允许自己触碰愤怒并且释放它时，我们就接触到了自身和内心的力量。这相当于点燃了我们内心的火焰。

与你的愤怒产生联结并将其释放也十分重要，因为这能够帮助你找到自己内心的声音。具体来说，愤怒可以帮助你站出来对抗施虐者，反驳对方说的话。当你带着正当的愤怒说出关于你的真相，你就处于更强大的位置了，可以进一步推开伴侣的虐待。

愤怒可以帮助你摆脱羞耻感

与愤怒保持联结，也能帮助你摆脱一些羞耻感。将自己的受害归咎于自己，可能会剥夺你的力量感、效能感和掌控感，以及相信自己确实可以改变所处环境的信念。你可以不去理会他说的话，不再去相信他，也就不会再不断地责备自己。

对于那些将愤怒内化（也就是责备自己）的人来说，将愤怒转向施虐者尤其重要。毕竟，施虐者就是愤怒指向的合适目标。受虐者允许自己对施虐者发火之后，愤怒的生命力就会朝着正确的方向行进，转而向外而非向内。

将自己的愤怒内化并责备自己，不仅会让你感到内疚和羞愧，还会让你用自我毁灭的行为来惩罚自己（比如酗酒或吸毒、让自己挨饿、暴饮暴食，甚至用剃须刀、刀子、大头针或香烟自残）。你要把自我愤怒变成对施虐者的正当愤怒。别把愤怒发泄在自己身上，开始向外宣泄愤怒吧。

释放你对受虐的愤怒，能够帮助你认识到受虐并不是你的错。虽然你可能在理智层面知道，伴侣对你的虐待并不是你的原因，也知道自己不应该受到虐待，但表达对受虐的愤怒可以帮助你在更深层面上了解这些真相。

宣泄愤怒可以帮助你清除有毒的情绪

如果你没有找到一种安全的发泄方式，你的生活就会出现严重的问题，比如出现无法表达的愤怒与抑郁，产生各种疾病、内疚和自责。

大声说出你内心中那些无法表达的事物，是一种极好的治疗方法。大多数情感虐待的受害者都学会了将感受藏在心里，避免遭受进一步的虐待。但这些感受并不会消失，相反，它们会留在你的身体内部，无声无息，却很强大。除非它们最终被释放，否则它们将会开始让你感觉越来越糟，随着时间的推移，它们的毒性也会增加。

用健康的方式发泄你的愤怒，就像打开了一扇门，让你走进黑暗发霉的地下室。走进黑暗中可能会让你害怕，感受到发霉潮湿的空气、闻到腐臭的气味可能会让人不知所措，但打开那扇门，就给你自己的处境带来了光明。同时，你会带来新鲜空气，如此一来，所有腐朽的气味和毒素都可以云散。光明和新鲜空气甚至可以取代所有的黑暗和毒素。

愤怒能够成为驱力

愤怒可以激励你对生活做出必要的改变。当你认为自己本不该成为虐待的受害者时，会很自然地对此感到愤怒，而这种愤怒会成为你摆脱虐待处境所需的能量助推器。你释放的愤怒越多，感觉到的力量就越大；你也会因为不再需要背负愤怒、内疚和羞耻感的沉重包袱而感到轻松。你感觉越轻松、越坚强，就会体验到越多的能量，也就越有动力去改变你所处的环境。

愤怒：积极还是消极

许多人认为愤怒是一种消极情绪，是暴力、犯罪和其他社会问题的罪魁祸首。然而愤怒可以是积极的，也可以是消极的。当我们用愤怒激励自己改变生活时，它就变成了一种非常积极的情绪。当你面对施虐伴侣的无耻对待，能感到愤怒，那么这种愤怒可能就是积极的。当你找到安全的方式来表达这种愤怒时，就能得到疗愈。用健康的方式发泄正当的愤怒，能够调动起你、增加你控制局面的能力，并激励你成为一个更坚强的人。它可以帮助你认识到，你拥有的力量和能力要比自己所知道的更强。

生气会耗费大量的情感和体力。释放愤怒的能量可以增加你对自己做出积极行为的能力，包括结束一段情感虐待关系的能力。有趣的是，发泄愤怒可以帮助一些人更理性地思考。你可能会更加清楚下一步该做什么，而不会再对自己应该做什么感到困惑。

愤怒是羞耻感的对立面。你越是能够以安全、有益的方式发泄愤怒，就越不容易有羞耻感。愤怒可以帮助你控制恐惧，我们不可能同时感到恐惧和愤怒。愤怒会让我们的恐惧躲在角落休息。愤怒会告诉我们，它将从恐惧那里接手并保护我们。

当然，愤怒也可能是一种消极的力量，比如我们会把愤怒发泄在无辜的人身上。虽然愤怒可能预示着问题的出现，但我们通常不会花时间去探寻问题所在。相反，我们会把怒气发泄在周围的任何人身上，这就是愤怒错置。情感虐待的受害者将怒气发泄在周围的人身上是十分常见的，对象包括他们的孩子。但是，把愤怒发泄到孩子和其他无辜的人身上不仅不能解决问题，还会引起更多的问题。这让你与施虐者别无二致。为了让你的愤怒更具力量和好处，应该将它直指源头，也就是对你施加情感虐待的另一半。请注意，你不一定需要实际去做这件事，想象自己在和施虐者对话同样有效。

当你把本应针对伤害你的人的愤怒转嫁给自己时，这种愤怒就是消极或不健康的。比如，伴侣批评你或错误地指责你某件事时，你应该怎么做？你会不会保持沉默，相信他对你的误读，然后开始产生消极的自我感觉？或者你会生气，告诉伴侣，你不认同他的批评？如果他说的不是真的，你会用事实来跟他对质，还是开始怀疑自己的看法，相信他的谎言？如果你选择了后者，你就会将愤怒转向自己，这可能是非常不健康的。

将愤怒内化就是压抑无法表达的愤怒。如果你感到愤怒，但不表露出来，你就是把愤怒内化了，把它藏在了心里。这可能会产生有害的影响，进而损害你的生理和心理健康。你可能会内化那些虐待性的评判和行为，而非反击和排斥它们。

当你为亲密关系中出现的问题责怪自己，并且未认识到伴侣所言失实的时候，你也会将伴侣的批评内化。当你把愤怒变成耗损性羞耻感时，愤怒尤其具有负面作用。耗损性羞耻感会剥夺你的力量，剥夺你的效能感和能动性，剥夺你脑海中的正确信念，不再相信自己确实有能力改变所处的环境。

还有另一种不健康的应对愤怒的方式，就是把它深埋在内心深处根本找不到的地方。压抑愤怒（你无意间隐藏了愤怒）或无视愤怒（有意识地把愤怒放在一边），会导致抑郁和自我厌恶。这会让你感到绝望和无助。愤怒可以在我们内心深处隐藏几十年，主要是因为它很可能是表达起来风险最大的情绪。对于女性来说尤其如此，她们从小受到的教育就是不承认或不表达愤怒。对于那些在无意识中感觉到自己愤怒的人来说也是如此，如果他们意识到自己的愤怒，就必须从这种否认中走出来，包括否认情感虐待对他们的伤害有多深，否认童年时期的其他虐待是多么深刻地影响了他们的生活。

克服阻碍

你可能会对发泄愤怒的想法有相当大的抵触。以下是人们对发泄愤怒的一些最常见的误解。

阻碍 1：羞耻和自责

很遗憾，你或许还没有达到承认愤怒的地步，更别说发泄了。

要想应对正当的愤怒，你需要做一件最重要的事，就是停止因情感虐待而责备和羞辱自己。为了做到这一点，你需要非常清楚，伴侣对你进行情感虐待，并不是出于你的缘故，你不应该受到虐待。

即使你承认虐待不是你造成的，你不应该被虐待，你也很难做到持续将愤怒集中在施虐者身上，你可能还是会通过羞愧和自责将愤怒带回自己身上，原因如下。

❖ 可能多年以来，你一直忍受伴侣的责备与羞辱，而这已然对你造成了伤害。从所有这些责备和羞辱的影响中恢复过来，或许是一个漫长的过程。

❖ 你可能已经太习惯于承担责任、羞辱自己，以至于这可能几乎成了一种自动的反应。你需要不断地在行动中关注自己。

❖ 对你而言，持续责备自己，不去面对你在情感上受到虐待的事实或许要更容易，也显得不那么可怕。与其面对自己被操控、欺骗和蒙蔽这一令人痛苦的事实，不如说服自己本就会遭遇这种不可接受的行为，会让你感觉不那么痛苦。

❖ 你或许正遭遇责备和羞耻，你可能正在克服它们的过程中，所以你有所反复也是可以理解的。

阻碍 2：恐惧愤怒

你可能很难将自己与正当的愤怒联结，允许自己表达这种愤怒更是难上加难，其中的另一个原因在于，你害怕自己的愤怒。你可能害怕一旦开始表达愤怒，你就会失去控制，伤害别人。那些在暴力家庭中长大的人可能会对一切愤怒的表现感到反感，他们可能会非常害怕变得像曾经虐待自己的父母那样，因此会完全压抑自己的愤怒。

我的来访者邦妮的情况就是这样。

> 我的父亲是一个极其易怒的人，他会虐待我。他生
> 气的时候，你永远无法知道事情会变得多么糟糕。他一
> 开始是对母亲和我们几个孩子大喊大叫，不久后，他就
> 开始打我们了。因此，我不敢表达自己的愤怒。我担心
> 自己会像父亲一样对他人进行身体虐待。

如果你真的生气了，并将怒火发泄出来，你会怕自己失去控
制、虐待他人或表露恶意，或者如果你觉得愤怒是一件令人厌恶
的事情，而你不想与之产生任何联系，那么本书提供的信息和练
习或许可以帮助你克服这些虚假、不切实际的和不健康的观念。
这一点非常重要，因为让自己的愤怒得到抚慰，是获得自由和掌
控自我的重要一步。

要允许自己感受并表达愤怒，可能需要为此做出一些努力，
因为你和许多受害者一样，会感到十分无助，你往往会害怕一切
愤怒，包括你自己的愤怒，也包括别人的愤怒。

如果你目睹过父母在生气时情绪失控或实施虐待，那么你开
始发泄愤怒时，可能会害怕自己也变成这样，这是可以理解的。
事实上，这种恐惧在情感虐待受害者中是比较常见的。许多人非
常害怕这一点，因此他们不允许自己生气，更不用说将愤怒表达
出来了。他人不会知道受害者为什么如此害怕感受愤怒并表达自
己的愤怒。如果这就是对你的描述，那你或许能够完成下面的
句子。

> 我害怕发泄自己的愤怒，因为_____。
> 我担心如果发泄了自己的愤怒就会_____。

有一个处理愤怒恐惧的好方法：不管出于什么原因，你要先

承认自己很生气，然后慢慢开始改变。下面的练习可以成为一个很好的开端。

──────○ **承认你的愤怒** ○──────

完成以下几个句子能够弄清楚你生气的原因。首先大声说出来，然后将其写在日记本或笔记本上。一直这样下去，直到无法再有更多的答案浮现在脑海中。

我很生伴侣的气，因为_____。

我跟伴侣生气了，因为_____。

这或许只是一次增强力量的练习，也可能是一次十分可怕的练习。当你说出自己愤怒的原因，并把它们白纸黑字写下来的时候，要注意自己的感受。

希望当你承认自己的愤怒，并说出自己不得不忍受的冒犯时，能够感到一种解脱。对于你们中的部分人而言，这样做可以产生一种解放和对自己有所掌控的感觉。然而对于某些人来说，或许这项练习十分困难。尽管你肯定有很多生气的理由，但你可能会感到不知所措；你甚至可能体验到"大脑冻结"(brain freeze)，在这种情况下，你会"忘记"自己是如何受虐或施虐的。还有的人可能会觉得自己做错了事情。

如果你在做这个练习时，经历了上述事情之一，那么你就需要花点时间记录下这些感觉。写下你对愤怒的恐惧或不适。写下你到底感觉自己做错了什么。

有许多方法能够让你安全地释放自己的愤怒，你不用担心失控、受到惩罚，或被进一步羞辱和虐待（我将在本章的后面为你提供一个方法清单）。以健康的方式发泄愤怒不仅有助于你压过施虐者的声音，还能帮助你停止因为受虐而责怪自己，也能够让你有能力为自己和更好的生活挺身而出。

将恐惧转化为愤怒能够帮助你挺身而出，拒绝再次被虐待。把无助和无望转化为愤怒，能够激励你进一步珍视自己，向一切可能削弱你价值的事物或人说出"不!"把羞耻感转化为愤怒，能够帮助你不再为受虐经历而责怪自己，而是把责任直接推回施虐者身上。

阻碍3：坚信不该把愤怒表达出来

有些人可能会说，你不应该表达自己的愤怒，因为在某种程度上，对你的过去释怀，不去发泄愤怒似乎更具备精神或道德上的意义。最终，你需要决定这对你而言是否正确，但根据我的经验，我们过去遭受情感虐待的经历不会就此消失，我不相信你能真正谅解，除非你释放了自己的愤怒。无论如何，要让自己的身体和情绪来决定你和你的疗愈过程中哪些事情是正确的。

正如我的来访者迪娜所解释的那样。

> 我从小就是个天主教徒，我受到的教育让我相信，我们永远都应该宽恕别人，无论他们做了什么伤害我们的事。因此，每次我因为丈夫对待我的方式而愤怒时，都会感觉内疚。我祈求上帝帮助我原谅他。但我的怒火还是不断地涌上心头。这不仅仅是愤怒，简直是盛怒。
>
> 最后，我来到家庭暴力帮助中心的女性支持小组，我在那里受到了鼓励，并表达了自己的愤怒。我们练习了踩脚和尖叫，那感觉太棒了!他们那里有一个出气包，看到其他女性在上面发泄愤怒之后，也轮到我了。我的手不够有力，所以我借用了他们那里的木棒，我一遍又

一遍地敲打那个出气包，想象着我丈夫的脸就在那个包上。我能感觉到自己一直强忍着的怒火。当我一次又一次地击打出气包，我感觉到怒火从我的手臂和手掌之间被挤出来。事后我感到筋疲力尽，但令人难以置信的是，我重新振作了起来，因为我不再心存如此强烈的愤怒了。我感到精力十分充沛。我感到自己更加坚强和坚定了，我要尽自己所能，让丈夫永远无法再虐待我。当然，我的愤怒并没有在那次小组活动中完全平息，但使用了几次出气包之后，我感觉自己的愤怒彻底平息了。从那之后，我发现自己确实更想原谅我的伴侣了，但这并没有改变一个事实，那就是我知道自己必须离开他。愤怒让现在的我有勇气行动了。

你的障碍是什么

记录下你不想发泄愤怒的一切理由。也许你是害怕失去控制，也许是害怕面对其他感觉，比如悲伤，而这些感觉往往潜藏在我们的愤怒之下。也许你从小就被教导要宽容，永远不要表达愤怒。不管你的理由是什么，都请把它们记录下来。

如果你完成的时候有困难，那就想想你的童年，试着找出自己害怕愤怒的原因，或者认为不应该表达愤怒的理由。例如：

❖ 在你父母的一方或双方表达愤怒时，你会害怕吗？当你的父母表达愤怒时，他们是否会在言语、情感或身体上实施虐待？

❖ 当你还是个孩子时，你是否就开始相信愤怒便是有人要伤害你的前兆？

❖ 你是否被允许或鼓励表达出自己对不公平状况的厌恶，或者你被告知需要保持沉默？

如果我不觉得愤怒呢

我的一些来访者告诉我，即使他们在意识到自己被虐待后，也不会对施虐伴侣发怒。以下是来访者无法感到愤怒的一些原因。

❖ "我并不会对丈夫对待我的方式感到愤怒。我气愤的是，我自己竟然对此忍气吞声。"

❖ "我不生伴侣的气。我知道她对我的虐待不是故意的。她已经向我道歉很多次了，我知道她在努力做得更好。"

❖ "我没有生我丈夫的气，我为他感到难过。他的童年很可怕，他也因此而一直痛苦。"

❖ "我丈夫本不会欺负我。他的虐待是从他父亲那里学来的，我怎么能因为他做了别人教他的事而生气呢？"

这些论调有哪些让你感同身受吗？如果没有，请写下你自己的理由，你为什么不会因为伴侣的虐待而感到愤怒。

不幸的是，上面清单中的第一个原因十分常见。情感虐待的受害者往往会更多地责怪自己忍受虐待，而不会责怪伴侣虐待自己。这种"受害者有罪论"的心态十分常见。遭到虐待的受害者被人看作受虐狂、软弱的或愚蠢的。在一个女性被强奸后，我们就会看到这种态度（"这是她自己的错，是她喝得太多了"），我们也会在身体虐待中看到这种态度（"一个女人为什么要忍受这种事？她一定有什么不对劲"），我们同样会在情感虐待中看到这种态度（"她为什么不直接告诉他，让他别再那样对待她"）。

大多数人不愿承认某人确实是受害者，不愿承认有人会无缘无故受到突如其来的攻击，而他们与此毫无关系。人们之所以这样想，是因为他们想保护自己，不愿让自我感觉脆弱，容易受到攻击。一旦他们确信受害者受到攻击是自作自受——要么是她们的所作所为导致自己受到攻击，要么是她们没有采取必要的措施来阻止自己受到攻击，这些人就能感到自己的生活更为安全。但事实上，受害者永远不应该对受到攻击担责，无论是性攻击、身体攻击还是情感攻击。攻击者始终应该承担全部责任。

我们还要探讨一点，为什么人在忍受了这么长时间的虐待后，更容易谴责和怪罪自己，而非谴责这么长时间以来施虐于他的人。想想你这么做的真正原因。

我的来访者丽贝卡对施以情感虐待的丈夫感到生气，但她无法坦白自己的愤怒。她不停地为对方找借口，不停地告诉我，他只是个酒鬼，甚至不知道自己做了什么。但就疗效而言，规避自己的愤怒并不能让丽贝卡有所恢复。在与丈夫的关系中，她一直是被动的，无法找到离开他的勇气和力量。

我怀疑丽贝卡抗拒自己的愤怒，主要是因为她不想触碰到这种否认背后的痛苦。她不想触碰到现实，她仍然深爱着丈夫，对方却一直在方方面面欺骗和利用她。

虽然上述所列不感到愤怒的理由可能有几分道理，也可能有几分真实，但它们也不妨碍你对伴侣发火。你的伴侣确实可能在孩提时代受到过虐待，他/她可能确实经历了一段可怕的童年，可能确实会为虐待你而感到内疚。但是很重要的一点在于，对于伴侣的虐待，你既可以报以共情和理解，也可以选择生气。仅仅由于伴侣对自己的所作所为感到悔恨，并不意味着你就该消除所有的愤怒。请记住，你有权发泄愤怒，把愤怒释放出来是一件非常健康且给你掌控感的事。如果你顾虑伴侣的感受，那你也应该很了解，有一些发泄愤怒的方法可以让你的伴侣不必参与，甚至在他/她不知晓的情况下进行。如前所述，我将在本章后面部分为你提供一些安全的方式来表达你的愤怒。

发现隐藏的愤怒

有些人就是不容易与自己的愤怒产生联结，即使他们知道"应该"感受到愤怒。如果你就属于这种情况，这里有一些建议可能会对你有所帮助。

❖ 在你确实感到愤怒的时候，请注意愤怒藏在身体的哪个部分。你的下巴收紧了吗？你有没有咬紧牙关乃至咬牙切齿？你想不想把手握成拳头？你的肌肉紧张吗？现在，来看看是否有的时候，即使你并没有有意识地感到愤怒，但你至少体验到了上述反应中的一种。这些身体信号告诉你，即使你或许没有意识到自己的愤怒，但它一直存在，藏在你的身体里。我们的背部、肩膀、下巴和手是愤怒最容易隐藏的地方。检查一下自己的身体。你的背部、肩膀、手或下巴出现了疼痛或紧张吗？这有可能是因为愤怒吗？

❖ 请注意，你是否经常感觉周围的人让你恼火。这也可能是你在没有意识到的情况下愤怒的信号。长期对别人感到恼火、失望或不耐烦，就表明你几乎每时每刻都在体验比较轻微的愤怒。

❖ 要注意你是否经常对自己感到愤怒或失去耐心。你内心是否有一个很强势的批评家，不断地挑剔你所做的事情？你一直以来都对自己很失望吗？这些迹象表明，你实际上已经很生气，而且你的愤怒并不是真的针对自己。

❖ 通常情况下，向自己或他人坦白自己感到愤怒是非常可怕的，甚至是被禁止的，因此我们会用其他说法来表达自己的愤怒。例如，我们会说自己很受挫或失去耐心，而不会说自己很生气。请想想你用来避免表达自己生气的词。

❖ 我们经常把怒气发泄在其他人而非施虐者身上。例如，被虐待的一方常常会把愤怒发泄在他们的孩子身上。你把气出在了谁身上呢？

❖ 如果你仍然找不到愤怒的出处，问问你自己："如果我的伴侣像对待我一样对待我爱的人，比如我的父母和孩子，那我该怎么办？"你会对此感到愤怒吗？大多数人承认的确如此，如果有人像伴侣对待他一样对待他们的孩子，那他会很生气。如果这就是你的处境，可为什么伴侣这样对待你的时候，你却不生气呢？

❖ 写下你认为情感虐待影响你的一切方式。在纸上看到这些，会让你感到愤怒吗？如果没有，问问自己为什么会这样。

──────○　**加油打气**　○──────

即使你没有意识到你是因为成了情感虐待的受害者而感到愤怒，相信我，你是真的愤怒了。这种愤怒可能被深埋在你的内心，被恐惧或羞耻感所掩盖，但它仍在那里。进行下面的练习就像启动了水泵，在某种意义上，它可能会触发你隐藏的愤怒。

找一个私密的地方，你在那里不会被打扰，你也可以自由地发出噪声而不会打扰别人、不会引起别人的注意。理想的地方可以是自己家（如果周围没有人的话），或者在自己车里（如果你能够开到一个隐蔽的地方）。

正如你在第5章中做的那样，想一想伴侣对你说过或做过的最糟糕的一件事。当你不断想起自己是如何被虐待的时候，大声说"不!"在你说"不"的时候，要逐渐提高音量，直到全力以赴，大声喊出"不!"让你自己真正感受到那些"不!"让声音越来越大。

现在想一想，你想对伴侣说些什么来表达你的正当愤怒。

例如

❖ "别这么跟我说话!"

❖ "你说的不是真的! 你在说谎。"

❖ "我不再相信你了!"

❖ "不，我不想!"

❖ "离我远点!"

❖ "我恨你!"

一遍一遍地大声重复你选择的话。让你的声音越来越大。不要畏首畏尾，任由自己表达正当的愤怒吧。如果有相关记忆浮现，那就跟随着它，用它来为你的盛怒"火上浇油"。请注意，如果有被吼或身体虐待的记忆在你的脑内闪回，那就努力和施虐者调换位置，让自己来当那个大喊大叫或攻击的人。总之最重要的是，不要停留在受害者的位置上。如果这种情况还在持续，那就请停止练习。

如果此时你接触到了某些深层次、未表露的愤怒，那就太棒了! 这就是我们的目标。请注意释放这种愤怒的感觉。如果你放任自己大声喊了很长一段时间，最后可能会感到很疲惫，但也可能会产生一种解脱感。如果你对自己的愤怒感到恐惧，也要提醒自己你是安全的，你并没有伤害任何人。如果将愤怒发泄出来让你觉察到更多之前遭受的痛苦，你可以尽情哭一场。眼泪不会削弱或减少你的愤怒或力量。

健康地宣泄愤怒的方法

在这个部分，我建议你通过一些健康的方法和练习来接触并发泄你的正当愤怒——愤怒会让你停止接收施虐者轰炸你的负面信息和羞耻感，愤怒会让你决定不再甘愿忍受施虐者，最终能促使你结束一段虐待关系，只要你决定这样做。

依据你认为自己最关注的内容，仔细思考以下部分或全部的内容。

❖ 写下你的愤怒感受。别退缩，把你所有的愤怒和受伤害的感觉都写出来。写一封并不打算寄给施虐者的信，在信中让他知道虐待对你造成的影响。

❖ 在房间里来回走动（假如只有你一个人在），大声自言自语，表达你所有的愤怒情绪。无须压抑自己，对虐待你的伴侣说出想说的话，比如"我讨厌你跟我说话的方式！""你对我这么差劲，就别指望我会对你好，也别指望我会跟你做爱！""别把你所有的愤怒和羞耻感都发泄在我身上！""离我远点！"

❖ 想象一下，当施虐者坐在你对面的椅子上时，你面对着他并告诉他，你对他所作所为的真实感受。不要退缩，也无须压抑自己。如果你注意到自己害怕以这种方式面对施虐者，那就想象他被绑在椅子上。如果你因为害怕受到威胁而不想看到他的眼睛，那就想象他被蒙住了眼睛。如果你害怕他可能会对你说些什么来回击你的愤怒，那就想象他被堵住了嘴。

❖ 你可以把头埋在枕头里尖叫。

❖ 如果你觉得自己需要在身体上发泄愤怒，那就问问你的身体需要做点什么。你可能会觉得需要打、踢、推、砸或者撕碎东西。找到一种安全而又令人满意的方式来发泄你的愤怒，这就是在尊重你的直觉。例如跪在床边，用拳头击打床铺就很安全。如果你是独处，周围没有人，你可以在击打时尽情出声。你可以躺在床上蹬腿，可以撕碎旧衣服，或者去荒无人烟的地方扔石头。

请注意，有一些研究人员和治疗师认为，强化愤怒和暴力行为（如用网球拍敲床、打沙袋或大喊大叫）是不健康的。如果你有暴力史，比如打人、推人或踢人，那么我建议你用其他方式发泄自己的愤怒，比如写下你的感受或用艺术来表达。但对大多数受害者来说，表达愤怒，即使是表达身体上的愤怒，也不会使他们变得暴力。相反，表达愤怒让他们有了说"不"的力量，让他们变得更加自信，尤其是对待施虐伴侣时。这也有助于他们释放多年来被压抑的愤怒，他们以前可从未觉得自己有权表达这些愤怒。由于大多数受害者在遭受虐待或攻击时没有机会表达自己的愤怒情绪，所以现在这样做就非常健康。

请留意你用这些方式发泄愤怒后，会产生怎样的感受。正如我的来访者特蕾莎对我说的："我觉得我的愤怒有净化的作用。它仿佛烧掉了我的羞耻感和自责。我注意到，越是发泄怒火，我的精力就越充沛。"

释放愤怒除了能够赋予你力量之外，还会帮助你认识到自己遭受的任何情感虐待都不是你的错，也不应该受到虐待。在理智层面上你可能明白，伴侣对你进行情感虐待并不是你的错，而表达你对受虐的愤怒，能够帮助你在更深层次上了解这些真相。你表达正当愤怒时，内心羞耻感的声音会被愤怒淹没。

如果你仍然没法允许自己发火，或害怕发怒时会失控，可以参照我的书《尊重你的愤怒》(*Honor Your Anger*)。

面对施虐者的一则忠告

关于承认并表达你对受虐的愤怒，本章叙述了其积极意义。但是所有的方法和练习都侧重于间接表达愤怒，并不涉及你的伴侣。如果你想直面伴侣，我鼓励你先用健康、积极的方式持续发泄你的愤怒，这样你就不会让自己或伴侣陷入危险。

在第 10 章中，我会给出一些具体的建议，教你如何面对伴侣的虐待行为。你有权发泄你的愤怒。让它净化、治愈、激励你，并赋予你力量。

第 8 章

给自己的礼物：自我关怀

自我关怀的一瞬间……能够改变你的一整天。
而这样的瞬间串联起来，就能够改变你的生活。

——克里斯托弗·吉默（Christopher K. Germer），
《不与自己对抗，你就会更强大》
（*The Mindful Path to Self-Compassion*）

你可能非常善于设身处地为伴侣着想，能想象他的感受。毫无疑问，对于伴侣生活的艰难，以及他每天面临的挣扎和挑战，你抱有很强的同情心。但我很怀疑，你能否同样对自己抱有同情心。你可能会忽视这一点，不去关心自己的生活和困境。你不承认伴侣的无礼、伤害和虐待行为给你带来了巨大的痛苦，而是轻描淡写地否认这一点。你很可能很擅长自我批评，却不尊重和理解那些必备的应对虐待方式。

我希望我们能共同扭转这一局面，让你像对待他人，尤其是伴侣一样富有同情心地对待自己。在本章中，我将向你介绍自我关怀的概念和相关实践，并阐释它是如何帮助你从自己经历的情感虐待中恢复过来，再帮助你获得结束一段虐待关系的勇气、力量和决心。

"同情"一词来源于拉丁语词根 com-（"共同"）和 pati-（"遭受"）；换句话说，它的意思就是"共同承受"。同情是感受他人的痛苦并与之联结的能力，自我关怀则是感受并触碰自己的痛苦并与之联结的能力。更具体地说，就自己的目标来看，自我关怀就是在遭受痛苦或体会到某些不足和失败的情况下，对自己抱以同情的行为。

得克萨斯大学奥斯汀分校的心理学教授克里斯汀·内夫（Kristin Neff）是自我关怀这一日益兴盛领域的领军人物。在她的开创性著作《自我关怀：善待自己的公理》（*Self-Compassion：The Proven Power of Being Kind to Yourself*）中，她将自我关怀定义为"对自己的痛苦敞开心扉并受其感动，体验到对自己的关爱和善意，对自己的不足和失败采取理解并不加评判的态度，认识到自己的体验是人类共同经历的一部分"。

对自己进行自我关怀会成为你能做的最具疗愈效果的事。首先，这能够帮助你减少对自己的挑剔和不耐烦——毫无疑问，由于你从伴侣那里听到了大量的批评，你已经养成了这样的习惯。它会帮助你不再那么苛刻地评价自己，让你更多地接纳自我，而这是你迫切需要的。

把自己想象成一株生活在最恶劣条件下的仙人掌，那里缺水、极度炎热，你生长的沙子里几乎没有营养。即使在这种贫瘠的条件下，你也能生存下来，不过肯定难以茁壮成长。我希望你能茁壮成长。我想让你成为一株盛开美丽粉色花朵的仙人掌。

要做到这一点，方法就是自我关怀。给自己以同情，就像一场柔和的雨倾泻在你身上，滋养你干渴的灵魂。它就像一阵柔和的风吹来，为你干燥的皮肤降温。最重要的是，它如同宝贵的营养物质，浸润了你匮乏的精神。

自我关怀始于承认自己的痛苦。如果你无法这样做，就不能指望自己能从曾经历的种种创伤中痊愈。你是否和大多数人一样，已经习惯了忽视自己的痛苦和遭遇，你认为自己只需要"笑一笑，忍一忍"，但现在你需要停止这样做，着手处理你的痛苦，因为你根本无法疗愈自己拒绝承认的问题。

记下你的伤痛

请花点时间确认并承认你因伴侣虐待而感受到的一切痛苦。你已经列出了所有他 / 她虐待你的方式，现在我们要更进一步。我希望你能识别情感虐待和情感虐待事件所带来的痛苦，并与这些痛苦产生联结。以下是我常用的一些例子。

当我丈夫批评我时，我会从以下几个方面感受到痛苦：_____。

妻子在别人面前取笑我时，这对我产生的影响有以下几点：_____。

当我的伴侣凭空指责一些事情，我会感到很受伤，因为_____。

请花时间来建立你和痛苦的联结，然后写下当你的伴侣在情感上虐待你时，你所感受到的痛苦。如果你还没有开始记录，我鼓励你现在开始动笔。写下你的痛苦或许是你要做的第一件事。

虽然你无疑会感受到其他情绪，比如羞愧、恐惧和愤怒，但现在请把重点放在痛苦上。写下你因伴侣对你的方式而感到的痛苦。

以下是一个来访者写下的例子。

> 当伴侣批评我时，我会感到强烈的痛苦。感觉就像是被滚烫的熨斗或烙铁烫伤了。灼热的疼痛穿透了我的皮肤、我的器官，直到我的内心。我感觉受到了致命的伤害。疼痛太过强烈，我简直不敢相信自己能活下来。

下面是另一个来访者的例子。

> 我丈夫刚开始责备我时，我感觉快要溺水而亡。他接二连三地批评我，我感觉自己好像陷得越来越深。我无法呼吸，无法阻止自己下沉。我感到无助和绝望。

还有一个案例。

> 我妻子那扭曲的逻辑让我感到完全不知所措。我不能为自己辩解，也无法帮她看清现实。这根本完全没有希望。我感觉被这种逻辑碾压了，就像有人刚刚开着一个巨大的蒸汽压路机从我身上碾过一样。

这些话让我们真切地感受到了遭到情感虐待的感觉。虽然每个人的感觉可能不同，但总体想法是相同的。这伤痛几乎无法忍受，它是一种本能的、发自肺腑的感觉。

你的痛苦不会因为你的视而不见而消失。就像其他情绪一样，我们将未表达的情绪藏在心里，这些情绪可能会溃烂并扩散。而进行自我关怀就像深入内心，把痛苦带出来，审视它，然后把它捧在手掌中，对它轻声说：

"我懂你。"

"我能听到你的声音。"

"对你的遭遇，我觉得很难过。"

—————○　**与你的伤痛和遭遇对话**　○—————

1. 安静地坐着，不要让周围的东西使你分心。

2. 深呼吸几口。

3. 看看你能不能通过将痛苦具体化，或者感受体内的痛苦。你可以把它想象成一种物品、一种颜色或一种形状。

4. 想象你正在向内触碰自己的痛苦，然后将其向外抽出来。

5. 想象你把痛苦放在手掌上，然后把手掌放在嘴唇上。

6. 对你的痛苦和折磨轻声说出：

"我懂你。"

"我能听到你的声音。"

"对你的遭遇，我觉得很难过。"

当你开始认识到自己遭遇的痛苦和磨难时，你就向自我关怀迈出了第一步。对大多数情感虐待的受害者而言，他们因情感虐待而遭受的痛苦几乎没有得到任何同情。情感施虐者因为对他人缺乏同理心或同情心而广受诟病。由于大多数施虐者倾向于苛责自己的伴侣，试图让伴侣产生不好的自我感觉，因此他们不太可能对伴侣的感受表达出任何关心、照顾或理解。事实上，他们更有可能无动于衷地谈论伴侣，并指责伴侣过分夸张、试图引人注意或期望过高。另外，受害者也正忙于责备和侮辱自己，很少自我关怀。正如我们已经讨论过的，受害者很少会告诉别人自己被虐待的事实，所以他们失去了被别人同情的机会。

拥有自我关怀，触碰自己的痛苦，是确认你自己，以及你的感觉、知觉和体验的一种方式。你所经历的情感虐待对你造成了可怕的伤害。它损害了你的自尊和自信，它让你觉得自己很糟糕，觉得自己没有价值也不可爱。这可能会让你质疑自己的认知，甚至理智。你需要承认这些创伤，才能疗愈它们。

如果你继续否认伴侣带来伤害或使伤害看起来不重要，那你不仅会失去疗愈伤口的机会，而且会增加创伤。每一次批评、每一次嘲笑、每一次"煤气灯"式操纵、每一次不合理的期望，不仅会催生新的伤口，还会加深旧的伤口。

让伤痛沉淀

想想你经历过的情感冲击对你而言有多艰难。问问自己：我有没有花时间承认自己的痛苦，还是试着把它弃置一边——眼不见心不烦？

我希望你现在就花点时间去真正理解它：理解你每天都要面对的痛苦、羞愧和恐惧。如果你开始被自己的感觉压得不堪重负，你可以退后一步，每次试着仅直视自己的少部分感受。允许你对自己所忍受的，以及可能要继续忍受的事情表示同情。承认自己经常受到批评、威胁、大喊大叫、撒谎、责备、被忽视和放弃是多么艰难的体验。承认你所遭受的所有痛苦都是因为你受到了情感虐待。

─────○ **你的受虐经历** ○─────

在第 3 章中，我让你列出了遭受伴侣虐待的所有方式。我希望你在本练习中也制作同样的清单。

❖ 仔细阅读你的清单，花时间了解你所遭受过的每种情感虐待的事实。接着来阅读每一个项目，并且深呼吸。这会让你接受一个事实——你确实遭受了这种形式的虐待。你要对清单上的每一项都这样做。

❖ 允许自己体验内心产生的任何感觉。不要退缩。承认这些感觉是化解你痛苦的一个重要部分。我要再强调一次，你不需要一次性完成所有这些操作。事实上，你可能每次只能处理这份清单上的一个项目。

如果你不停下来承认这件事到底有多糟糕，就可能会觉得伴侣的虐待行为是正常的。你需要承认，每天你受到的批评、"煤气灯"式操纵、不合理期望以及不断的责备、羞辱和污蔑对你的伤害有多大。你需要承认一个事实，即所有这一切都很糟糕，你不应该被这样对待。

为了让你相信自己本应该得到别人的尊重，尤其是伴侣的尊重，你需要学会如何认识自己的痛苦，然后去关怀自己的痛苦。在你教别人如何善待和尊重你之前，你需要学会善待和尊重自己。所以，让我们进入下一步。

善待自己

一旦你开始承认自己的痛苦，就应该做好准备，学习如何善待自己，而这是自我关怀的重要组成部分。自我关怀能鼓励你开始善待自己，像对待好朋友或心爱的孩子那样，用同样的善意、关怀和同情心来和自己对话。

如果你摔倒了，还擦伤了膝盖，你知道需要清洗伤口并涂药才能让伤口痊愈。情感创伤也需要我们自己的照顾，但情感虐待的受害者一次又一次被他们的伴侣伤害，他们不会照料自己的伤口，反而最大限度地将伤害最小化，甚或完全忽视它。若是这样放任不管，伤口就会开始溃烂，日渐恶化。相反，自我关怀就像是给情感创伤涂上了疗愈药膏。

不幸的是，即使你愿意承认自己的创伤，你也可能不知道如何在伤口上涂抹来自同情的抚慰药膏。做到下面这点很有效：想想你认识的最具同情心的人——长久以来善待你、理解你和支持你的人。这个人可能是你的父母、老师、朋友，也可能是某个朋友的父母。想一想这个人如何向你表达其同情心，再想一想你在这个人面前的感受。如果你想不出生活中有谁对你抱有同情心，那就来想象一个富有同情心的公众人物，甚至可以是书籍、电影或电视里的虚构人物。现在来想象一下，你有能力像这个人对你一样，变得对自己也富有同情心（或者像你想象中的这个人对你一样）。想到这里，你又会如何对待自己？

当你和自己对话时，又会用什么词？这就是自我关怀的目标：以你所认识的最有同情心的人对待你的方式来对待自己，想象这位富有同情心的人与你交谈时，采用了怎样充满爱、善良和支持的方式，用此方式来与自己交谈。

自我关怀话语

1. 写下伴侣的虐待清单后，在清单中的每一项之后，说出或写下一些表达你自我关怀的内容，要像他人在说这些话一样。比如："我很抱歉听到你的伴侣对你说了那些可怕的话。这些评价并不真实,他没有权利那样伤害你。""你的伴侣总会那样对你撒谎,他就想让你觉得自己疯了,这一定很让你困惑吧。这种事不应该发生在你身上。"如果你想不出来要对自己说些什么,那就想一下,如果你告诉某个支持你的朋友或家人,伴侣是如何虐待你的,他/她会说些什么。你可以慢慢地来做这件事。

2.现在想想你和伴侣所经历的一切,包括所有的痛苦和遭遇。(大声或悄悄地)对自己说出最能安慰自己的话,说出自己最渴望听到的话。我要再次重申,如果你觉得这样做十分困难,那就想象一个对你友善、很关爱你的人说这些话,可能会有所帮助。如果你想不出,你可以对自己说:

❖ "我很抱歉听到你的伴侣会以这样的方式对待你。"

❖ "没有人应该忍受这样的待遇。"

❖ "哦,太可怕了。那一定很痛苦、很丢脸。"

❖ "我很抱歉,让你独自忍受这一切。"

3.双臂环抱自己的肩膀或腹部,就像有人在拥抱你一样。让自己感到慰藉。喝一杯热茶,静静地坐着,让一切沉浸在这一刻,包括所有的痛苦和羞耻感。如果你感到悲伤,就让眼泪尽情流淌吧。要知道你受到的对待并不太好。

请想一想,虐待在多大程度上损害了你的自信、自尊和自我概念,在多大程度上让你自责甚至憎恨自己,在多大程度上影响了你获得并维持健康的亲密关系,以及在多大程度上影响了你体验充实性生活的能力。为了保持头脑清醒,你付出了很大努力,请给自己一些鼓励。承认并同情自己所遭受的一切,能够帮助你获得力量和勇气,去做对自己最好的事情,将自己放在第一位,相信你应该过上比现在更好的生活。

你刚才已经对自己产生了自我关怀。这并不是一个复杂的学习过程。它只需要你向自己坦白，并关注自身的痛苦。你只需要像对待受伤亲人一样善待自己、理解自己和关心自己。

自我关怀：羞耻感的解药

领悟到如何践行自我关怀的另一个好处在于，它是羞耻感的解药。我想我已经说得很清楚，情感虐待最具破坏性的后果就是羞耻感。因此，我们需要专注于帮助你摆脱这种削弱你的羞耻感，以便你开始从所遭受的情感虐待中痊愈。

你需要为自己提供自我关怀的疗愈契机，这样才能摆脱你可能由于受到情感虐待和感觉失控而经历的巨大的羞耻感，由于你不能为自己挺身而出而体会到的羞耻感，由于你接受了伴侣的批评和抱怨而体会到的羞耻感。你曾认为自己是愚蠢、丑陋、无能、糟糕的母亲和妻子；你为自己受到虐待感到羞愧；最重要的是，你会因为自己已经习惯于此而感到羞耻。

在本章以及之后的内容中，我将提供各种自我关怀的工具和方法，帮助你减少或消除由于遭受情感虐待而体验到的羞耻感，以及可能会困扰你一生的羞耻感。

通过遵循本章列出的方法，你就可以开始摆脱那种认为自己一文不值、充满缺陷、不好或者不讨人喜欢的想法。不要试图忽视这些错误但又强有力的信念，也不要否认你的羞耻感及其带来的感觉，你需要把自己的羞耻感暴露在光天化日之下。

近来，众多研究都围绕着与羞耻感相关的自我关怀展开，它们揭示了有关大脑神经可塑性的新信息——我们的大脑有生长新神经元和新突触连接的能力。根据这些研究，我们可以用自我同情（self-empathy）和自我关怀的新体验来积极修复并替代旧的羞耻感记忆。

对抗伴侣吹毛求疵和羞辱的声音

破除旧观念过程的一个重要方面是，你要开始用一个更有教养的内在声音来取代施虐者的羞辱、辱骂和指责。如前所述，羞辱的话语会潜入受害者的脑海，让其在脑海中没完没了地听到施虐者的批评之声。在本节中，我们将重点介绍如何掩盖这些批评的信息，并用更具启发性和说服力的词语取代它们。

首先，让我们来帮助你意识到，你有多么频繁地在脑海中重复施虐者带来的负面、羞耻信息。以下的练习将帮助你开始。

────────○　**施虐者的批判性信息**　○────────

1. 一开始，要注意你在脑海里有多么频繁地听到关键信息。

2. 注意上述信息是否正是伴侣对你说过的。比如"你太蠢了""你什么事都做不好""没有人会忍受你这些破事""你实在太敏感了"。

3. 现在要注意一下，你脑海中的关键信息是否源于伴侣对待你的方式："我肯定无法讨人喜欢""我真是个糟糕的伴侣""我的感受并不重要"。

4. 现在请列出你所听到的批评或羞辱词句。比如，我的来访者罗宾写了这样一份清单：

❖"你为什么所有事都做不好？"

❖"你为什么这么蠢？"

❖"我都不知道我为什么要嫁给你。"

❖"你是我见过的最死板的人。"

5.请注意这些糟糕的信息浮出水面的时刻。比如当你犯了错误时、尝试新的东西时、已经完成了某件事时，或者当他人恭维你时。

6.现在，注意你是如何将伴侣羞辱你、批评你的话内化的，他不再需要说这些话，因为你开始对自己说这些话了。

下一步便是反击你脑海中那些带有批评意义或羞耻感的信息。下次当你听到伴侣因为你做过或没有做过某些事而责备你时，你可以对自己说些什么来反驳这种负面情绪，比如：

❖"我已经尽力了。"

❖"我认为自己做得很好，也许是你的期望太高了。"

❖"我现在这样就挺好的。"

❖"我希望你不要一直批评我。"

❖"如果你不再虐待我，我会更加喜欢你。"

当你说出"我已经尽力了"这样的话时，并不等于你在为自己的行为找借口；这只是一种带着同情的承认，即使我们尽了最大努力，有时也还会失败。

下一步是着手用另一种声音来取代伴侣批评或羞辱你的声音，这是一种充满教育性的内心声音。下面的练习能帮助你开始这个过程。

──────○ **创造一种滋养人的声音** ○──────

1.深吸一口气，开始深入观察自己的内心。

2.你可能会感觉到愤怒、悲伤、恐惧或内疚，或许你可能只是感到内心空虚。告诉自己，不管在内心发现了什么，都别担心。不管怎样，你都要继续专注于内心。

3.如果你发现了一堵思想的墙，那就跨过这堵墙，更深地走进自己的内心。

4. 专注于内心，看看你能否从内心萌发一种与自己紧密相关的感觉。

5. 培养一个滋养人的内心声音。这并不是一个刺耳、挑剔或充满剥夺感的声音，但也不是什么过于甜美、让人沉迷的声音。这是一个温暖、善良的声音，它十分珍爱你，让你接纳真实的自己。随着时间的推移，这个声音会成为你自己的声音，但目前而言，它可以是任何符合你需要的声音（例如，某个对你很好的人的声音，或者某部电影中你心爱角色的声音）。

6. 请注意这个充满爱意的声音在说些什么。

7. 如果你无法培养出那些和蔼可亲的、具有滋养性的声音，也不要绝望。请继续想象你生活中的某个人，他在用一种治愈的声音和你说话，再记住这个人友好地和你对话时的感觉。请记得你是在跟某本书或某部电影中某个善良的、充满爱意的角色对话，并想象这个角色以同样的方式在对你说话。你越是想象别人以一种滋养性的方式与你交谈，就越能将这些爱的信息内化。

从他人处获得同情

领悟到如何自我关怀并不是一件容易的事。这需要练习，也可能需要得到他人的同情。如果你从未得到过关怀，要想学会自我关怀可能特别困难。你们中不少人阅读本书时，可能从未得到过疗愈的同情，即使是来自最亲密的家人和朋友的同情。你可能只是目睹并经历了批评、吹毛求疵和抱怨，却没有体验过家人之间应该表现出的善意、关心和同情。因此，我想让你亲身体验一下来自我的同情。虽然我已意识到，想象我是在直接和你说话有点难，但也请你试一试。

你已经受苦太久了。

一夜又一夜，你躺在床上时，在默默地哭泣，即使有人在你身边，你也会感到无尽的孤独。

你已经受苦太久了。

感到如此悲伤。

感到如此内疚。

如此愤怒。

如此恐惧。

你已经受苦太久了。

你质疑自己的感受。

质疑自己的价值。

质疑自己的理智。

你已经受苦太久了。

你感觉身心不适。

感觉精疲力竭。

感觉自己没用。

感觉彻底溃败。

感觉无比空虚。

你已经受苦太久了。

感觉陷入疯狂。

感觉像个败者。

感觉像个傻瓜。

我想让你知道，我明白你的痛苦。

我对你的痛苦深表同情。

我很难过，看到你受了这么大的伤害。

看到你被羞辱。

　　　　看到你没有得到感恩。

　　　　看到你处处受到批评。

　　　　看到你受到太多错误指责。

　　　　看到你如此孤单。

　　　　看到你如此缺爱。

　　　　你值得获得理解。

　　　　值得获得感激。

　　　　因你自身而被爱。

　　　　你足够好了。

　　　　你已经足够好了。

　　看看你能否让自己接受这些表示支持和同情的话。试着去相信，我理解你，我理解你的痛苦。试着像我一样坚信，你值得被理解，值得获得慰藉。

　　　　现在，请你尝试着来对自己表达同情。

　　　　承认自己的遭遇。承认自己的痛苦。

　　　　请你对自己长久以来遭受虐待的事实表示同情。

　　　　向自己说一些有助于疗愈的话语，说些你渴望听到的话。

　　　　让同情的温暖像柔软舒适的毯子一样裹住你。

　　　　让它渗入你破碎的心，填满你的空虚。

　　　　让它抚慰你受伤的灵魂。

　　　　让它像雨滴洗涤洒满尘土的树叶那样，洗去你的羞耻感和愧疚感。

　　　　让同情洗净你的痛苦和恐惧，让你重获新生。

　　　　让你从自我怀疑、自我批评和自我仇恨中解脱。

　　真正的力量和自主权来自你与自己（包括自己的感觉和需求）之间建立的联结。你不应该否认自己的感觉，或者为了躲避痛苦而日渐麻木。抚平你的创伤，用同情这剂药膏来治愈它们，并从中有所收获。正如欧内斯特·海明威（Ernest Hemingway）的名言所证实的："世界打垮了每一个人，许多人在打垮之后，变得更坚强。"你也要成为那种在被打垮之后变得更坚强的人。

别再假装坚强了。别再否认你的痛苦了。用自我关怀的力量真正坚强起来。对自己因情感虐待而遭受的痛苦抱有同情。让自我关怀来帮助你疗愈痛苦、恐惧和羞耻感，最重要的是，无论是在成年后还是在儿童时期所遭受的情感虐待，它们所带来的羞耻感都需要被治愈。让同情帮助你学会善待自己，原谅自己（想象或真实）的缺点。鼓励你在每种处境中，都更好地照顾自己。

⌘ ⌘ ⌘

接下来，我会继续为你提供自我关怀的方法。通过自我关怀的练习，你会对自己与伴侣互动时产生的痛苦更加敏感，也会对你童年可能遭遇过的虐待所带来的痛苦更加敏感。你会对自己有更深的了解，也会对自己忍受虐待行为的原因有更深的了解，你会原谅没能更好地照顾自己。最重要的是，你会变得更爱自己，更尊重自己，更有动力去照顾自己，保护自己未来不再受伤害。

总而言之，练习自我关怀有这些作用：

❖ 帮助你从否认过去遭遇的痛苦中走出来。
❖ 为你提供一种安慰自己并验证自己感受的方式。
❖ 有助于你停止因为别人对你做的事而自责和感到羞愧。
❖ 帮助你宽恕从前那个无法保护和善待自己的你。
❖ 帮助你为自己挺身而出。研究表明，自我关怀与掌握自主权在程度上是正相关的。

⊖ 本句采用译林出版社《永别了，武器》译法。——译者注

第三部分

决定自己
的去留

第 9 章

你的亲密关系还有希望吗

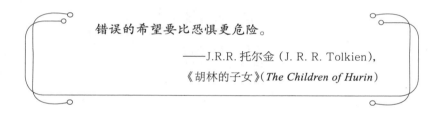

错误的希望要比恐惧更危险。

——J.R.R. 托尔金 (J. R. R. Tolkien),
《胡林的子女》(*The Children of Hurin*)

对于许多情感虐待的受害者来说,是继续维持这段关系并尝试做出改变,还是放弃并结束这段关系,这是极为困难的决定。虽然有不少事情需要关注,但在做出决定时,你需要仔细考虑三个主要因素:

1. 情感虐待给你和/或你的孩子造成了多大的伤害
2. 伴侣的施虐行为是故意的还是无意识的
3. 伴侣是否有人格障碍

伤害程度

在决策过程中，最重要的一个方面就是确定情感虐待给受害者造成了多大的伤害。除了灌输羞耻感以外，情感虐待还会对受害者的精神健康造成多方面的损害，包括导致其抑郁、焦虑、酗酒和药物滥用，以及与他人相处困难等。

抑郁

你可能已经意识到，你在许多时候都会感到沮丧。如果你尚且没有意识到这一点，那就看看下面列出的抑郁症主要症状：

❖ 一天中大部分时间都情绪低落，而且几乎每天都这样
❖ 一天中对活动的兴趣或乐趣明显减少，而且几乎每天都这样
❖ 食欲变化导致体重减轻或增加，且并没有刻意节食
❖ 睡眠模式的改变
❖ 精力丧失或疲劳加剧
❖ 焦躁不安或易怒
❖ 感到焦虑
❖ 感觉自己一无是处、无助或绝望
❖ 不适当的负罪感
❖ 难以思考、集中注意力或做出决定
❖ 考虑死亡或企图自杀

尽管人在一生中的某些时间里，经历上述症状中的一些是很常见的，但那些遭受情感虐待的人往往会患上临床上所称的抑郁甚至重性抑郁，它们往往需要通过药物来控制或治疗。你至少需

要连续两周经历以上列出的五种症状，才可能被诊断为重性抑郁。此外，这五种症状中至少有一种必须是①情绪低落，或②失去兴趣或乐趣。如果你符合上述标准，那么此时你已经受到了情感虐待的严重伤害。

焦虑

许多情感虐待的受害者会因遭受虐待而感受到强烈的担忧、恐惧和焦虑。他们在许多时刻都会感到恐惧、紧张或如履薄冰，有时甚至会感觉身体不适。一些受害者会感到迷失方向，感到事情似乎不真实。如果你感到严重焦虑，症状已经严重干扰到日常生活，那么就意味着你可能患上了焦虑症，如广泛性焦虑症或惊恐障碍。

酗酒和药物滥用

情感虐待受害者经常求助于酒精和药物来控制自己因虐待而感到的痛苦。不幸的是，许多人已经在过度饮酒乃至酗酒。（适度饮酒是指每天不超过两个标准杯的量，单次不超过四杯，并且每周有几天不喝酒。）

与他人相处困难

情感虐待的受害者经常遇到人际关系上的问题。这可能包括对他人尤其是自己的孩子易怒，出现情绪爆发，尤其是愤怒爆发，且往往针对自己的孩子。他们往往会远离家人和朋友，不再参加社交活动，过度防御，很难表达和管理自己的情绪。

创伤后应激障碍与复杂性创伤后应激障碍

到目前为止，情感虐待给受害者造成的最严重伤害就是创伤后应激障碍（PTSD）和复杂性创伤后应激障碍（C-PTSD）。更重要的是，你要意识到这些障碍以及它们影响你的方式。

创伤后应激障碍是一种严重的焦虑障碍，人在经历了带来极度创伤性应激源后会出现一些典型症状。罹患创伤后应激障碍的人经常会通过噩梦和闪回来再次体验过去的经历，他们会睡眠困难，感觉与人疏远和冷淡，这些症状可能会十分严重并且持续很长的时间，进而严重破坏人的日常生活。创伤后应激障碍会导致明显的生理变化和心理症状。更复杂的是，它常常会与抑郁症、药物滥用、记忆和认知问题等相关症状一起发生。

许多情感虐待的受害者都可能被诊断为创伤后应激障碍。在某些情况下，症状可能会变得比创伤本身更折磨人。这种障碍还可能影响一个人在社会和家庭生活中的功能，包括丧失工作能力、婚姻问题（包括离婚）、家庭不和，以及养育子女方面的困难。

─────○　**你有创伤后应激障碍吗**　○─────

以下问题将帮助你确定自己是否因为正在经历的情感虐待而患上创伤后应激障碍。以下项目中，是否有至少一种是情感虐待对你造成的困扰？

❖ 你是否会反复体验到与虐待有关的痛苦记忆或梦境？

❖ 你是否有时会感觉虐待再次发生（闪回或再现的感觉），即使虐待并没有发生？

❖ 当你接触到与亲密关系相关的事物时，是否会体验到强烈的身体和／或精神痛苦，让你想起受虐待的经历？比如你在电视或电影中看到的片段？

你是否至少会通过以下方式中的某种来避免让自己回忆起受虐待的经历？

❖ 你会避免产生关于虐待的想法、感觉或对话吗？

❖ 你会回避那些让你想起虐待行为的活动、地点或人吗？

自从你的情感虐待经历开始以来，你是否在以下至少两个方面产生了与虐待有关的负面想法和情绪？

❖ 将人生中某些重要片段抹去

❖ 对自己、他人和整个世界，以及虐待的前因后果都持有消极信念

❖ 感觉与他人格格不入

❖ 无法感受到积极的情绪

❖ 持续不断的负面情绪状态

你是否会受到以下至少两种情况的困扰？

❖ 睡眠问题

❖ 易怒或情绪爆发

❖ 鲁莽或自毁行为

❖ 难以集中精力

❖ 感觉"时时提防"

❖ 出现过激的惊恐反应

资料来源：This quiz was adapted from the American Psychiatric Association's *Diagnostic and Statistical Manual of Mental Disorders, 5th Edition: DSM-5* (Arlington, VA: American Psychiatric Publishing).

当一个人持续遭受同一种压力时，他可能会患上更严重的创伤后应激障碍，也就是所谓的复杂性创伤后应激障碍。复杂性创伤的

影响与一次性或短暂事件造成的创伤（如重大车祸）、与天气有关的创伤（如地震、洪水或龙卷风）或成为犯罪的受害者（如汽车被盗或房屋被盗）有很大不同。反复或持续创伤的影响往往由情感或身体虐待等经历造成，它们会改变受害者的大脑，也就是在核心层面改变他们。它们深刻地改变了受害者看待世界、他人和自己的方式。

以下是复杂性创伤产生的一些影响：

❖ **无望感和无助感。** 由于持续忍受虐待，受害者可能会开始相信，事情完全没有改变的希望，或者他们根本无法逃脱虐待。

❖ **解离。** 当虐待正在进行时，大脑会将解离作为一种应对机制。解离可能是一种疏离感，或者感觉自己就像在身体之外、失忆、不断地做白日梦或不断"查看"某个情境，还会出现对生活产生更大影响的情况，比如分离性身份识别障碍[⊖]，这是一种"以思想、身份、意识和记忆之间的脱节为特征"的障碍 [根据（美国）国家精神疾病联盟（National Alliance on Mental Illness）的定义]。

❖ **自杀念头。** 复杂性创伤的受害者产生自杀念头（自杀的想法）的风险很高，还会有实施自杀的倾向，因为他们对曾经历过的深刻情感痛苦感到忍无可忍。自杀念头可以成为受害者的一种应对方式，因为他们会逐渐感觉到即使情况进一步恶化，自己也有办法结束深重的痛苦。

❖ **情绪调节方面的困难。** 情感虐待的受害者经常会体验到强烈的情绪，这种情绪往往很难得到管理和调节，其中可能包括情绪爆发和强烈的愤怒。

⊖ dissociative identity disorder（DID），以前也被称为多重人格障碍，是指一种戏剧性的解离性障碍，在这种障碍中显示出两种或更多的不同的身份或人格状态，这些身份与人格交替以某种方式控制着患者的行为。——译者注

❖ **恐惧信任他人。**受害者忍受了持续不断的虐待，尤其是生活中重要人物的虐待后，会对信任他人产生强烈的恐惧。

❖ **过度警惕。**当虐待持续进行时，许多受害者会产生躯体上的高度警惕——这是一种身体持续紧张的现象，就好像是在为潜在的创伤做准备。这会导致疼痛和慢性疼痛问题产生。

❖ **闪回（flashback）。**当创伤发生时，大脑记忆事件的方式就会改变。这样的记忆障碍可以不由自主地创造一些生动记忆，它们会进入人的意识，让人重新体验事件。这种情况最常发生在患有创伤后应激障碍和复杂性创伤后应激障碍的人身上。闪回可能会让人感觉像是被拉回了创伤经历中，仿佛创伤事件仍在发生或是从头再来了一遍。它们可以激起有关原始事件的形象、感觉和情绪，也可以在身体中激起与原始事件相似程度的压力。

希望以上信息能帮助你确定自己因遭受情感虐待而忍耐并继续忍耐伤害的程度。

对子女的伤害

有研究清楚地表明，若是儿童目睹情感虐待等亲密伴侣虐待，那么他们会与那些亲身遭受身体或情感虐待的孩子一样，受到精神创伤。所以，不要自欺欺人地认为你的子女可以免遭情感虐待的伤害。你的伴侣根本不必直接情感虐待你的子女，就能够让他们遭受负面的，有时甚至是严重的后果。例如 2003 年，由玛丽莲·J. 邝（Marilyn J. Kwong）领导的一组研究人员对加拿大温哥华的 1000 多名成年人进行了调查，研究人员认为，在充满虐待的家庭环境中长大的孩子会得到一种"教育"，即使用暴力和攻击是处理人际冲突的一种可行方式。这或许会增加他们成年后将暴力循环传递下去的可能性。

不管你是否意识到，你的孩子都在受到你的伴侣实施的虐待，而你正在容忍它带来的负面影响。你家中弥漫的紧张和敌意会让孩子感到不安全、恐惧和失衡。你可能会认为孩子还太小，听不懂你和伴侣在说什么，但再小的孩子也能明白父母一方对另一方的不尊重、挑剔或贬低。当父母中的一方让另一方感到羞耻或失职时，再小的孩子也能够理解。年龄大一些的孩子会注意到父母一方对另一方无礼、侮辱的态度，并意识到自己必须站在某一方。他们要么对施虐一方的父母感到愤怒和仇恨，要么对受虐一方的父母失去尊重，并开始模仿施虐的一方。情感虐待在你们亲密关系中持续的时间越长，孩子受到的影响就越大。

无论虐待是故意的还是无意识的

尽管情感施虐者们有不少共同之处，特别是他们很可能都在童年时就深受虐待，但他们也存在一些显著的不同之处。这些差异可以决定他们是否有意愿和能力改变自己的情感虐待行为。因此，在你决定是继续还是结束这段关系时，另一个极其重要的因素是确定伴侣的虐待到底是无意识的还是故意的。根据我的经验，我认为施虐者主要有两类：一类是非故意的或无意识的施虐者，另一类是故意的或有意识的施虐者。

虽然一些施虐伴侣会故意使用言语、手势、沉默或恐吓方法来操控或控制另一半，但许多人这样做其实是无意识的，且当他们无意识地重复父母的行为时，情况尤其如此。不过，这并不意味着他们的行为就不是情感虐待了，他们的行为对伴侣或亲密关系的破坏性丝毫没有因此降低。为了保证阐释清楚，我希望扩展情感虐待的定义，以包括任何在情感上伤害他人的行为或态度，不论施虐者是否刻意而为。

最近出现了很多关于自恋心理的文章，一些探讨情感或心理虐待的书坚持认为，大多数施虐者都是自恋者。有一本书特别指出，所有心理施虐者都是自恋者、反社会人格者或精神变态者，而且所有心理虐待都是有意识且故意的。我对此表示强烈反对。在为情感虐待的受害者和施虐者提供服务 30 多年后，我的经验是，尽管一些情感或心理虐待的伴侣确实是自恋者，甚至反社会人格者或精神变态者，但也有许多人确实不是。

当然，有些人的确有恶意毁掉自己伴侣的倾向。但还有些人是在无意识的情况下对他们的伴侣施加情感虐待的。选择无意识虐待的情感施虐者有两个子类：

> 1. 施虐者这样做是因为他们小时候受到过虐待或忽视（乃至羞辱），并在不知不觉中重复了父母的行为，甚至有时候会重复父母的语言。
>
> 2. 人格障碍者，尤其是边缘型人格障碍者。边缘型人格障碍者的主要自我防御措施在于避免遭到羞辱，他们会因此出现一些人格的扭曲。这样的人无法容忍任何形式的羞耻（包括承认自己错了），会不择手段地避免一切羞耻感，包括撒谎，使用"煤气灯"式操纵，以及歪曲现实。

如果有足够的动机，第一个子类中的人有能力且确实能够改变，而第二个子类中的人因为患有人格障碍无法自行改变。不过，在合适的专业帮助下，他们也可以获得改变。

让我们来谈谈在有行为动机的前提下，哪类施虐者可以实现改变。

有受虐待或被忽视史的施虐者

如果你的伴侣在童年时有受虐待或被忽视的历史，这很可能是他/她虐待行为出现的缘由。

简而言之，如果一个人在充满虐待的家庭中长大，则更有可能实施虐待。暴力经常被认为是童年时长期受到虐待和忽视的后果，特别是对那些经历过身体虐待或目睹家庭暴力的人而言。研究还发现，虐待儿童（尤其是忽视儿童）和家庭凝聚力低下都与亲密伴侣虐待的频率相关。具体而言，有研究明确记载，童年时受到忽视的人，成年后更可能遭受多种形式的情感虐待。在最深层次上，童年时期受到的忽视破坏了孩子对父母形象的依恋，这会导致此人产生不安全的成人依恋方式，最终导致婚姻暴力（情感或身体虐待），试图控制伴侣，以此来防止被遗弃的威胁。

这些人的虐待不仅可以说是无意识的，甚至有时候他们自己都没有意识到是在虐待。我的来访者约瑟夫就属于这种情况。他的父亲咄咄逼人、怒气冲冲，而他的母亲对丈夫的情感虐待步步退缩，以酗酒来回应。约瑟夫感觉自己被母亲抛弃了，他发誓永远不能像她那样成为受害者。不幸的是，他在无意识的情况下"继承"了父亲的施虐性格，以此避免自己成为受害者。

> 当妻子告诉我，她受到了我的情感虐待时，我很震惊。她描述了我对待她的方式，我相信了她的判断。但我认不出她口中的那个人。他听上去一点儿也不像我，

起码我对自己的看法不是这样。她描述的那个男人，听
上去就像我父亲。

不幸的是，一旦我们最初的亲密经历充满恐惧、抛弃、羞辱
或窒息感，那么当我们成年以后并进入亲密关系时，就往往会忍
不住重复这些行为。

我自己也是一个很好的例子，我也在亲密关系中变得十分情
绪化，且自己没有意识到这一点。我从小就有一个非常挑剔、爱
评判人的母亲，她对事物的立场非常鲜明，永远确信自己的信念
和观点是正确的。她对别人的想法和意见不屑一顾，经常贬损我
的想法和信念，从而让我觉得自己很愚蠢。虽然我发誓永远不会
像她那样，但遗憾的是，我在不知不觉中就重复了她的行为。我
会表现出和她一样的权威态度，在不知不觉中，我就会忽视或驳
斥伴侣的意见。更糟糕的是，我会对伴侣非常挑剔。

事实上，即使我们尽了最大努力不去像施虐父母一样，我们
还是时常重演父母的虐待行为。还有一些人实施情感虐待，是要
以此作为一种在亲密关系压力下生存的方式。大多数人最初对自
己的伴侣的确有爱意，否则也不会选择和对方在一起。但是他们
的希望会幻灭，当另一半达不到他们的期望，或者当他们感到被
伴侣拒绝、背叛或抛弃时，这种爱意就会被愤怒的情绪摧毁。事
情还可能更复杂些，有时人们之所以变得情绪化，是因为他们没
有安全感，害怕失去伴侣，这通常是因为他们从小就有被遗弃的
问题。在这种情况下，他们的爱意就会被不安全感以及被遗弃的
恐惧所扭曲。那些过度控制、过分压抑伴侣的人就适用于这种
情况。

还有一些人会因为害怕亲密而变得情绪化。对于那些在父母
过度控制或情感压抑环境中成长的人来说尤其如此。这些人进入

亲密关系后，可能因为太过亲密而倍感威胁，并开始破坏这段关系，以此来保证自己与伴侣保持一定的距离，乃至分离开来。他们可能会在情感、身体或性方面拒绝伴侣，而这通常是由于自己对伴侣过于挑剔。

而在另一端上，我们发现有的成年人在童年时就受到了情感忽视或遗弃。你可能会认为，这样的孩子长大后，会很喜欢与伴侣亲密与亲近，但具有讽刺意味的是，他们发现这样的高度亲密感威胁到了自己，也会表现出挑剔伴侣、挑起争执等行为，以与伴侣在情感上保持一定的距离。如你所料，也有一些被忽视或抛弃的人十分黏人，表现为必须控制自己的伴侣，因为他们害怕失去对方。他们可能会过分嫉妒和多疑，担心伴侣会像父母那样抛弃他们。

曾目睹家庭暴力或情感虐待的人更有可能实施情感虐待。据报道称，在暴力家庭中长大的女性遭受配偶虐待的风险会增加，有很多研究报告称，来自原生家庭的暴力与男性对伴侣实施暴力之间也存在联系。比如据估计，表示自己经历过家庭暴力的男性，其对伴侣实施暴力的可能性是没有此类经历男性的 3～10 倍。

儿童时期受过身体虐待或目睹过家庭暴力的成年人，或许更有可能在亲密关系中实施虐待，因为他们明白，这样的行为在应对压力或解决冲突时比较合适。他们学到了将情感和身体暴力作为发泄愤怒和应对自我认知问题及内心恐惧的有效方式。因此成年之后，他们也习惯在家庭中实施虐待行为，他们还常常会为了保护自己，执拗地认为伴侣是导致自己不快乐的原因，以此来避免痛苦。

此外，遭受虐待或目睹虐待会破坏儿童信任他人的能力，同时削弱他们控制自己情感的能力。这些人可能会变得有依赖性、充满敌意并出现不安全情绪，他们建立和维持健康关系的能力会严重减弱。此外，缺乏自尊、不受控制的嫉妒、被虚假优越感和权力所掩盖的深深自卑感也会助长虐待行为。

儿童期遭受虐待和/或忽视的不良后果，如创伤后应激障碍或采取某些无效的应对策略，也可能有助于解释儿童期受到虐待，为何会与亲密伴侣暴力的受害和实施具有相关性。

是虐待还是应对机制

我们在整本书中讨论的大多数行为，都可以被看作情感虐待。即便如此，其中一些行为并不总能被贴上"情感虐待"的标签，有时它们只是一些不健康的应对机制。这些应对方式都会对被虐待一方产生影响，但以同样行为行事的人，动机可能有很大差异。

沉默应对就是一个很恰当的例子。虽然沉默本身是一种不健康的应对方式，但我们更应看看这种行为的意图。比如，以下情况中的沉默应对就不会造成情感虐待。

❖ 她在身体上和/或情感上从你身边退缩，因为她害怕与人对抗。这可能是出于以下几种原因，比如害怕失去你，不知道如何表达自己的感受，或者仅仅是因为她缺乏面对你的信心。这肯定不是一种健康的解决问题的方式，由于回避讨论问题，她可能会对你产生怨恨。但她的沉默并不是为了伤害或控制你。

❖ 他的退缩是为了让这段关系"暂停"。这种情况非常正常，通常也可以看作解决健康关系中冲突的一种积极方式。如果这样做是为了惩罚或伤害你，那么你就可以将其看作情感虐待，但如果以正确的方式进行，其意图也无不当，那么这也可能是一种健康的方式。比如，如果你的伴侣告诉你，他正在暂时休整，而且打算以后再跟你讨论此事，那么这就是一种健康的方式，而非情感虐待。

和沉默应对一样，你的伴侣可能在没有意识到你会受到何种影响的情况下对你实施情感虐待。事实上，许多实施情感虐待的伴侣都没有意识到自己的消极行为会对周围的人产生怎样的影响。在第 10 章中我们将讨论，与伴侣探讨其行为如何伤害到你，这样做有哪些潜在的好处，尤其是针对还没有开始这样做的人。

无意识的施虐者可能改变吗

由于这种类型的施虐者往往忽视了自己曾受过情感虐待的事实，通常情况下，无意识的施虐者一旦意识到自己的虐待行为及其对伴侣和 / 或孩子的影响，更有可能愿意（也能够）改变。

这是我的来访者爱德华在初次治疗时与我分享的内容。

> 我因自己对妻子的所作所为而感到很难过。她最近告诉我想要离婚，因为我多年来一直在对她进行情感虐待。我对此很吃惊。我甚至不知道她所说的"情感虐待"是什么意思，我当然也不认为这是她为了离婚而虚张声势。她递给我一本你的书，对我说："如果你真的想知道情感虐待是什么，就读这本书吧。"
>
> 读完之后，我震惊地发现自己实施了你在书中列出的许多行为，而且没有出现罪恶感。请相信我，我真的

不知道它们属于虐待。我仅仅觉得这是已婚人士对待彼此的方式。我父亲就是这样对待我母亲的，所以我觉得这很正常。

爱德华有动力做出改变。"我愿意做任何事来挽救我的婚姻。"他向我表示。事实上，他也非常努力地改变了自己的虐待行为。

自从我的书《亲密关系中的情感虐待：如何停止受虐和施虐》（*The Emotionally Abusive Relationship: How to Stop Being Abused and How to Stop Abusing*）出版以来，收到了许多来自施虐伴侣的电子邮件以寻求我的帮助。和爱德华一样，他们寻求帮助的动力要么是伴侣已经离开，要么是威胁要离开他们。虽然他们的动机在于找回伴侣而非真正感到悔过，但许多人仍然愿意付出努力，让自己做出重大改变。因此，即使伴侣的动机是为了自己（如为了挽救亲密关系），他也可以做出真正的改变。

情感虐待和药物滥用的联系

亲密关系中的情感虐待与酒精和药物滥用之间也有很强的相关性。例如，饮酒的男性在亲密关系中对女性实施暴力的可能性会增加 2 ~ 4 倍。美国成瘾医学会（American Society of Addiction Medicine）指出，"在严重滥用药物期间，受害者和药物滥用者发生家庭暴力事件的可能性是普通家庭的 11 倍"。

即使是正常的、充满理解和爱的伴侣，在兴奋或醉酒的时候出现虐待行为都是很常见的。从理论上说，这种类型的情感虐待可以归入无意识虐待的范畴，因为施虐者并没有刻意试图控制或羞辱自己的伴侣，至少不是有意识的。

尽管是无意识的，但他们所做的，是驱除自己的愤怒。这就是从前所遭受的童年创伤和情感虐待之间的联系所在。童年期遭受的虐待和忽视与成年后的药物滥用之间有很强的联系。尤其是研究发现，有童年期性虐待经历的男性更有可能存在药物滥用问题。在儿童期遭受了虐待和忽视的成年人中，药物滥用问题的发生率较高，部分原因可能是受害者会用药物进行自我治疗，以缓解虐待经历引起的创伤症状，如焦虑、抑郁和某些侵入性记忆。

如果你的伴侣有这样的经历，或者如果你怀疑对方有这样的经历，我强调的是，如果对方愿意为他/她的童年创伤寻求治疗和/或药物滥用方面的帮助，那么维持你们的关系可能是有希望的。

具有人格障碍的施虐者

有一类施虐者是人格障碍者，他们也会在没有意识到自己正在伤害伴侣的情况下虐待他人。什么是人格障碍？根据《精神障碍诊断与统计手册》（DSM-5），人格障碍是"一种持久的内心体验和行为模式，其明显偏离个体文化的期望，无处不在，且十分僵化（不太可能改变），随着时间的推移仍保持稳定，并且会导致人际关系充满或出现损害"。

除了无法成功建立人际关系外，那些人格障碍者还会在自我意象、感知自己和他人的方式、适宜的情绪范围和控制冲动方面受到干扰。人格障碍有十种类型，其中一些会导致人们表现出情感虐待的行为，有三种人格障碍在此尤其突出，因为患有这三种人格障碍的人在亲密关系中，几乎总会创造出情感虐待的环境。

它们是边缘型人格障碍（borderline personality disorder，BPD）、自恋型人格障碍（narcissistic personality disorder，NPD）和反社会型人格障碍（antisocial personality disorder，APD）。虽然其他人格障碍和精神疾病有时也会导致一个人出现情感虐待，但从人格特质上讲，患有边缘型人格障碍、自恋型人格障碍或反社会型人格障碍的人更容易出现情感虐待。

我之所以在此特别提到边缘型人格障碍和自恋型人格障碍，是因为它们往往要比其他任何人格障碍或精神疾病更有可能是由童年时期遭受的情感虐待和忽视引起的。关注这几类障碍的原因在于，边缘型人格障碍和自恋型人格障碍在不少人眼里，是我们这个时代造就的。患有这些疾病的人数之多，引起了人们对这些疾病的广泛关注，也引发了对病因的大量研究。

在这一部分，我将对这两种人格障碍进行定义和阐述，分别说明两者是如何表现出来的，并解释两种疾病是如何被伴侣体验为情感虐待的。我还会设置调查问卷，帮助你确定自己的伴侣是否可能患有这两种疾病之一。在后面的章节中，我还会为你提供具体的建议和方法，伴侣们可以以此来保持理智，并努力消除亲密关系中最具破坏性的情感虐待。

不过，这也并不意味着如果一个人患有边缘型人格障碍，就不会同时患有自恋型人格障碍。一项新的研究表明，包括《与内心的恐惧对话》（*Stop Walking on Eggshells*）中引用的研究表明，一组研究人员在 2008 年采访了患病群体中的 3.5 万人。研究者发现，近 40% 的边缘型人格障碍者同时患有自恋型人格障碍。换句话说，如果你的伴侣患有边缘型人格障碍且目前没有接受治疗，那么他 / 她有 40% 的可能性患有自恋型人格障碍。因此，我建议你阅读下面关于自恋型人格障碍的内容。

确定你的伴侣是否有边缘型人格障碍

有些人的伴侣是患有边缘型人格障碍或出现严重边缘型性格的人，这类受虐者往往不会意识到他们遭受了情感虐待。他们可能明白恋情并不幸福，但他们可能会责怪自己，或者很困惑到底是什么导致他们的恋情持续出现裂痕。他们常常会被指责为恋情出现问题的罪魁祸首，他们或许会被动接受指责，认为如果自己更有爱心、更善解人意、更性感撩人，恋情就会得到改善。具有讽刺意味的是，边缘型人格障碍者的伴侣实际上往往有依赖共生问题，因此往往十分耐心，愿意忍受那些本无法忍受的行为。

部分原因在于，受虐者经常因为无中生有的事情而受到指责，往往会怀疑自己的看法乃至自己的理智。他们常常会被伴侣指责，说他们的行为、思维或情感方式让对方心烦意乱，他们往往会适应一种被作家保罗·梅森（Paul T. Mason）和兰迪·克雷格（Randi Kreger）称为"如履薄冰"的谨小慎微生活方式——两人还因此写了一本书，就是《与内心的恐惧对话》。许多人开始相信，自己不仅是关系出现问题的诱因，甚至是伴侣出现情感问题的诱因。

────────○ **你的伴侣有边缘型人格障碍吗** ○────────

以下问题改编自梅森和克莱格的《与内心的恐惧对话》一书，它们能帮助你确定伴侣是否患有边缘型人格障碍，或具有很强的边缘型人格特质。

1. 你的伴侣有没有给你带来很严重的情绪痛苦和困扰？

2. 你有没有感觉自己所说或所做的任何事情，都有可能被扭曲，并被对方用来对付你？

3. 你的伴侣是否经常让你处于没有胜算的境地？

4. 你的伴侣是否常常无端地责备你?

5. 你是否会因为亲密关系中出现的每一个错误,或伴侣生活中的每一个错误而受到批评和指责,即使这些责备根本没有逻辑意义?

6. 你是否发现自己在隐藏想法或感觉,因为你害怕伴侣的反应,或认为不值得用这些感受伤害你们的感情,又或是害怕表达想法后引发随之而来的可怕争吵?

7. 伴侣有时候会把你当作强烈、暴力和非理性愤怒的焦点,但有时候又表现得正常、充满爱意,这两种情况是否会周期性交替出现? 当你把这些告诉他人时,他人是否难以置信?

8. 你是否经常感到自己正被伴侣操控、控制或欺骗? 你是否认为自己是情感勒索的受害者?

9. 你有没有感受到,伴侣一会儿认为你十全十美,一会儿又认为你一无是处,不会出现折中的情况? 他对你看法的转变似乎也没有合适的理由?

10. 当你想要亲近时,你的伴侣是否常常把你推开?

11. 你是否害怕在亲密关系中提出要求,因为你会被对方指责要求太高,或者被指责你有问题?

12. 你的伴侣是否会跟你说,你的需求并不重要,或者他的行为方式表明了他的感受?

13. 你的伴侣是否经常诋毁或否认你的观点?

14. 你会不会感觉自己永远做不好任何事,或者感觉伴侣的期望在不断变化?

15. 你是否经常被伴侣指责做了本没有做的事,或说了本没有说的话? 你是否常常感觉遭到误解,而你试图解释时,伴侣又不相信你?

16. 你的伴侣是否经常批评或者贬低你?

17. 当你试图逃离这段关系时，你的伴侣是否会用尽所有可能的方式阻止你（例如表白、承诺做出改变、寻求帮助、含蓄或明确地表达自杀或杀人威胁）？

18. 你是否会因为伴侣的喜怒无常、冲动或某些不可预知的举动而难以计划一些活动（如社交活动、度假）？你是否会为他的行为找借口，或是试图说服自己其实一切都好？

如果你对上述很多问题的回答都是肯定的，那么你的伴侣很可能有边缘型人格障碍的相关特征。正如你看到的，上述许多行为在本书中已被描述为情感虐待（例如不断批评、不合理的期望、持续情绪混乱、情感勒索、"煤气灯"式操纵）。

但你可能没有意识到，不少这样的虐待行为也是人格障碍的症状。虽然不可能在未曾与人谋面的情况下做出诊断，但我可以非常肯定，如果你的伴侣在许多方面都有类似上述的想法、感觉和行为，他就很可能患有边缘型人格障碍。要了解有关边缘型人格障碍特征的更多信息，请参阅本书末尾的延伸阅读。

什么导致了边缘型人格障碍？那些患有边缘型人格障碍或具有强烈边缘型倾向的人，在他们还是婴儿或儿童的时候，往往都经历过某种形式的遗弃。这种遗弃可能是身体上的（例如父母一方住院、父母死亡、被送人收养，或是某一次被单独留在婴儿床上几个小时），也可能是情感上的（例如母亲无法与孩子相处、孩子的出生不在计划内、被母亲抛弃、被父亲疏远且毫无爱意）。遭受过性虐待的儿童受害者也会产生被抛弃感，会感到被抛弃和背叛，尤其当施虐者是他们爱且信任的人时，比如父母、兄弟姐妹、祖父母或信任的亲朋好友。如果他们透露受虐待行为时得不到他人相信，或者他们开始意识到或怀疑自己无法得到亲人或信任之人的保护时，也会产生被遗弃的感觉。这种身体或情感上的抛弃会使边缘型人格障碍者非常害怕在亲密关系中遭到拒绝或抛弃，这会让他再次感受到最初遭受的伤害，或者将疏离和冷漠作为一种保护自己的方式，免受亲密关系中的潜在痛苦。实际上在许多情况下，边缘型性格的个体在一个极端和另一个极端之间摇摆不定。人们往往称这样的体验为"被遗弃和被吞噬的双重恐惧"。

比如在某些时刻，边缘型人格障碍者可能会在情感上产生压抑感，会拼命依附他的伴侣，需要极大的关注，恳求伴侣永远不要离开他。但在另一些时刻，也许仅仅相隔几个小时或几天后，他又可能会被"被吞噬的恐惧"淹没。他可能会无缘无故地疏远别人，性格孤僻，也可能会指责伴侣不爱他，对他不忠，觉得自己失去吸引力，因此而推开伴侣，甚至可能指责伴侣对他太过贪婪。

在一段亲密关系中，边缘型人格障碍者会出现十分典型的模式，他很快就会"坠入爱河"，并在短时间内推进亲密关系。他似乎没有什么边界感，会坚持每天见他的爱人，分享他最深刻、最隐蔽的秘密，甚至马上进展到结婚或同居。可一旦俘获了伴侣的心，并从对方那里得到了某种承诺，典型的边缘型人格障碍者就可能突然变得疏远或挑剔，甚至重新考虑这段关系。他可能不会再想要发生性关系，说感觉时间未到，也不再通过其他方式来了解对方。他可能会突然对自己的伴侣表现得敏感，指责对方利用他或对他不忠；也可能会开始对伴侣做的每件事都吹毛求疵，并质疑自己是否真的爱她。这样的疏远行为甚至可能近乎偏执。他还可能会开始监听对方的电话，调查她的背景，甚至追问其过去的恋人。边缘型人格障碍者的这种行为可能会让他的伴侣质疑这段关系，也可能会让伴侣非常生气，从而和他保持距离。当这种情况发生时，边缘型人格障碍者会突然体验到另一种恐惧，这是对被遗弃感到恐惧，他会变得十分饥渴、黏人，并与伴侣再次"立刻亲密"起来。对于一些伴侣来说，这种起伏不定可能只是令人困惑，但对大多数人来说会让人感到不安。在某些情况下，这甚至会导致伴侣想要结束这段关系。这种情况发生时，可能会出现一个非常戏剧性的场景，边缘型人格障碍者可能会乞求对方留下来，如果对方不留下来，就扬言要自杀，甚至威胁对方如果试图离开，就要杀了她。

尽管边缘型人格障碍人群的不少典型行为明显属于情感虐待，但这种亲密关系中往往会出现互相虐待的情况，因为边缘型人格障碍者会将伴侣逼到死角，最终让对方表现出沮丧和愤怒。这种阴晴不定的行为让大多数人难以应对，很少有人能在不发脾气或诉诸暴力的情况下终止关系。

确定你的伴侣是否有自恋型人格障碍

许多患有自恋型人格障碍的人都介于无意识的施虐者和故意施虐者的沟壑之间。现在，我要将那些遭受自恋型人格障碍折磨的人归入无意识的一类，并会在下一章解释故意虐待和无意识虐待的区别。

自恋型人格障碍的症状包括自我认同感差、无法欣赏他人、很强的权力感、缺乏真实性、需要控制他人、无法容忍他人的观点和意见、情绪淡漠、浮夸、对自己行为造成的影响缺乏意识或关注、反复无常地闹小情绪，以及迫切需要他人的认可和积极关注。

───────○　**你的伴侣是否有自恋问题**　○───────

1. 你的伴侣是否似乎总是专注于自己，专注于自己的兴趣和事务，而对你的所作所为毫无兴趣？即使他真的表现出感兴趣，这种兴趣看起来是否也很浮于表面且短暂？

2. 你的伴侣乐于成为人们的关注中心吗？别人发言时，他会感到厌烦或表现粗鲁吗？他是否常常倾向于让话题回到自己身上？

3. 他是否觉得自己有权在你和他人那里得到特殊待遇？

4. 你的伴侣是否缺乏对他人的同理心和同情心？他是否仿佛特别难以感受到他人的痛苦，同时又希望别人能感受到他的痛苦？

5. 你的伴侣是否觉得自己的观点和信念永远是正确的，而其他人（包括你）根本无法明白他在说什么？

6. 你的伴侣是否认为自己比其他人更聪明、更时髦、更有吸引力或更有才华？

7. 无论讨论什么问题，他是否似乎都执着于绝对正确？他是否会不遗余力地证明自己是对的，甚至威逼对方就范？

8. 你的伴侣是否在自己想要某件东西的时候表现得很迷人、很有魅力或者很善于操控他人，可一旦达到目的后，却表现得不屑一顾或十分冷淡？

9. 你是否因为常常发现伴侣夸大其词和撒谎，而开始不再信任他，有时甚至认为他是个熟练的骗子？

10. 你的伴侣是否经常表现得疏离、傲慢、冷漠或自负？

11. 你的伴侣是否会对包括你在内的所有人大加侮辱或居高临下？

12. 你的伴侣是否经常批评、贬低或挖苦他人？

13. 如果你的伴侣确实犯了错，或者有人直截了当地揭发他的不当行为时，他会十分愤怒吗？

14. 你的伴侣是否会坚持要别人以某种方式对待他，包括要求餐厅的服务员、商店店员，甚至自己的妻子和孩子？

15. 你的伴侣是否经常抱怨别人没有给予他足够的尊重、认可或欣赏？

16. 你的伴侣是否经常挑战权威，或者与权威人物以及任何处于控制或掌权地位的人发生争执？他是不是一直在批判当权者，且经常暗示自己能做得更好？

17. 你的伴侣是否很少（即使有的话）承认你对他的付出，或对你表示感谢？

18. 相反，你的伴侣是否对你做的几乎每件事都吹毛求疵？

19. 即使你的伴侣被迫承认你为他做了事情，或送了他礼物，是否也会轻描淡写，或者暗示这些都不符合他的标准？

20. 你的伴侣是否会将大量的注意力集中在攫取财富、认可、人气或声望上？

21. 当你的伴侣想要某件事物的时候，他是否会变得魅力十足、善于操控，当他的需求得到满足后，他是否又会变得冷漠而不屑一顾？

如果你对以上问题中的一半以上都回答"是"，那么你的伴侣可能患有自恋型人格障碍，或者可能有很明显的自恋型人格障碍特质。如需了解有关此类人格障碍的更多信息，请参阅下一章以及本书末尾的延伸阅读。

那么，是什么导致一个人如此自恋呢？类似自恋型人格障碍这样的人格障碍通常是在童年和青春期形成的，原因是孩子缺乏对主要照顾者的健康依恋。大多数人在童年和青少年时期由于受到情感上的忽视，真正的依恋未能得到满足。虽然他们对食物和住所的生理需求得到了满足，但情感需求（如得到关注或认可）并没有得到满足。

虽然你可能会对经历过这一切的伴侣抱有很大的同情，但你需要小心，不要用你的同情来为他的行为开脱。不少人，也包括你，都因为受到了情感上的忽视而无法对父母产生健康的依恋。然而不是所有情感忽视的受害者都患有自恋型人格障碍。这些障碍人群与其他人的不同之处在于：①受到了严重的情感忽视；②缺乏得到矫正的经历，比如有一个慈爱的祖母、照顾者、老师或其他富有同情心的成年人为其提供迫切需要的教养、关注和认可；③只要遇到决策，其决定都是"不惜一切代价满足自己的需要"（他们认为没有人会满足其需要，因此需要由自己满足，不管付出什么代价）；以及④权利意识的高度发展（抱着"生活亏欠了我"的态度，因为他们童年没有得到什么东西）。当他们没有得到自己想要或需要的东西时，他们会坚持必须得到，若别人没有给他们，他们就会感到愤怒。他们愤怒的情况包括别人拿走了他们想要的东西，以及不顾他们的感受利用了他们身边的人。

还有一种缺乏依恋表现为极端且不断重复的过度放纵。在这样的情况下，孩子没有得到正常的社会规则教育，而是被放任做任何他想做的事情。他们的家庭严重缺乏界限或规则，父母常常向他们传递一种信息，让孩子认为自己十分特殊或才华横溢，因此并不需要遵循正常的规则。一旦社会规则被打破，比如这类儿童或青少年被抓到偷窃，他的父母通常会包庇他，也不会给他惩罚。过度放纵的儿童或青少年会把别人仅仅看作满足自己需求的工具。

造成自恋型人格障碍的原因还有可能是父母或照顾者完全良知沦丧或没有羞耻心。被自恋型人格障碍者、反社会人格者或精神病患者抚养长大的孩子，会变得和抚养者一样。这样的抚养者可能总是试图将社会制度视作玩物，或是游离在法治社会之外。

边缘型或自恋型人格障碍可能改变吗

与童年时期受到忽视、过度纵容或虐待的其他施虐者不同的是，有上述人格障碍的施虐者在童年或青春期经历了极端的羞耻感。由于这种极端的羞耻感，他们需要筑起一堵高墙，保护自己不会因为批评或受到曝光而进一步受到羞辱。

大多数受到虐待和忽视的人成年后，与其他人相处时，会注意到自己的行为是其他人不能接受的，或者每当他们进入亲密关系时，都会经历巨大的痛苦。发生这种情况时，多数人会寻求咨询、阅读自助书籍或参加讨论班，以改变他们现在意识到的有害行为。但不幸的是，那些因为筑起了防御壁垒而患上人格障碍的群体通常忽视了这样一个事实：他们的行为本就是不可接受的，甚至会对他人造成损害。相反，他们会产生一种防御性错觉，坚持认为自己没有问题。即使被迫承认自己的行为不可接受，他们也拒绝真的相信这一点。他们会为自己辩护：自己一定永远是对的，其他人只是不理解他们而已。如此一来，他们就可以保护自己免受进一步的羞辱。

即使在人际关系中，患有人格障碍的施虐伴侣或许不会有意识地实施虐待，他们也不会轻易做出改变，而且他们通常也没有这样做的动力。即使有些人愿意做出改变，通常也需要多年的专业心理治疗才能做到。

不过也存在罕见的例外，一些患有边缘型人格障碍或自恋型人格障碍的人会愿意接受心理治疗，并努力做出改变。但即使这样的人真的接受了治疗，也很少能够持续很长时间，这对他们来说太痛苦了，而且他们所做的任何所谓改变通常都是十分短暂的。其中一个主要原因在于，他们没有能力或不愿自我反省，因此不愿承担暴露真实自我的风险，即使是对自己暴露。他们认为一切都是别人的错，需要改变的总是他人。

即使这类人格障碍患者失业、婚姻失败或陷入法律官司，他们选择的生活方式还是会影响他们。他们即使接受了良好的治疗，得到鼓励，意识到自己为了保护自己免受进一步羞辱而筑起的围墙会阻止他们获得真正的亲密关系，以及拆除这些围墙后生活会变得更加美好，他们中的大多数人也不愿付出努力去拆除这些围墙。

⌘   ⌘   ⌘

在决定到底是维持还是终止你们的关系时，你应该牢记我们上面已讨论过的三个主要因素：①情感虐待给你和孩子造成的伤害，②伴侣到底是无意识的还是故意的施虐者，以及③伴侣是否有人格障碍。不过到目前为止，你要问自己的最重要问题是，"我的伴侣愿意并有能力做出改变吗？"除非你直接让伴侣知道他／她正在以某种方式虐待你，否则你就无法知道对方是否愿意改变。事实上，直面伴侣是非常重要的，如果你无法做到这一点，则需要更多地关注如何结束这段关系，而不是拯救它了。

在下一章中，我们将要特别关注如何让你的伴侣直面他／她的虐待行为，以及如何确保你这样做的安全性，并为此提出相关建议。

第 10 章

如果你选择直接对质

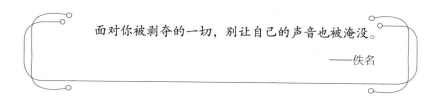

面对你被剥夺的一切，别让自己的声音也被淹没。

——佚名

我已经与你分享了一些信息，让你学会通过反驳伴侣的虐待和练习对其虐待行为说"不"来增强自己的能力并减少羞耻感。我们还会关注如何为自己的遭遇提供自我关怀。希望上述练习已经把你带到了一个更高的层次，让你能够与你的伴侣就其虐待行为进行对质。如果你还没能做到这一点，或者你因为畏惧后果而无法想象自己能与伴侣对质，那么他就不可能停止施虐。简言之，如果你无法面对自己的伴侣，如果你感觉这太危险，或者认为自己没有足够的力量这样做，那么你或许就不应该考虑和伴侣再在一起了。

即使你无法直面伴侣，也并不意味着你有问题。不能直接与对方对质，可能意味着你已经知道这样做也没有用（要么是因为你以前尝试过，要么是你知道伴侣不愿意看到自己的缺点或短处），或者你之所以害怕这样做，是因为担心出现灾难性的结果（也就是你害怕伴侣会勃然大怒，或者用一些事来威胁你，比如扬言把孩子从你身边带走）。事实上，要直接与一个过去曾对你实施过身体暴力的人对质确实不安全。

虽然你们中有的人从来没有就伴侣虐待你的事质问过他，但也有些人已经花了不少时间来尝试着理解伴侣的行为，向他解释你为何感到沮丧，或者试图弄清楚这段关系中出了什么问题。你们中的一些人还会发现，试图与伴侣沟通或单纯地抱怨其行为并不奏效。因此，你必须着手以一种新的方式来回应他那些不恰当或不可接受的行为，新的方式必须要对他产生影响。你已经列出清单记录了伴侣进行情感虐待的方式，我希望你也能写下他的行为对你产生了怎样的影响。现在，是时候与自己的伴侣分享这些信息了。我将这称为"正面交锋"，但它并不一定要充满敌意或挑战性。你可以选择任何方式与伴侣交谈，可以选择地点和方式。如果你无法直接对质，也可以记录下伴侣虐待你的方式，以及对你造成了何种伤害，然后给他看。

如何有效地面对你的伴侣

你在面对伴侣之前，很重要的一点是注意，施虐者（即使有也）很少承认他的虐待行为。相反，他可能会否认自己做错了事情，并指责你撒谎，或者即使承认了自己有错，也会同时指责你要为他的行为负责。这可能会让你再次开始怀疑自己。如果发生这种情况，请参考你所列出的受虐待方式，以便回到现实。

以下的建议能够帮助你以最有效的方式来与你的伴侣进行当面对质。

❖ 我建议你在尝试与伴侣对质之前，与朋友或咨询师练习你打算说的话，或进行角色扮演，特别是如果你尝试与对方交谈会出现变得兴奋、恐惧或结结巴巴的情况。如果你找不到人一起练习，可以将一把空椅子放在你面前，想象你的伴侣正坐在那把椅子上。这能够帮助你克服面对他时的恐惧，让你更自信地说出自己想说的话。

❖ 在你与伴侣谈话或以书面方式向他传递信息之前，你要向他解释，你传递这类信息的目的是挽救这段关系。有的人可能还想说，除非他同意做出一些重大改变，否则你就会结束这段关系。（注：不要把这看作空洞的威胁。如果你不是认真的，就不要说出来。）

❖ 在伴侣回应你之前，让他先听你把话说完。如果他做不到这一点，或者违反约定打断你，那么这次谈话最终可能会以发生争执结束，这就适得其反了。如果伴侣一再打断你，你可以决定结束这场当面对质。

❖ 在开始当面对质之前，你要深呼吸以确保你的状态正常。

❖ 无论你是站着还是坐着，都要确保你的双脚牢牢地贴在地上。

❖ 话一定要说得清楚而坚定。抬起你的头，直视伴侣的眼睛。

与伴侣当面对质有两种方法：①你可以坐下来和伴侣聊聊他的不当行为或对你缺乏尊重的事实，或者②当他再次虐待时，你直接指出来，让他审视自己的行为或态度。你选择如何面对你的伴侣，与你们的关系状况有很大关系。如果你和伴侣在大多数时候的情感仍然亲密，在大多数问题上也仍然能够相互沟通，那么你可能会希望让他知道你想和他进行一次严肃讨论。如果你不曾就他的虐待行为与他对质，那么这种方法会特别有效。而另一种情况，如果你以前已经和他对质过，却受到了他的忽视，或者他坚持认为你言过其实，那么你可能需要尝试第二种方法，并且一旦他产生虐待行为，你就要与他对质。对于已经日渐疏远、不愿交流的伴侣而言，这也是最好的方法。

如果你刚开始一段新的亲密关系不久，并且已经开始感受到情感或言语虐待的警示信号，那么和伴侣进行一场认真的讨论可能是最好的方法。正如我们已经讨论过的，许多人根本没有意识到他们的行为是在虐待。如果他比较年轻，或者几乎没有处理长期关系的经验，那么他可能只是在重复自己父母中一方或双方的行为，而没有意识到这会对你产生怎样的影响。即使这个人从前有过亲密关系，他的前任也可能默默忍受了虐待，或者可能因为把受虐归咎于自己，并没有意识到自己受到了虐待。

你选择哪种方法，也可能与你的伴侣仅仅是一个有虐待行为的人，还是虐待成性的人有关系，换句话说，也就是要确认他的虐待到底是故意还是无意识的。如果他仅仅是出现了一些不好的行为，第一种方法可能会更好地帮助他进一步意识到自己的行为对你有何影响。如果他有虐待型人格或相关人格障碍，第二种方法则会更有效，因为与他理论可能没什么效果。

方法一：严肃讨论

告诉伴侣，你有重要的事情想找个时间和他谈一谈。确保你选择的是一个对两人都合适的时间，此时你不会因为孩子、电视或电话而分心。实际上，你最好关掉手机和其他媒体设备。如果此时对方表现出好奇或焦虑，表示想要立即谈一谈，在答应他的要求之前，你要确保自己的心态是好的。如果你还不打算开始谈话，那就只需向伴侣保证，虽然这场谈话很重要，但可以等到更合适的时间。如果你感觉无法与他交谈，那就给他写封信。

我建议你从一开始就告诉你的伴侣，他对待你的方式或跟你说话的某些方式让你感到不满。如果这是你第一次提起这件事，那你还应该让他知道你很在乎他，但他对待你的方式正在影响你对他的感觉，你担心这最终会毁了彼此的关系。如果你曾试过和他谈这件事，就再次提醒他这一点。让他知道你还没有看到他的变化，这点你不能接受。

如果他对你说的话持开放接纳的态度，那就告诉他，你很感谢他愿意努力维持并改善这段关系，并问他是否想要一些你指出的典型行为作为参考。此时，你不需要将他的行为定义为情感或言语虐待。对你的伴侣而言，想要既把你的例子听进去，又不因虐待行为而受你指责，已经十分困难了。

如果伴侣寻找借口或变得很生气，你也不要感到惊讶。这是可以理解的，但别让讨论演变成争论。如果他开始指责你编造、臆想或试图制造一些根本不存在的问题，你可以说："你现在所做的就可以作为例子，这就是我一直在谈论的那种虐待行为，而你还在否定我的感受并指责我。快停下来吧。"若是他生气并开始虐待，那你就要说："你这是在虐待我。快停下来吧。"

请告诉你的伴侣，从现在开始，当他的行为冒犯到你时，你会让他知道，你希望他可以合作，接受你的提醒，这样他就可以开始改变自己的行为了。

方法二：即时对质

如果你选择在伴侣下一次实施虐待时与其当面对质并让他知

道，那么下面的建议会对你有所帮助。

❖ **大胆指出。** 一旦伴侣通过情感虐待的方式羞辱或对待你，你就立即对他说："我不想让你那样跟我说话（或那样对待我）。这是不体贴（或不尊重）我的。我不该受到这样的对待。" 这无疑会引起他的注意。他很可能会被你的反应吓一跳，甚至可能一时说不出话来。最终他可能会产生防御性，否认你口中的事实。他可能会告诉你，自己没有做过任何这类事情，或者是你说了什么或做了什么，才让他这么说或这样对待你。假设发生这种情况，你就告诉他不必再继续探讨这个话题了。我们就此进入下一步。

❖ **切忌争辩，坚持你的立场。** 如果你的伴侣找借口或责怪你来为自己辩解，你不要卷入争执。坚持你的立场，并且重申你之前说过的话："我不想让你那样跟我说话（或者那样对待我）。这是不体贴（或不尊重）我的。我不该受到这样的对待。"

❖ **做好准备应对沉默。** 当你质问伴侣的某些行为时，他可能不会争辩，反而会完全无视你。这本身就是不尊重你的虐待。他实际上是在对你说："你根本不重要，我甚至不需要倾听或回应你。" 别让他得逞。如果他对你一言不发，你就可以说："你无视我，对我一言不发也让我不能接受（或不尊重我），我不赞同你这样做。我应该被倾听，我的话应该被重视。"

❖ **提供必要的信息。** 如果你的伴侣对你的话表现得非常惊讶，并且真诚地要求你提供更多信息来解释你想表达的意思，那么你一定要配合对方。建议他阅读本书或我的另一本书——《情感虐待关系》（*The Emotionally Abusive Relationship*），我在书中不仅概括了情感虐待行为的类型，还提供了计划以帮助施虐者做出改变。

时间会证明你的当面对质到底有没有对伴侣产生影响。通常，这样的当面对质能使施虐伴侣认识到他的行为不当，并理解到自己的行为伤害了对方，对亲密关系产生了负面影响。一旦产生这些认识，人有时候确实会产生改变。

施虐者发现，伴侣已经意识到自己被情感虐待，这时施虐者会停止施虐行为，并表示不会再犯，而且似乎说到做到。有可能伴侣一直在试探你，看看自己能逃脱多少次惩罚。一旦你放任虐待发生，伴侣大概率不会再尊重你。你要直言不讳地让对方知道，你不会容忍这样的行为，这样不仅可以制止伴侣的虐待行为，还可以重新赢得他对你的尊重。另外，有人会特意寻找他们容易支配和控制的伴侣，或者是为他们的愤怒寻找一个替罪羊。如果你的伴侣就是这样的人，你的对质会让他觉得你不是他想要的类型，他可能会选择离开。如果是这种情况，没有他你会过得更好。

无论这种对质以及你继续为直面虐待行为做出的尝试是否有效，你的努力都不会白费。对于你不可接受的行为，不断与伴侣进行当面对质能让你在自己的心中确定，自己不应该被这样对待。这反过来也将有助于你提升自尊，摆脱羞耻感，并让你离结束这段关系又近一步。未来你能在情感虐待发生时将其识别出来，并且做出适当的反应。在这样的情况下，当面对质对你往往更有利。

接下来的行动

虽然你的伴侣很难承认自己有情感虐待行为，但让他承认是至关重要的。这可能是他做过最困难的事情，因为承认自己错了对他而言真的很难。如果他和许多施虐者一样，是一个特别骄傲的人，那么他往往会努力用虚张声势的面具掩盖一切弱势和不堪。

　　许多施虐者就是用这样的方式来应对自己的羞耻感。对于一个已经充满羞耻感的人来说，要求他承认自己曾实施了虐待，又是一种可怕的耻辱。然而你需要听到他承认，如果他真的有希望结束这几乎毁了你和你们的关系的虐待，他需要说出来。

　　你的伴侣承认他的情感虐待行为有如下几个目的。首先，这有助于他进一步克服否认。直面自己的虐待行为可能非常令人痛苦和羞愧，因此他可能会不断尝试着让自己造成的损害最小化，或者说服自己不要面对这一事实。而向你承认这一点，能让他今后更难否认此事。

　　你的伴侣也有义务向你承认他有情感虐待行为。你受他行为的影响已经有一段时间了，你需要他向你证实这一点。别再认为自己疯了，或者认为自己一直在臆想。你需要他来证实你的感觉和看法。在很多情况下，你可能都需要他来确认，这样你才能停止因为恋情中的一切问题和伴侣的虐待行为而责怪自己。

　　尽管承认对你的情感虐待会让你的伴侣很痛苦，但是他需要对自己的行为负责。不能得过且过，不能粉饰太平。坦荡地承认自己的行为，并对此承担全部责任，这对他的自尊和心灵都有好处。

　　此外，如果你确实亲身体验到了他的变化，或许你会认为不需要他承认虐待的事实了。这取决于你自己。对一些人来说，观察到伴侣真的在努力停止虐待，这就足够了。对于那些足够了解自己的伴侣，知道对方太过骄傲而不愿承认自己错误的人来说，尤其如此。

　　请注意：即使你可能忍不住，但也不要因为伴侣的情感虐待行为而不断揭他的伤疤，也不要故意让他感觉自己像个怪物。请给伴侣一些时间，让他最终自己承认虐待行为。

意义非凡的道歉

你们中有不少人可能会认为除了让伴侣承认他的虐待行为或做出明显的改变外，还需要他进行道歉才能继续这段关系。如果可能的话，我也推荐你们这样做，因为这对你们两个都有疗愈作用。鼓励你的伴侣慢慢来，完成他力所能及的事。有意义的道歉包括我说的"道歉三 R"——悔过（regret）、承担责任（responsibility）和补救（remedy）。除非这三个要素同时存在，否则你总会感觉缺了点什么，会觉得自己被亏待了。让我们更详细地了解一下每个要素。

❖ **悔过**：对自己为他人造成的伤痛和损害明确表示抱歉。包括表达对你的同情，承认他对你造成的伤痛和损害。

❖ **承担责任**：对自己的行为负责。这意味着不把自己的所作所为推脱给任何人，也不为自己的行为找借口，要承担全部责任。

❖ **补救**：表明他愿意采取行动来补救现状。他可以做出承诺，保证不再重复虐待行为，不再犯同样的错误，并说明他会如何补救（例如进行治疗）和 / 或补偿他造成的损害（比如支付你的治疗费用）。

⌘　⌘　⌘

直面你的伴侣，可能是你需要做的最必要也最困难的事情之一，但你应该为自己和孩子们走这一步。如果你还没有准备好面对他，我建议你先接受心理治疗，这样你就可以继续努力并变得足够强大。如果你负担不起治疗费用，请联系当地的女性临床机构、受虐妇女帮助组织或当地的社区咨询中心，要求他们将你转介去接受低价或免费治疗，或者询问他们是否能为遭受情感虐待的伴侣提供支持团体。

如果你能够与你的伴侣当面对质，同时发现他/她还没有意识到自己有虐待行为，那么如果对方能把自己的过去（即成长方式）和现在的行为联系起来，并且愿意承认是如何虐待你，以及这种虐待对你造成了何种伤害，那你们的关系还是有希望的。

在下一章中，我们会通过找寻一些迹象来帮助你决定是结束这段关系，还是为了挽救关系而做出努力。

第 11 章

关系终结的预兆

当你面无惧色，你就能在一切经历中收获力量、勇气和自信。你就能对自己说："我经历了劫后余生，我能迎接接下来的挑战。"即使是你认为不可能的事，也应该去做。

——埃莉诺·罗斯福（Eleanor Roosevelt），

《生活教会我》（*You Learn by Living*）

在本章中，我们将讨论亲密关系中不能通融的情况（这是你必须结束关系的标志），以及无法或不愿改变的施虐者类型。

不能通融的情况

如果你们的亲密关系中存在以下任何一种情况，那么你绝对有必要尽快结束你们的关系。

❖ **你的子女正受到伴侣在情感、身体或性方面的虐待。** 事实上，情感施虐者很少只将批评和控制行为局限在伴侣身上。一个挑剔、苛刻、难以靠近和取悦的人通常会以类似的方式对待生活中的每个人，特别是那些与他亲近的人。若你的伴侣这样对待孩子，那你就不能再视而不见，也不要再为他的行为找借口。如果你无法从虐待中解脱出来，那就寻求专业的帮助。心理治疗能够持续减少你的羞耻感，让你进一步建立自尊，这样你就可以获得勇气，做你看来对你和孩子有利的事情。你之所以成为今天的你，可能主要是由于你父母（或其他照顾者）没有善待你。不要让你的孩子遭受你小时候接触过的那种难以接受的行为，从而将虐待的循环持续下去。

❖ **最重要的是，如果你的孩子正遭到你的伴侣在身体或性方面的虐待，你一定要立即让孩子远离你的伴侣。** 这是至关重要的，即使这意味着你的孩子要搬去和其他家人或朋友住在一起。如果你的孩子每天都处于这样的暴力中，他们的心理、身体和精神都会遭到无法弥补的伤害。

❖ **你看到了情感虐待对你的孩子造成伤害。** 他们现在不仅因为目睹了你的伴侣的虐待行为而受到伤害，你还给了他们糟糕的榜样，让他们今后要么变成受害者，要么成为施虐者。许多学生欺凌弱小，或成为校园霸凌的受害者，都是由于他们在自己的家里受到了情感或身体上的虐待。如果你的某个孩子对其兄弟姐妹或同学表现出欺凌或虐待行为，这就是一个巨大的危险信号，表明你的孩子可能受到了你与伴侣关系的负面影响。如果你的一个或多个孩子表现出了受害者的行为，比如无法为自己挺身而出，或变得越来越被动，那么情况也是如此。除非你和你的伴侣积极努力地阻止虐待行为，比如一方或双方都求助于专业的治疗师，否则你们选择待在一起就是在牺牲孩子的情感健康。

❖ **你已经开始在情感、身体上或性方面虐待你的孩子。** 如果不仅你的伴侣虐待孩子，连你也开始把愤怒、羞愧和痛苦发泄在自己的孩子身上了，那么你需要找到一种方法来停止虐待他们。对你来说，最有效的方式就是远离你的伴侣。如果你还无法离开你的伴侣，你能为你的孩子做的最有爱的事，就是为了保护他们而与他们分开。你在接受专业帮助时，可以把孩子送到朋友或亲戚那里（只要这些人没有在你小时候虐待过你）。相信我，当孩子们知道你这么做的原因时，你能够赢得他们的尊重和感激。

❖ **你的伴侣开始对你实施身体虐待，或者扬言要这样做。** 许多施虐者一开始是对伴侣实施情感虐待，后来逐渐发展到身体虐待。你越是容忍他在情感上虐待你，他就越有可能在身体上也虐待你。如果他已经打了你，即使只是"一记耳光"，你也十分危险。同样的道理也适用于推搡、撞击、压住你或违背你的意愿囚禁你。上述所有行为都表明你的伴侣自己已经失去了控制，这对你来说是危险的信号。在某些情况下，这可能表明你的伴侣精神状态已经很不稳定。你不要自欺欺人。只要他有了一次施暴，他就还会这样做，下一次只会更糟。不要接受他借口说自己只是喝醉了或太兴奋了。他打你就是因为他有问题。酗酒或吸毒可能会加剧他的这种问题，但这不能作为借口。你也不应该让伴侣以他有情绪问题（如边缘型人格障碍）为借口。尽管患有这种疾病的人确实会失控并付诸身体暴力，但这仍然不是借口。他需要为自己的行为负责，寻求他所需要的专业帮助。

如果你的伴侣拒绝寻求专业帮助，我建议你和他分开，直到他有所改观为止。否则，你在这段关系中的每一天都是在让自己的情感和身体健康处于险境，甚至可能出现生命危险。

❖ **你已经开始实施身体虐待。**如果你已经极度沮丧和愤怒，甚至开始以身体虐待的方式发泄愤怒，这可能会严重伤害你的伴侣或迫使他伤害你，那么是时候离开了。即使你"只是打了你的伴侣一巴掌或推了他一下"，除非你此时能获得专业的帮助，否则你每天都会把伴侣置于更危险的境地。重要的是，你不仅要结束这段关系，还要寻求心理治疗，以此疗愈在伴侣那里遭受的伤害。如果你确实觉得自己并不是生来就会施虐的人，反而是伴侣驱使你变得暴力，那么对你们两人来说，最好的结果就是结束这种关系。即使你的伴侣有某种精神或情绪障碍，你留下来也对你们中的任何一方都没有帮助。

❖ **你已经开始幻想伤害或杀死你的伴侣。**如果你已经到了这一步，那么你会感觉被困住了，觉得你们之间的虐待关系已经毫无出路。但事实上，还有一条路。你可能需要得到专业帮助才能获得离开的勇气和力量；如果你担心自己的人身安全，可能需要联系警察，或投靠受虐妇女庇护所。无论你身处怎样的情况，都要意识到肯定有更好的出路，并不用冒着在监狱里度过余生的风险，也不用因为你给伴侣造成的身体伤害，而在往后余生中都被负罪感压得喘不过气来。

❖ **你已经严重怀疑自己的理智。**如果伴侣对你使用了"煤气灯"式操纵，而你也开始怀疑自己的精神状态，那么是时候结束这段关系了。你留在关系中的时间越长，就会越怀疑自己是否还理智，也就越难离开这段关系，此时你的心理健康会受到更严重的损害。

结束这段关系的最佳理由

以下都是从关系中脱身的好理由，尤其是当你的伴侣确实属于故意或有意识的那类施虐者时。不同于那些效仿家人实施虐待、由于其他创伤而虐待，或认为自己的行为没有异常而实施虐待的人，这种类型的施虐者一直在故意尝试着控制你和摧毁你。因为他的行为是有意识且故意的，所以他几乎没有可能停止虐待你。与无意识的施虐者不同，他是确实想伤害你。

故意或有意识的施虐者可以分为以下两个子类。

1. 控制者。 这类故意或有意识的施虐者会故意控制并羞辱伴侣。顾名思义，控制者的控制和支配行为是极端的虐待方式。无论在公开还是隐秘层面，他都是操控者和控制者。他故意以充满威胁和不可预知性的方式行事，以此让受害者"听从他的指挥"或"站在他的立场上"。他通过施虐向受害者发出信号，表明受害者不如别人，或者不值得他给予尊重和爱。最终，受害者会十分依赖施虐伴侣，因为受害者对自己失去了信心。这样的洗脑让受害者感到极度恐惧、无助，没有安全感。

2. 无耻之徒。 这样的人通常能被认为是施虐型人格、自恋型人格障碍者或反社会人格者。虽然受到伤害时，我们都会因为有伤害伴侣的想法而感到内疚，但无耻之徒往往会故意伤害自己的伴侣。这种人会故意使用情感虐待，获得权力以及对受害者的控制，以此来补偿他深深的不安全感和匮乏感。

控制者和无耻之徒之间有一个主要区别，那就是情绪紊乱的程度和伤害伴侣意愿的强度。控制者不一定想伤害伴侣，他只是想控制对方，因为他太没有安全感了。控制伴侣能让他感觉自己很强大。他担心如果伴侣太独立，就会离开他，对他不忠，或者对他失去兴趣。

而无耻之徒会故意伤害甚至毁掉自己的伴侣，因为对方可能对他造成了某些真实或臆想出的伤害。他对自己的所作所为不加限制，而对伴侣或其他人也完全没有同理心。他不会对自己的行为感到任何内疚或悔恨。

这两类故意施虐者可能改变吗

无论是控制者还是无耻之徒都不太可能改变，他们甚至不愿意改变。他们通常有严重的心理问题（如自恋型人格障碍），需要多年的治疗才可能克服。虽然这些人无法控制自己是否会患上自恋型人格障碍，但选择让人格障碍继续存在，不去解决问题就是他们的责任了。

控制者不太可能改变的原因在于，改变需要他放弃完全控制伴侣的需要。但由于控制他人是其抵消自身不安全感的主要方式，因此必须疗愈或消除这些不安全感，他才能够真正地改变。控制者不太可能允许自己表现得脆弱，因此他们无法获得必要的心理帮助来疗愈这些创伤。

无耻之徒的康复希望更是渺茫，主要原因之一是他们拒绝承认自己做错了任何事情。他们会坚决否认自己的行为有害。他们还往往会制造一种错觉，认为自己永远是正确的。因此，与一个无耻之徒就情感虐待行为进行对抗通常是徒劳的。你可能花了好几个小时向他解释他到底做了什么伤害你的事，但无济于事。他甚至可能在当下承认了自己行为的害处，过后却矢口否认。事实上，无耻之徒永远不会长时间为自己的行为承担责任。

无耻之徒不愿承认任何错误的原因之一在于，他们明明很清楚自己的所作所为，但他们仍然选择继续施虐。他们不承认错误的另一个原因是无法容忍承认自己异常或犯了错误。无耻之徒（这一类人包括反社会人格者和精神病患者）不太可能改变还有一个原因——他们严重缺乏同理心。因此，虽然他们可能会同意停止某种行为，但并不会真正了解自己的行为对他人造成了何种伤害，因此他们没有动力继续压制这种行为。因为他们对别人没有同情心，所以并不会真的在乎别人的感受。

没有能力或意愿去改变的无耻之徒又分为两类：恶性自恋人格障碍者和反社会人格者。

恶性自恋人格障碍

恶性自恋人格障碍可以看成比自恋型人格障碍更阴暗的类型。恶性自恋人格障碍者表现出的攻击性、反社会行为和猜疑与自恋障碍者的典型特征（比如自我意识差、异常脆弱以及自我中心）一样突出。恶性自恋人格障碍者的虐待行为绝对属于故意施虐的范畴。这往往表现为带着恶意的虐待。故意的恶意虐待具有极大破坏性。这种形式的故意虐待要比典型的情感虐待阴险得多，破坏力也明显更大。如果你的伴侣一心想要破坏甚至毁掉你，如果对你表现出十分愤怒、嫉妒，或者充满仇恨，会故意且恶意破坏你获得的成功、健康或幸福，那么你的伴侣就可能是一个恶性自恋人格障碍者。

恶性自恋人格障碍是一种病理性综合征，由极端的自恋、反社会行为、攻击性和虐待症混合组成。许多人认为它是自恋型人格障碍和反社会型人格障碍的混合或综合体。恶性自恋人格障碍者（以下简称恶性自恋者）一般很自大，且经常准备提高敌意水平，破坏他们所在的家庭和所工作的组织。

Dictionary.com 把"恶性"定义为"有故意造成他人伤害、痛苦或窘困的倾向；怀有或表现出恶意以及仇恨"。受恶性自恋者伤害最深的，莫过于爱他们或依赖他们的人。这类人的家人、同事和员工不得不小心翼翼行事，以维护恶性自恋者脆弱的自我意识，最大限度地减少恶性自恋人格障碍者攻击性行为的发生。恶性自恋者会因为哪怕一点点的过错，就猛烈抨击或羞辱他人（比如你要是敢冒险发表和他们不同的观点；你表现出的自信让他们相形见绌；你讲的笑话让他们觉得有针对性）。

对于一些恶性自恋人格障碍者来说，他们的自大和保护脆弱真实自我的需要可能是极端的，他们的谎言也可能是极端的。这可能会给那些接近他们的人带来问题，因为恶性自恋人格障碍者的行为很容易转变为心理操纵。如果他们的谎言受到真相或事实的挑战，他们中的许多人会十分愤怒。

与恶性自恋者交往的人通常会发现他们嫉妒、小气、脸皮薄、罪恶、可恨、狡猾且易怒。由于他们十分肤浅，所以无法调节自己的情绪，信念也常从一个极端突然滑到另一个极端。上述特点再加上同理心差、攻击性强、敏感和多疑，就会给别人带来巨大的痛苦。

以下是与恶性自恋者最密切相关的特征。要注意的是，没有哪两个人的性格是相同的，不同个体的某些特征可能会比其他特征更突出。

- ❖ **虐待狂倾向**。虐待狂会从他人的痛苦、折磨和羞耻中获得快乐。他们刻意地制造痛苦以满足自己，控制他人。
- ❖ **主动操控**。所有自恋者都会对他人进行一定程度的操控，以此作为满足自己欲求的一种方式，但操控者也分为不同的类型：有机会主义者，这些人会利用处于脆弱状态下的人；

也有主动操控者，他们不会等待机会，而是创造机会。恶性自恋者就属于后者。他们能从操控他人中获得的快乐，几乎与从让他人遭受痛苦中获得的快乐一样多。他们操控他人的方式也更加强有力且不那么含蓄，他们会使用大量的方法，从"煤气灯"式操纵到爱意轰炸不一而足。他们使用操控行为的经验已有多年，经过了不断的计划、演算和磨炼。

❖ **反社会行为。** 考虑到恶性自恋已经属于反社会型人格障碍的范畴，这样的行为也就不足为奇了。自恋者会实施各种反社会行为，比如他们常常出现病理性撒谎，还会偷窃和欺骗，并且容易情绪反复无常，充满挑衅和有无端的敌意。他们会随时准备与所有人展开战斗。

❖ **对批评过分敏感。** 虽然一些轻度自恋型人格障碍患者会对批评不屑一顾（毕竟他们自认为是完美的，而你说的话十分可笑），但你如果去批评恶性自恋者，那就要注意风险了。他们会认为任何形式的批评都是对他们人格的侮辱，只要出现一丁点儿征兆，他们就会发起攻击。这是因为他们的自我意识十分脆弱，也很容易受损，而报复、将矛盾升级是他们知道的让自己感觉更好的唯一途径。

❖ **妄想症。** 恶性自恋者不信任何人。他们对每个人都过分怀疑，认为每个人都想要得到他们。因为他们总会为了私利而操控他人，也会认为其他所有人都和自己一样。偏执可能会使他们处于高度警惕的状态，在这种状态下，他们会时刻警惕威胁发生。他们会全神贯注于他人的所作所为，还可能控制受害者的行动，因为他们担心如果自己不控制对方，对方就会出现某些言行。

　　恶性自恋者不但可能具有自恋问题的所有典型特征，还可能存在比其他自恋者更夸张的自恋倾向，特别是与伤害他人、攻击和操控等方面有关时，其中包括：

❖ **缺乏同理心**。尽管所有自恋者都缺乏同理心，但恶性自恋者将其发挥到了极致。他们不仅乐于给别人带来痛苦和折磨，还会忽视和否定他人表现出的一切情绪。即使无恶意的自恋者可能会体验到一些同理心，甚至在某种程度上会感到懊恼和后悔，但他们往往不愿让这种情绪影响到自己。恶性自恋者则根本不能设身处地地为他人着想，也无法和他人的感受产生任何共鸣。他们对这些观念完全陌生，也不会对自己酿成的一切痛苦感受到或表现出任何悔恨。

❖ **无法承担责任**。尽管恶性自恋者有时可能会承认自己的某种行为方式，但他们还是会歪曲事实，让行为看上去更具正当性。他们会把责任向外转移到其他人身上。（换句话说，他们就是在玩推卸责任的把戏。）更多时候，他们会拒绝承认自己的行为是错误或不可接受的，并会断然否认伤害过他人，或为自己造成的其他不良后果承担责任。

❖ **嫉妒**。因为恶性自恋者对自己的评价很高，所以当他们遇到某个拥有自己梦寐以求的特质、生活方式或财富的人，就会陷入嫉妒。他们万分不愿意看到他人拥有自己没有的东西，而作为解决这一问题的方式之一，他们会贬低这个人，或坚称这个人纯粹是因为运气而得到了某些东西。他们很少承认他人值得拥有所拥有的东西。相反，他们可能会尝试尽一切可能诋毁他人的成功（比如给出某些糟糕的建议，或者故意诋毁某人）。他们沉醉于别人的失败，无论这种失败是公开还是隐秘的。

❖ **极度追求受到关注。**所有自恋者都需要所谓的"自恋必需品"，包括经常受到他人的关注、崇拜和喜爱，以便让自己感觉良好并恢复精力水平。轻中度的自恋者可能会寻求一些更积极的关注形式（比如工作出色得到表扬，或外表得到称赞）来提升自我价值，恶性自恋者则可能从负面的关注中获得几乎同样的满足感。他或许喜欢扮演反派，因为他不害怕对抗和争执。（反社会型人格障碍者或患精神病的人很少有这种特征，因为他们往往不在乎别人怎么想，有时更喜欢独来独往，不愿成为人们关注的中心。）

以上特征都描述了更极端、更有施虐倾向且更危险的自恋类型，我们要尽可能避开这种自恋者。

请注意，精神病学专业领域并不认为恶性自恋是一种严重的人格障碍。这仅仅是一个假设的、实验性的诊断范畴。DSM-5 中收录了自恋型人格障碍，却没有收录恶性自恋人格障碍。

反社会型人格障碍

除了恶性自恋者，你还应该尽快摆脱另一类施虐者：患有反社会型人格障碍的人。他们有时被称为病态人格者，一贯不分是非，无视他人的权利和感受。有这种障碍的人往往会敌视、操控或粗暴甚至冷酷无情地对待他人。他们不会对自己的行为表现出内疚或悔恨，因此他们属于我常说的无耻之徒。

患有反社会型人格障碍的人常常会触犯法律成为罪犯。他们可能会出现撒谎、暴力或冲动行为，并出现吸毒或酗酒的问题。由于这些特点，这类人通常不能履行与家庭、工作或学校相关的责任。反社会型人格障碍的症状包括：

❖ 是非不分。

❖ 持续撒谎或欺骗以便压榨他人。

❖ 冷酷无情，愤世嫉俗，不尊重他人。

❖ 用自己的魅力或小聪明操控他人，以获取个人利益或满足自己的享乐。

❖ 傲慢、优越感和极度固执己见。

❖ 反复出现违法问题，包括触犯刑法。

❖ 通过恐吓和欺骗来反复侵害他人权利。

❖ 冲动或不提前计划事情。

❖ 充满敌意，严重易怒，易激动，有很强的攻击性或暴力。

❖ 对他人缺乏同理心，对伤害他人缺乏懊悔。

❖ 不顾自己和他人安全的不必要冒险或危险的行为。

❖ 糟糕或充满虐待的亲密关系。

❖ 不考虑自己行为的负面后果，或不能吸取教训。

❖ 长期不负责任且总是无法履行工作和财务上的职责。

如果你的伴侣出现了恶性自恋者或者反社会型人格障碍的部分或全部症状，你就必须要认真考虑结束这段关系了。产生这些障碍的人是无法改变的，即使他们自己愿意这样做（而大多数人都不愿意）。你完全无法改变这种人，你和孩子与他/她待的时间越长，你们的处境就越危险。如果你在情感、身体或经济上都无法离开这个人，我强烈建议你去寻求心理治疗。你已经处于危险中了。

请注意，那些患有边缘型人格障碍和自恋型人格障碍的人在没有专业帮助的情况下根本无法或不愿改变，而那些属于恶性自恋人格障碍或反社会型人格障碍的人根本无法治愈，即使专业的心理治疗师也无计可施。尽管边缘型人格障碍和自恋型人格障碍是很严重的疾病，但患有这两种疾病的人往往并非无药可救。你面对的事实是，即使你仍然爱着自己的伴侣，不管愿不愿意，你都必须结束你们的关系，这或许非常痛苦。有时候你必须做点什么来拯救自己的理智甚至生命，你此时必须挺身而出，为孩子和你自己做点正确的事情，离开伴侣就是其中之一。

第 12 章

若你选择留下

> 若是足够爱自己，就设定一个边界吧……只有你决定自己想做什么，不能接受什么，他人才会明白如何对待你。
>
> ——安娜·泰勒（Anna Taylor）

有时候，无论你有多么强烈地意识到亲密关系正在伤害你和你的孩子，多么强烈地意识到你的伴侣不太可能改变，你或许仍未准备好结束这段关系。如果是这样，我希望你知道，我理解你。你可能在情感、身体、经济或精神上不适合在生活中做出这样的重大改变。我不想让你感到羞耻，你已经因为被告知留下来是错误的有羞耻感了。但我还是强烈建议你继续阅读本书，以获取更多关于如何摆脱这种羞耻感的信息，让你当初陷入现今境地的，正是这种羞耻感。（你可能会想跳过下一章。）如果你还没有开始寻求心理咨询，我强烈建议你去。积极的咨询经历会帮助你继续疗愈自己的羞耻感，即使你选择结束这段关系，这也能让你做好准备。

如何继续努力改变你们的关系

如果你的伴侣经历了童年虐待、被忽视，或目睹了家庭暴力，如果对方愿意接受治疗并从创伤中痊愈，那么你留下来努力维持这段关系或许是值得的。然而，这还是需要具备许多条件。

1. 首先，要注意一个事实：一些施虐者并非故意为控制、羞辱或毁掉你的行为找借口。尽管他们可能没有意识到自己的虐待行为，但仍然对此有责任，也有责任改变这些消极的行为。换句话说，你可以同情并且理解你的伴侣为什么这样，但这并不代表你要对其放纵。如果他想让你继续保持这段关系，他就必须尽一切可能改进对待你的方式。"我忍不住"不能成为虐待行为的借口。要知道，你可以同情你的伴侣，但同时要让他负起责任。

2. 你需要能够准确地向伴侣说明他的哪些行为属于情感虐待，以及这些行为是如何影响你的。你的伴侣需要认真地听你说话，不打断你，也不找借口。如果他不能放下防备真正倾听你想说的话，那他就没有希望改变了。简而言之，他需要倾听和学习。

3. 为了表示诚意，你的伴侣需要坐下来和你一同讨论行动计划，包括他的治疗计划。其中当然包括心理治疗，因为他需要开始承认并治疗童年时期的创伤（尤其是羞耻感），才能做出真正的改变。你的伴侣尤其需要找一名治疗师帮助他探索童年的创伤，探索他正在重复的暴力、忽视或遗弃模式。他可能还需要学习如何对他人产生更多的同理心，尤其是对你。如果你的伴侣有毒瘾、酗酒、赌博、性瘾或任何其他强迫性、成瘾性行为，他同样需要治疗这些症状。他可以选择参加十二步骤小组，或者在康复中心治疗。

4. 如果你的伴侣有易怒问题，你或许会认为他应该去学习愤怒管理课程。不过，即使他确实可以学到一些管理自己愤怒的有效策略，但他真正该学会的是控制自己的羞耻感。因为在现实中，易怒问题其实就是羞耻感的问题。一些童年虐待或被忽视的受害者学会了用愤怒的情绪来替代自己被虐待、被忽视或被遗弃时产生的强烈羞耻感。受害的经历往往会伴随着无助感和羞耻感，受害者为了逃避它们，学会了用愤怒来掩盖这些强烈的脆弱。用愤怒代替羞耻感成了一种习惯，所以每当他们感受到羞辱、尴尬或嘲笑进而自尊心降低时，他们就会用愤怒来切断这些不好的感觉。有效的治疗能够帮助施虐者感到足够安全，暴露出其脆弱，让羞耻感和羞辱感浮出水面，并学会管理这些更为微妙的感觉。

5. 施虐的人还需要了解施虐的具体诱因，换句话说，是什么引发了他们的愤怒。虐待的常见诱因包括感觉被拒绝，感觉无力或无助，感觉不到尊重。他们认识到自己施虐的诱因之后，就需要学会关注自己的身体和情绪，这样才能意识到自己的愤怒何时被触发，处理自己的感受，而不是不由自主地发怒。

6. 你的计划中还可能包括这些事，比如让你的伴侣远离那些怂恿他喝酒和 / 或吸毒的朋友，甚至远离可能引发他负面行为的有毒亲属（比如每次他和父亲共处之后，都会生气地回家，把怒气发泄在你和孩子身上）。

咨询有帮助吗

大多数专家认为，婚姻或夫妻咨询不适用于那些处于情感虐待关系中的人。首要也是最重要的一点在于，大多数施虐者都很有魅力，因此他们常常能获得治疗师的支持，站在他们的立场来看待这段关系。因为那些受虐的人很少为自己辩护，尤其是在施虐伴侣面前，治疗师只能听到施虐者的观点。因此，我建议你为自己寻求个人治疗，你的伴侣也寻找自己的治疗师。

同样重要的是，我建议你考虑加入一个为情感虐待受害者服务的团体。在这种情况下，你能够得到宝贵的支持，大多数受害者迫切需要情感上的支持和认可。参加团体也会让你感觉到不那么孤立无援，这种孤立对情感虐待受害者来说确实是一个问题。你的孤立程度越低，得到的支持越多，羞耻感就越少，你因受虐行为的自责也就越少。即使参与在线团体也比完全不参与要好。

无效沟通与有效沟通

虽然我十分清楚受虐待从来不是你的错，但重要的是你需要知道，在与施虐者打交道时，怎样的沟通会适得其反，怎样沟通更有效。比如，下面与施虐者沟通的方式可能会适得其反。

❖ **安抚。**这是一种"保持冷静"或"保持和平"的尝试，这很可能是你与伴侣在很长一段时间以来一直采用的交流方式，但可能没有效果（有效果是指伴侣听了你的话并努力去改

变），反而他很有可能将你的努力视为软弱，从而给你带来
更多虐待。

❖ **恳求**。大多数施虐者，特别是自恋者会蔑视任何形式的软弱
（无论来自他人还是自己），因此你一旦恳求，他们就不会尊
重任何此类改善关系的努力。

❖ **争论或反击**。这不仅仅是徒劳，还往往会升级为一场严重的
斗争。虽然你肯定想要学习和练习建立自信，但争论不一
定代表自信。你只需要陈述自己的处境，然后走开。

❖ **尝试着让施虐者理解你**。这是一种典型的徒劳，因为许多施
虐者（尤其是自恋者）根本不会关心别人，也不想理解别
人。此外，这会让许多施虐者感觉被误解，他们更倾向于
输出自己的观点，而不是倾听你的观点。

❖ **批评和抱怨**。记住一点很重要，尽管施虐者喜欢批评或抱怨
你，但他非常没有安全感，羞耻感很强，无法容忍任何形
式的批评。基于你伴侣当时的虐待行为，你似乎很难区分是
应该批评还是指责他。关键是你要区别自己的目的。你的
批评或抱怨通常会出现在生气和受伤的时候，你想让伴侣
产生不好的感觉以作为补偿。你在指责伴侣的虐待行为时，
应该尽可能保持头脑清醒，而非一味报复他对你的伤害。

❖ **威胁**。除非你打算真的这样做，否则威胁分手或离婚都是行
不通的。你威胁得越多，却无法坚持到底，威胁的力量就
越弱。

正如上文所见，似乎已经没有什么有效的方法可以与施虐者
有效沟通了。事实上，有时候唯一有效的方法就是尽可能直接并诚
实地告诉对方，哪些行为可以接受，哪些不可以接受，然后指正

他/她当时的不当行为。你需要知道，这种方法通常只适用于那些看似无意识的施虐者（也就是他/她在无意识地重复父母的行为）。

　　此外请注意，有些方法的有效性取决于你的伴侣是否患有人格障碍，以及属于哪种类型的人格障碍。比如乞求和恳求自恋者会适得其反，因为自恋者鄙视软弱和脆弱（无论出现在别人还是他们自己身上）。向自恋者示弱就像火上浇油，会让他变本加厉地侮辱你。

　　在与边缘型人格障碍者打交道时，认可是一种重要的沟通工具，因为他们固执地坚持自己的看法，无论看法有多么扭曲。相比争论，其真正需要的是得到倾听。因此让边缘型人格障碍者知道你听到了他的话，知道你理解他的感受，就是结束无休止指责的有效方法之一，至少目前是这样。即使你强烈反对他所说的话，也要告诉他"我明白你在说什么，我会考虑的"或"很抱歉让你受伤了"，而不是继续和他争论，因为这或许只会让他变得越来越沮丧。要获取更多如何与边缘型人格障碍者交流的书籍，请参考本书后面的延伸阅读。

　　与施虐伴侣沟通的有效方法包括以下几种。

❖ **知道自己的边界在哪里，并严格守卫它。**建立健康的边界可以帮助你感觉更有力量，压力更小，因此你要确定自己愿意接受哪些行为，不愿意接受哪些行为。比如你可能愿意接受伴侣过于关注自我以及粗鲁行事，但不愿意忍受他的辱骂。你不需要对此给出理由或解释，但必须坚持。如果你告诉过伴侣，"如果你继续骂我，我们就不必聊了"，而他继续这样做，那么你就不要等待他的反应了，无论他说什么或做什么，都不要再和他接触。你行动得越快、越果断，效果就越好。你只需要站起来走开就行了。你的伴侣会试图与你争辩，或者让你觉得自己反应过度，或者对他不公。他会尝试许多方法，看看能否让你感到内疚或困惑，或是恐吓到你。不管他怎么尝试，你都要记住：你的边界没有商榷的余地。（你需要提前知道一点，对于施虐伴侣，尤其对于自恋者而言，你设定的健康边界很可能会使他的攻击行为升级，他可能会威胁你说要结束这段关系。）

❖ 想想他的哪些行为最让你心烦。哪些行为最让你痛苦或困惑？这些行为就是你最需要大声说出来的。

❖ 在设定边界时考虑后果。你需要确定如果你的边界被忽视或被冲撞，你准备做什么。你要提前在头脑中想清楚后果，这样你就不必在遇到这种情况时才冥思苦想。你只需要告知你的选择，不需要解释或理由。之后你需要立即行动，否则你将失去信誉。

❖ 认识到设定边界并不是一蹴而就的。相反，它是一个持续的过程。不要指望一次就能完成边界设定，且从此就能一直坚持下去。在你自然而然地坚守住自己的边界前，你可能需要多次划定边界。

❖ 制订计划准备退出。即使你没有明确表示不再容忍哪些行为，你也有权随时退出任何一段不健康的互动。对此，你不需要他的许可，也不需要提醒他。你甚至不需要让他知道你在做什么。你有权以任何适合你的方式来照顾自己。你尝试着告诉对方，他的行为对你有何影响，并要求他停止，这种做法尤其正确。比如，如果你的伴侣开始虐待你，你可以看一眼手表说："哦，天哪，我要迟到了。"或者看看手机说："对不起，我得接这个电话。"即使不完全诚实也不要紧。重要的是，你应该照顾好自己。

❖ **不要让自己被审问。** 当伴侣问你一个问题，你知道他可能会以批评你结束对话时，不要觉得必须回答这个问题。比如，如果他问你在某样东西上花了多少钱，他从前批评过你花销很大，那么你只说"哦，不是很多"就可以避免潜藏的批评。接着，你可以引出一些他喜欢谈论的事情，比如他自己。

❖ **不要让自己遭受批评。** 如果伴侣对你非常挑剔，而且挑剔持续不断，那么请记住：你越少暴露自己的个性，他能利用的对你不利的信息就越少。如果他批评你做过的事，你可以说"我感觉自己做得挺好的"或"我会记住你说的话"。你无须争辩，也不要妄图让他觉得他对你的看法是错的。

❖ **准确陈述当时的情景。** 某些施虐者，尤其是自恋者会以一些测试来看看自己能逃脱怎样的惩罚。陈述出他们现在的所作所为能让他们知道无法逃脱惩罚。比如，如果他贬低你，你可以说："你好像在贬低我。"如果他评判或驳斥你所说的话，你可以说："我注意到了，你没有让我把话说完。"

若你决定和自恋型人格障碍者在一起

如果你决定和一个自恋型人格障碍伴侣在一起，那么尽可能多地了解这种人格障碍很重要，这不是为了改变他，而是为了你能更好地了解如何照顾自己，且如何与他和平共处。有很多关于识别出自恋者并与之共同生活的书，我也在本书的延伸阅读部分列出了不少。

　　近年来，自恋问题在心理学界和政治界都受到了广泛关注。它是虐待行为的主要原因，也是许多成瘾者的核心问题。尽管他们看起来很自负，但实际上却比大多数人更需要帮助。承认自己的需要，承认一个人或一段关系对他很重要，会迫使他面对自己的不足。这反过来会在他内心制造出无法忍受的空虚、嫉妒和愤怒。为了防止这种情况发生，他必须找到一种方法，在不承认自己的需求，或不认可身边人的前提下满足自己。为此，他会将他人视为客体或满足需求的工具。

　　自恋者与其他人的关系淡漠，社会关系往往十分短暂。因为他无法承认自己需要别人，所以几乎无法体会到真正的感激之情。他反而会通过贬低他人的馈赠或贬低赠予人来避开这种感觉。当他想给别人留下深刻印象的时候，他能表现得很有魅力，他也确实会出于社交需要，敷衍了事地说一声"谢谢"，但他对自己的话感受并不深刻。

　　对于配偶和家人，自恋者甚至不会假装感激。他认为这些人从属于他，应该满足他的一切需要。配偶和孩子为取悦他所做的努力不仅不会得到赏识，而且提供的东西低于自恋者的标准时，还有可能被他批评。

　　自恋者并不想塑造真实自我；他已经爱上了虚假自我——只想面对生活中愉悦、快乐、美好的自我。这样的固着切断了他与各种生活经历和情感反应的联系。只要没有其他事物渗入他编织的茧中，他就不会意识到任何严重的人格问题。他认为自己拥有一切，了解他的人都会同意他的观点，因为他经过精挑细选让这些人成了他生活的一部分，所以他们会支持他对自己的看法。

　　尽管自恋者气场强大，能够自我满足，但其实他的脸皮非常薄。他常因为别人对待他的方式感到恼火（比如没有足够尊重他，没有足够欣赏他），并且常常感觉受到虐待。这可能是他那厚厚盔甲上唯一的弱点，也是表明他有问题的唯一线索。不过别受此蒙蔽，自恋型人格障碍者实际上正遭遇严重的心理障碍。虽然他可能并不会感觉生活空虚，但他的行为和态度会给所有与他密切接触的人带来痛苦。

通常情况下，有自恋型人格障碍或强烈自恋特征的人只有在未能达到自己的宏伟期望或者周围环境未能支持他们的美好幻想时，才会寻求治疗。这时候，他们可能会陷入抑郁，要通过心理治疗来缓解伤痛。

与自恋型伴侣进行更好沟通和相处的方法

当你与一个自恋者或具有很强自恋特征的人打交道时，重要的是记住他并非十分理智，尤其是在涉及他自己的行为时。虽然他的许多行为可以被看作情感虐待（比如他傲慢、轻蔑的态度，以及对权力的欲求），但他并不一定是想让你自我感觉不好。事实上，自恋者的首要目标就是保持自我感觉良好，即使是以牺牲他人为代价。或许他的漫不经心、他的粗鲁、他麻木不仁的论调看起来都像是故意要伤害你，但实际上在大多数时候，他可以坦率地表明自己根本不在乎你的感受。大多数自恋者都会忽视他人及其感受。你要想使自己变得重要，就要通过下列方式打破现状：

❖ 他想要从你这里获得什么，你不让他如愿。

❖ 与他当面对质。

❖ 你威胁说要结束这段关系。

因此，你的首要任务是别把自恋者的所作所为全都当真。当然，这是一项非常艰巨的任务。但如果你能尝试着记住，"在自恋者的世界里，他就是宇宙的中心，其他人只是围绕他旋转的卫星"，这或许会对你有所帮助。这并不意味着他毫无感情，也不是说他没有能力关心别人，只是确实表明他的需求永远排在第一位。

大多数自恋者故意伤害他人的时候，就是自己感觉受到批评或威胁的时候（比如，你敢于质疑他们的能力或学识，指出他们的某些做法是错的，或者挑战他们的权威）。这时候你就会感受到他们的满腔怒火。自恋者会在几秒钟内用最伤人的话直插你内心。

在此，我有一些其他建议和方法，可以减少你与自恋者的关系中可能发生的大量情感虐待。

❖ 认识到自恋者对私人空间有着强烈的需求。如果你一味亲近他，他就会感到窒息，会猛烈抨击你，想要把你推开。

❖ 开始认识到他有批评他人的倾向。他的批评或许是一个信号，表明他①需要你给他一些空间，②挑剔自己，或③在考验你，看你是否与他是平等的。面对他的批评，你应该问他是否需要更多空间，当然无须通过质问或与他争吵来接受他的批评。

❖ 如果他开始批评你，就要立即指出来。你越是放任他批评你，他就越不尊重你，还会继续如此苛责你。

❖ 别让伴侣激怒你。自恋者尤其喜欢激惹他人。你此时若表现出脆弱或情绪激动（感到不安或与他争执），他则更有可能贬低你。当然，因为自恋者对于激怒他人非常在行，所以即使你的出发点是好的，也很难做到不对他发怒。这种情况下，你要换个话题或为找个借口走开。（即使是谎称上厕所，也能帮你摆脱他的控制。）

❖ 如果你有什么抱怨，就清晰而有力地表达出来。不要拐弯抹角，不要委婉地表达。拐弯抹角地表达只会激怒他。你也不要发牢骚。自恋者讨厌别人发牢骚或表现得像个受害者，而你这样做时，他就会失去对你的尊重。如果你有抱怨，就明确地表达出自己希望他如何改变。比如这样说："我不喜欢你对我的观点不屑一顾，好像它完全没有价值一样。你需要明白，我的观点和你的一样有用。"

❖ 不要让自己受到伴侣的伤害或利用。你只需做自己真正想做的事，不要让他人说服你去做不想做的事。

❖ 更努力地确保你有说话的机会。与其在伴侣喋喋不休地谈论自己或自己的事情时耐心地坐着，不如告诉他，你想和他分享你的事情。如果他突然不说话了，你可以说："我已经听你说了很长时间。如果你能给我一个机会谈谈，我将不胜感激。"如果这仍然不起作用，你可以说："我已经厌倦听你说话，而我的观点却没有被人听到。那我现在要走了。"

❖ 要记住，自恋者只会尊重那些他们觉得与自己平等的人。虽然自恋者可能会寻找能够让他感到优越并能够控制对方的亲密关系，但伴侣对他来说只是傀儡。要让自恋者真正关心对方，那个人必须得到他的尊重。这意味着你不能再把自己放在屈从的位置上。你要开始自己做决定，而不是征求他的建议或同意，当他辱骂、侮辱或对你表示轻蔑时，你要说出来。

❖ 提醒自己你是在和谁打交道。要记住，自恋者可能表现得很自信、很有控制力，但内心深处的他是需要情感支持、空虚和自卑的。记住这一点能让你在他身边时感到不那么害怕和渺小，也会让你不再那么看重他的所有言行以及他本身。

❖ 要知道，他虽然善于提出批评，但无法接受批评。当情况关乎"揭开他的真面目"，也就是暴露出他外表下的脆弱时，这一点尤其正确。事实上，即使是有益的批评也会深深伤害自恋者。这种被伤害的感觉非常深刻，那是自恋者特有的，因此有一个词来形容它——自恋性伤害。当你向自恋者提出建议或指出某个问题时，他若将其视为批评并产生非常强烈的反应，你也不要感到惊讶。他可能会对你大发雷霆，可能会怒气冲冲地离开房间，也可能会一言不发。你或许可以晚些时候对他说："我不是有意伤害你的感情，我只是想提个建议。"或者说："如果我伤害了你的感情，那么我很抱歉。我只是想指出一些问题，或许对你有帮助。"

❖ 同情自己。你一直努力在学习的自我关怀，能够帮助你度过最艰难的时期。它还可以帮助你在处境特别艰难的时候继续前进，假如你无法完全遵循上面的建议，也无须批评自己。如果你出现失误，也没强制规定自己的边界，那就提醒自己，自恋者使用的方法非常强大，你已经被他多年的虐待所伤害。告诉自己，你已经尽了最大努力，然后继续前进。

你主要应该记住一点，必须阻止自恋者对你的虐待。尽管他可能只是无意伤害了你的感情，即使他当时的反应可能非常消极，但当面与他对质是终止其虐待的唯一途径，也是赢得或维持他尊重的唯一途径。如果他真的在自己的行为上做出了积极改变，你一定要承认他的改变。但不要过分强调这一点，因为这样做可能会让他觉得自己脆弱，自尊心受打击，进而对你表达愤怒。你只要简单地承认他的变化，并感谢他所做的改变就行了。

可是，一旦自恋者对你失去尊重，你就几乎不可能重获尊重。这取决于你曾经在多大程度上放任他对你的控制或虐待，你表现出了多少抱怨和卑躬屈膝，以及你在多大程度上允许他看到了你的需要和脆弱。

如果他丝毫没有表现出对你的尊重——在你说话的时候叹息、翻白眼；当你试图对抗他时，他会嘲笑你、挑战你，扬言让你试试在没有他的情况下生活——此时你获得他尊重的可能性就很小，两人将持续处于一种虐待的关系。你最好的选择就是努力获得足够的力量来结束这段关系。如果你选择留下来，你所能做的就是努力建立足够强烈的自我意识，让伴侣无法侵蚀你对自己的认同，以此切断他的攻击性和虐待。

请注意，以上所有关于如何应对自恋者的建议都是针对普通自恋者而不是恶性自恋者。如果你和一个恶性自恋者产生了牵连，不管你和他说话时多么小心翼翼，你们的关系都没有希望改善。一旦和恶性自恋者有了牵连，你就身处危险之中了。此时你可以找一名专门致力于情感虐待的优秀治疗师，找到离开这个恶性自恋人格障碍者的方法。

若你决定和边缘型人格障碍者在一起

如果你决定和一个被确诊为边缘型人格障碍或有严重边缘倾向的伴侣在一起，那么尽你所能地了解这种疾病就非常重要。你可以参阅有关这种疾病的书籍（可以参阅本书的延伸阅读获取相关建议），还可以在线查看介绍边缘型人格障碍的网站。你还需要认识到，许多问题可能会同时出现。例如，如果你的伴侣是男性边缘型人格障碍患者，那么他可能常常会出现自恋型人格障碍、滥用药物等问题。

如果你选择继续维持这段关系，那么你就要接受这一事实，并且需要学会容忍某些行为。边缘型人格障碍患者会出现扭曲的思想、情绪和行为，以及极端认知（看事情非黑即白、非全即无）、情绪波动、无法控制的强烈情绪、优越感乃至自杀倾向等问题。

患有边缘型人格障碍的人行为特征之一是强烈的愤怒，这通常被称为边缘型愤怒；他们的另一个典型特征是冲动行为，可能包括身体攻击。虽然被确诊为边缘型人格障碍并不意味着此人一定有暴力倾向，但边缘型人格障碍患者更有可能出现焦虑和药物滥用，这又确实会增加暴力的风险。此外，患有边缘型人格障碍或具有边缘性格的人往往曾是暴力的受害者，他们可能已经学会了利用攻击来应对强烈的情绪波动。最后，边缘型人格障碍患者的自我感知通常不稳定，在人际关系中很难信任他人。如果他们认为自己遭到拒绝或抛弃，可能会体验到非常强烈的情绪，有时候这种强烈的被拒绝情绪会导致他们产生攻击行为。

如果你的伴侣从没有表现出过任何暴力倾向或攻击性，那么他很可能不会最终诉诸暴力。但如果你感觉到自己受了威胁，那么即使关系中没有发生暴力事件，你也应该重视这种感觉，因为这种情况有可能升级为暴力事件。

与边缘型人格障碍伴侣进行更好沟通和相处的方法

要学会与边缘型人格障碍者或有强烈边缘型人格特征的人进行有效的沟通可能极其困难。你的伴侣往往会将其大部分乃至全部非理性的强烈愤怒集中在你身上，你可能经常感到被操纵、控制和欺骗。你可能已经意识到，伴侣可能不能或者不愿意承认他犯的错。为了应对上述行为，你必须认识到，边缘型人格障碍者往往会出现认知扭曲，因此你不能指望他会对你在逻辑或理性层面的努力做出回应。

在与边缘型人格障碍伴侣打交道时要注意：

❖ **确定你的承受极限，并为自己能接受和不能接受的事物设定适当的界限。** 与边缘型人格障碍伴侣交往的人很快就会发现对方是一个非常不快乐的人。许多人意识到，另一半往往有着极其不幸的童年，经常遭受身体或性虐待，或者经历过严重的忽视和遗弃。在这种情况下，你很自然地想要对另一半的生活施加积极影响，并以某种方式弥补其过去经历的严重痛苦和孤独。不幸的是，这可能会导致你容忍那些不可接受的行为，忍气吞声而忽视自己的需求。这就是我们通常所说的依赖共生现象。（依赖共生者通常会过分关注他人的问题，以此逃避自己的问题。）你要明白，把自己的需求置于次要地位，并容忍不可接受的行为，并不是在帮助边缘型人格障碍伴侣。事实上，这会纵容或强化伴侣的不当行为。因为他的行为没有产生负面后果，他就不会有改变的动力。

❖ **识别伴侣行为的诱因。** 某些时刻，有边缘型人格障碍或强烈的边缘障碍倾向的人往往会对某些情况、言语或行为自发产生一些强烈的反应。这些情景被称为诱因。了解伴侣的诱因可以帮助你避免一些冲突。比如，感觉遭到遗弃对边缘型人格障碍人群而言就是一个巨大的诱因，如果事先知道你设定了边界，他很可能感觉你在将他拒之门外。在你离开他甚至结束这段关系时，你分手的想法可能会被察觉。了解这一点或许能帮助你预测他的反应，在他做出相关反应时，敏锐地感知他的感受并保持冷静，这样你就不会卷入他的剧本之中。当他对你需要私人空间的想法产生强烈反应时，你可以向他保证不会抛弃他，比如说"我向你保证我会回来的"或"我爱你，我只是需要休息一下。我很快就会回来"。当然，你无法完全避开所有诱因，你必须记住，伴侣出现的行为都应该由他负责，而不是你。

❖ **核实事实。**有边缘型人格障碍或边缘型倾向的人往往会出现认知扭曲，特别是当问题涉及如何看待自己的伴侣时。比如，这种人经常会指责伴侣说了或做了根本没有说或做过的事情。因此，时不时地核实现实情况是很重要的。如果你对伴侣指责你的行为或态度感到困惑，那就和亲密的朋友或家人核实一下。虽然在一段亲密关系中，伴侣二人通常不应该让别人卷入他们的家庭问题中，但在你的处境之下，这可能是唯一能让你保持清醒的方式，你能够因此清楚地了解自己的真实情况，而你的伴侣做出了怎样的投射或幻想。由于边缘型人格障碍者也可能对他人非常敏感，而且他们可能只愿意告诉你真实的想法，这或许会更令你困惑。比如，你的伴侣可能会抱怨你对他的需求漠不关心，过分关注自己。但你可能并不这样认为，因为你已经花了很多时间尝试着让他开心，但在一遍遍地听到这种抱怨之后，你很可能会怀疑自己的看法。那么是时候认清现实了。你很有可能的确十分自私，因为边缘型人格障碍和自恋型人格障碍人群彼此纠缠也是很常见的。但也有可能是伴侣正在投射（把自己不太好的人品归因于你），或者混淆了你和他的父母。

　　当然，你不能依赖于你的朋友或家人一直都能把真相告诉你，但如果你让他们知道这很重要，你会十分感激他们的诚实，他们很可能会告诉你他们的真实感受。虽然你和朋友、家人的关系可能与和另一半的不同，但很有可能他们已经观察过你在各种情况下的表现，以及你和前任的关系，所以你可以相信他们对你的看法。

❖ **提醒自己，别总是相信伴侣对你的看法。**如果你的伴侣把他的品质投射到你身上，那么你要像镜子一样"反射"这种品质，而不是一味地接纳。边缘型人格障碍者倾向于将自己的情感投射到他人尤其是自己的伴侣身上。许多人往往会接纳这些投射，同时接纳其中的痛苦和愤怒。他们会把伴侣的大部分话语当真，觉得把事情做得更好是自己的职责。《与内心的恐惧对话》一书的作者梅森和克莱格称这种人为"海绵"。

你与其表现得像一块海绵，不如试着变得更像一面镜子，把伴侣的痛苦情绪"反射"给恰当的对象。不要深陷于指责、责备，以及不可能完成的要求和批评之中。为此，你可以执行以下步骤：

- 不管伴侣说什么，你都要保持自己的现实感。
- 继续接受现实的检验。
- 把伴侣的投射反映给他。例如，假如他指责你一直在生气，那么你就问他是否在生气，别用指责而仅仅采用好奇的语气。
- 为你的伴侣提供支持，并对他正在经历的这段艰难时期表示理解。
- 你要清楚，虽然你对伴侣的痛苦感到难过，但他本人才是唯一能控制自己情绪和反应的人。
- 用你的行动表明，你能接受的行为类型是有限的。
- 与对方沟通这一限度的设置，并且采取行动执行下去。

❖ **了解应该何时脱身。**如果伴侣拒绝遵守你设定的界限，或者出现了可能失控的情况，你所能做的最好的事情，就是在情感或肢体上脱离他。如果你的伴侣把他的品质投射到你身上，那么你要像镜子一样"反射"这种品质，而不是一味地接纳。在情绪化的状态下，他无论如何都无法真正聆听或接受你的观点，如果你坚持下去，他很可能会采取辱骂、人身攻击或自杀威胁的方式。不要因为你的伴侣想要继续跟你理论，你就觉得有义务继续一场演变为争论的讨论。以下是一些建议，让你能摆脱这种状态。

- 改变谈话主题，或者表示拒绝继续讨论。
- 坚定地说"不"，并坚持下去。
- 如有必要，走出房间或离开家。
- 如果讨论或争论发生在电话中，那就挂断电话，即使他回电过来也拒绝接听。
- 停下车或拒绝继续开车，直到你的伴侣冷静下来。
- 如果你们不住在一起，那就暂时不去见你的伴侣。
- 到你治疗师的办公室继续展开讨论。

当你的伴侣已经完全失去了控制时，这些建议也不是都管用。你如果建议搁置讨论或试图离开，可能会被对方理解为拒绝或抛弃，他可能会十分愤怒，会竭力阻止你离开，甚或威胁要自杀。在这种情况下，你就不应该独自逞强应对。如果你的伴侣正在接受治疗，那就打电话给他的治疗师。如果他还没有接受治疗，那你就拨打危机热线。如果他威胁要对你或自己使用暴力，那你就报警。

边缘型人格障碍是一种严重的人格障碍。许多患有这种疾病的人不仅会威胁要自杀，还会真的自杀。有的人如果感到自己被激怒，可能会变得极端暴力。如果你在这种情况下努力阻止情感虐待而似乎让你的伴侣感到不安，乃至威胁到你或他的生命，那么向有能力的心理健康专家寻求外部帮助是非常重要的。

区分你能控制和无法控制的情况

无论你多么努力，在一些特定的情感交流、争论或分歧中，边缘型人格障碍伴侣可能都不会像你希望的那样做出反应。这是你所不能控制的。你可控的是有能力选择如何应对这种情况，你是否会尽自己所能照顾自己，以及是否在尽力消除你们亲密关系中的情感虐待因素，又是否解决了你自己的问题。

正如前面所提到的，那些具有边缘人格倾向或边缘型人格障碍的人，他们伴侣双方是依赖共生的。依赖共生者有很多定义，但最适合你的定义就是"通过关注自己伴侣身上出现的问题，来回避自己身上问题的人"。如果你属于依赖共生者，可以加入依赖共生者互助会（Codependents Anonymous，CODA），阅读有关依赖共生的书或接受治疗来解决你的问题。如果你出现了失控问题，尤其是强迫性地让每个人都开心，那就努力找出这种需要的根源，这样你就不必继续为伴侣的幸福承担责任。你很有可能会专注于他人的需求，以回避自己身上未解决的问题。你可能会觉得让别人开心是自己的责任，因为这就是你从父母那里得到的信息。你或许背负着巨大的内疚或羞耻感，要么是因为你从小就容易深感羞耻，要么是因为你做了一些让自己无比内疚的事情。如果你缺乏自尊，那么就去接受心理治疗，找出原因，想办法建立自信，改善自我意象，这样你才能以更好的状态、不带个人情感地看待伴侣的批评。

　　你也不必把亲密关系中的所有问题都归咎于伴侣的边缘型人格障碍。比如，假如你的伴侣因为某件事指责你，那么你应该在把指责定义为典型的责备和批评之前问问自己，伴侣说的是不是真的。边缘型人格障碍者的直觉非常敏锐，他们往往对肢体语言和语气中的暗示很敏感。对自己诚实，坦率地承认你的真实感受有助于伴侣信任你，并可能避免潜在的冲突爆发。

　　承认你的行为可能导致问题发生后，你可以据此为伴侣树立一个健康的榜样。但是你并不用为超出自己义务的部分担责。

⌘　⌘　⌘

　　如果你决定和施虐伴侣在一起，那是你自己的选择。可你确实也需要知道，这样做往往会付出代价，这个代价可能十分高昂。仔细考虑你所做决定的潜在后果，尽一切可能想办法照顾好自己。你需要认真考虑设定健康的边界。可即便如此，也不能保证你的行动总会产生积极结果。当你的伴侣批评、侮辱或贬低你时，如果你什么都不说或什么都不做，你可能会失去自尊，会与真实自我断开联系。如果你为自己挺身而出，又可能招来伴侣的愤怒。因此重要的是了解到，你们确实有可能两败俱伤。

第四部分

当你离开以后

第 13 章

抵御回头的诱惑

> 我对那些将船停靠在世界尽头的探险家十分好奇。身处行将坠落的边沿，内心是多么恐惧；然而身处只曾出现在梦中的地方，感受又多么绝妙。
>
> ——朱迪·皮考特（Jodi Picoult），
> 《小心，轻放》（*Handle with Care*）

　　能够最终结束虐待关系的人往往会发现，他们有时会忍不住回到施虐者身边，这会令他们非常沮丧。如果这种情况发生在你身上，则请你记住：这并不代表你软弱或有受虐狂倾向，只因你对爱的人很难放手，很难将过去抛在脑后，很难从头再来。在本章中，我会直观地描述其中的困难，并提供循序渐进的建议，阐明如何以更好的方式处理问题，表现出你对自己的照顾，以及对更好生活的渴望。

　　第一步：认真问问自己，你之所以想回去，是因为害怕独自

一人，害怕无法独自完成任务，还是因为你恐惧未知感。

或许对于独处，你只会产生负面的联想或记忆。例如，小时候的你可能经常独自一人，这似乎是种可怕的经历。或许，你会对孤独与悲伤留有深刻记忆，因为即使在十分困难的时候，也常常无人安慰或陪伴你。你可能会将孤独与不被爱、不受欢迎和不被接受联系到一起。你可能会产生一种想法："我一定是出了什么问题，否则我的父母（和其他人）应该会想和我待在一起的。"出于以上任何一项或所有原因，当下的独处都可能会让你回溯过往，唤起你悲伤和痛苦的回忆。你可能会感到不知所措和绝望，想象自己余生都是孤身一人。

你可能害怕凡事都靠自己，这也是可以理解的。这或许是你人生中第一次完全独处，尤其是当你结婚是从父母家直接走入婚姻的。很有可能一直以来都是前任在告诉你该做什么，甚至应该怎么想。尽管这会让你感觉自己无能，但对方的控制或许也能让你不必自己做决定。但现在，你需要自己做决定了，从找什么类型的工作到和谁交往都可能是艰巨的任务。有的人在对自己全权负责时，可能会有些不知所措。

你可能觉得自己的一生都在被生活控制，无法成为生活的主宰者。你可能总会感觉他人才是承担责任与制定规则的人。如果是这样，对你而言，独处或许尤其具有挑战性——远离伴侣，独自对自己的生活负责，没有人会告诉你该做什么，你需要自己做决定并为自己指明道路。

重要的是，你应该认识到，你完全有能力为自己指明道路。你其实不需要任何人告诉你该做什么或怎么做。你的任务是亲自找出答案，而最好的办法就是走出去，来一次独自冒险，远离所有人，包括你的父母和你的前任，向世界展示自己。就像一位艺术家冒险向公众展示他的作品一样，你现在有机会向这个世界展示真实的自我。

一开始，你可以先表达自己的真实感受，不再说或减少说那些你曾认为自己该说的话。你可以做一些自己一直想做但又不敢冒险去做的事情。你可以选修一门课程，也可以重返学校。你可以比以往任何时候都更专注于照顾自己的思想、身体和精神。

毫无疑问，在一段时间内达到上述程度会很困难，但与其又跑回施虐者身边，不如给自己一个机会，让你发现其实可以靠自己做到这一点。假以时日，你会开始明白，你要比想象中拥有更强的能力、更多的力量和个人魅力。你会发现独处也并非世界上最糟糕的事情。与其把孤独与被弃、遭拒或自己不受欢迎、不讨人喜欢的象征联系在一起，不如把它与自由和独立联系在一起。

第二步：注意自己结束关系后的感受。

虽然失去伴侣无疑让你痛苦，你也会为这段亲密关系的结束而悲伤，但大多数结束情感虐待关系的人很快就会意识到，在他们身上也发生了一些积极的事情。以下是我以前的一些来访者在离开施虐伴侣几个月甚至仅仅几周后与我分享的一些事情。

❖ "我感觉很宁静。这感觉很奇怪但美好。通常情况下，我的脑海里会出现很多喋喋不休的话题，比如自我批评、他人批评和伴侣的侮辱，但现在我只需专注于宁静。"

❖ "我感到自己很平和，我已经多年没有这种感觉了。"

❖ "我想我把自己照顾得更好了。"

❖ "本来说到这些会让我很难过的，可我却感觉很开心。"

❖ "我发现我更多是在发自内心地关注自己，此刻的我没有那么强的疏离感了。"

❖ "我吸收了伴侣倾注于我身上的太多东西。毫无疑问，我相信了他对我说的话。现在回想起来，才意识到他关于我的说辞并不是真的。我对自己的看法与他完全不同。现在的我真的很喜欢自己。"

❖ "离开她后，我变得更自信了。事实上，记得在和妻子谈恋爱之前，我是很自信的。"

❖ "我不再每时每刻都很困惑。"

❖ "真实的面貌让我更舒服。"

❖ "我一直认为自己才是这段关系中的症结。现在我看得出来了，症结明明是他。他才是问题所在。"

❖ "我对自己的生活不再感到绝望了。我现在越来越感觉有希望和乐观了。"

❖ "我比过去很长一段时间都更精力充沛、热情高涨了。"

❖ "我本在与丈夫的关系中迷失了。但现在，我重新发现了自己。我正寻找重新做自己的路。"

❖ "我总会专注于他的需求，成为他想要我成为的人。而现在，把注意力放在自己身上并且疗愈自己的感觉很好。"

❖ "我注意到，整个世界都更鲜亮了。"

---○ **哪个看上去好些** ○---

列出所有你所注意到的，自你们结束这段关系后似乎有所改善的事。这些事可以是关于你自己的，比如你在情绪和身体上的感受，你对自己的看法、态度、处事方式以及你与他人相处的方式；还可以是关于孩子的，比如他们看上去更放松了，他们更频繁地大笑和犯傻了，在学校表现得更好了。

随着时间的推移，你可能会忘记这段亲密关系结束后你出现了怎样的新感觉，因此参考这份清单可能会对你有所帮助。当你正在经历一段特别困难时期的煎熬并考虑回头时，重新阅读这份清单则有不少好处。此外，如果最终你回到伴侣身边，却感到后悔了，那这份清单也可以提醒你，离开他的感觉有多么美好，也可以给你再次离开的勇气和力量。

第三步：记住你们处于亲密关系中的感觉。

无论什么时候，只要你想回到前任身边，都别忘了这段亲密关系对你的自尊、健康和理智造成的损害，以及你花了多长时间才重新获得内心的安宁。在本书前文里，我让你记录下经历过的所有虐待事件，以帮助你面对自己的真实处境，并对抗否认和"健忘症"时期，让自己知道事情到底有多糟糕。我希望你现在回过头去再看那本日记，提醒自己这段亲密关系结束前有多糟糕。我同时鼓励你做一下下面这个练习。

──────○　　**我为何要离开**　　○──────

❖ 列出你要结束这段亲密关系的所有原因。比如恐惧、羞辱、丧失自尊，你已经开始怀疑自己的理性认知、人身危险，以及施虐行为正在影响你的孩子等。

❖ 时不时看一看你的清单，尤其是在你重返伴侣身边的欲望最强烈时。

第四步：权衡回到施虐者身边的利弊。

有一点可以理解，你可能会想念曾经与施虐者在一起生活时积极的一面，回到过去仿佛要更容易一些。然而，这样的感觉并不一定意味着你应该回头。它们只是你恢复和疗愈过程中的正常反应。下面的练习将帮助你以更真实的视角看待情况。慢慢来，认真思考你的答案，尽可能诚实地对待自己。

─────○　　　　　**权衡利弊**　　　　　○─────

1. 列出你考虑回到伴侣身边的所有原因。比如经济保障，有一个亲密伴侣，良好的性生活，让孩子的父亲每天都在身边。

2. 现在，把你之前和施虐者在一起时经历的一切令人羞愧、恐惧、痛苦和创伤的事情都读一遍。记住每一个他在别人面前羞辱你的时刻，他的不断批评，他的心理操纵，以及一切身体虐待事件。

3. 再问问你自己："我回头所能得到的好处，比得上可能出现的恶果吗？"

4. 列出你眼中前任的积极特质，或者他为这段亲密关系带来的积极的事。比如他对你的性吸引力，他的谋生能力，以及爱孩子的程度。

5. 现在，再列出你前任的所有负面特质。试着把注意力集中在那些对你有害的特质上，如果你回头，这些特质可能会再次伤害你。比如他的控制欲、羞辱的话、不断批评和非理性嫉妒。

6. 现在将这两份清单进行比较，再仔细考虑他的优点是否大于缺点。

如果你还继续挣扎，则可能需要多次比对这些清单。如果你还没有开始，那我建议你从这一点入手展开咨询。

第五步：考虑你的前任是否做出了重大改变。

大多数施虐者都长期经历着羞耻感，他们若是想要停止施虐，则需要治疗这种羞耻感。为了应对这种慢性羞耻感，施虐者必须进行持续、集中的心理治疗。治疗形式包括与治疗师建立富于意义的关系，也就是施虐者需要对治疗和治疗过程建立足够的信任，以推倒他的防御壁垒，变得足够脆弱，向治疗师和自己展示真实自我。除非你的前任与一位成功治疗过施虐者的专业人士进行这类治疗，否则他几乎没有希望出现真正、持久的转变。这意味着即使你观察到一些转变，它们也不太可能长期持续。你看到的只是行为上的改变，而不是因施虐者对自己的深刻理解所带来的转变。此外，大多数施虐者需要接受共情训练，因为不少人都缺乏这一重要能力。

──────○ 施虐者应有的改变 ○──────

要做到不再对你构成威胁，你的前任需要做出一些具体的改变，包括以下这些。

1. 他应该能够向你承认，他对你和／或孩子实施了情感虐待。他还需要清楚地陈述自己是如何实施虐待的（具体地说出自己的虐待形式）。他需要坚持做到这些——不走回头路，不将责任最小化，不诋毁你对此的记忆，也不责怪你。

2. 他需要对你，以及他伤害的其他人表现出同理心。这意味着他需要表明自己已经能够设身处地地为你着想，并且开始真正理解被虐待时你的感受。

3. 他需要理解并向你承认，他的虐待如何伤害了你和／或你的孩子。他需要能够详细地阐述自己的虐待给你和孩子在短期和长期内带来了什么影响，包括恐惧、羞耻感、失去自信和信任感、失去重要的亲密关系以及自由。

4. 他需要完成上述步骤，并且不能对自己感到难过，也不能抱怨这种经历对他而言有多困难。

5. 如果他有边缘型人格障碍或自恋型人格障碍等问题，则需要向自己和你承认这一点，并寻求专业帮助。具体地说，他需要重新认识到自己的人格障碍是如何导致其实施情感虐待的，即使他并不打算这样做。

6. 他需要接受自己的行为后果，也包括你离开他。这就意味着他必须停止责备你，停止抱怨自己的损失以及自己因虐待而经历的问题（例如婚姻失败、财务问题以及你不再愿意与他发生性关系）。

7. 他需要补偿自己造成的损害。包括给你一个诚挚的道歉。（如需详细了解诚挚道歉的构成要素，请参阅第 10 章。）

8. 他需要能够理解并且讨论什么样的潜在信念和价值观驱使他实施了虐待行为。这可能包括自认为比别人优越，认为自己有资格一直获得关注或有特殊待遇，或者认为女人不值得信任。

9. 他需要养成尊重他人的行为和态度，以取代过去的施虐行为和态度。你应该注意伴侣是否出现了如下迹象，比如他能更多地倾听你的意见，尽管你的意见不一定总是正确；不会每次在生活出问题时都责怪你；不会在你外出或结交新朋友时充满占有欲并嫉妒；承担自己在家务和照看孩子方面的一份责任。

10. 他需要更准确地描述你，以取代那个被他扭曲的形象。也就是说，他需要认同你的优势、能力和成就。

11. 他需要承诺自己不会再重复虐待行为。这里不能讲任何条件，比如承诺只要你尊重他，他就不再虐待你。他需要寻求咨询或参加治疗计划来支持他的承诺。

12. 他需要接受一个事实：克服虐待将是一个毕生的过程。他不能宣称自己已经痊愈，并因此让你回心转意。

13. 他需要停止向你施压，停止逼你回心转意或做出决定。这本身就可能成为虐待。如果你需要时间来决定是否回头，他应该给你时间而不是威胁你，或是试图让你感到内疚。

上面部分内容改编自伦迪·班克罗夫特（Lundy Bancroft）的著作《他为什么打我：家庭暴力的识别与自救》（*Why Does He Do That? Inside the Minds of Angry and Controlling Men*）中的一份清单。虽然那本书写的是身体虐待，但其中大部分内容也适用于情感虐待。我建议你去读一读他的书，以便更好地理解施虐者的心理状态。

第六步：开始因为你的前任感到悲伤。

离婚或一段亲密关系的结束意味着这段关系以及其中所有的希望和梦想就此消亡。正如一切死亡一样，一段关系的死亡也需要经历一段悲伤的过程才能疗愈。

通常，曾经的受害者都害怕经历悲伤的过程。他们担心一旦任由自己为伴侣和 / 或这段关系感到悲伤，将无法忍受那种痛苦。回到伴侣身边，似乎是两害相权取其轻。因此，理解悲伤的过程是很有用的。

悲伤是对丧失感的自然反应。它会影响人的身体、思想和精神，其症状可能包括极度悲伤、食欲不振、失眠、迷茫、无法集中注意力、绝望、产生自杀念头、缺乏动力、健忘、愤怒、焦虑和抑郁。

当一段关系结束时，我们有很充分的理由抗拒自己表达悲伤情绪，其中包括：

❖ 害怕一开始哭就停不下来。
❖ 害怕被悲伤压得喘不过气来，从而变得沮丧。

❖ 害怕你没有情感力量去承受痛苦。

❖ 害怕悲伤会让你回溯过往，而无法回到当下。

让我们逐一审视这些恐惧吧。

❖ **你害怕一开始哭就停不下来。**我记得我问一位非常睿智的治疗师"我还会像这样哭多久"时，她对我说："直到把眼泪哭干。"虽然长时间哭泣可能很可怕，但好消息是，你的身体会照顾你。抽泣可能会让你咳嗽甚至有时哽咽，但你的身体不会允许你哭到危及自己生命的地步。你要么会呼吸急促，需要停下来喘口气，要么会因为筋疲力尽而睡着。

❖ **害怕被悲伤压得喘不过气来，从而变得沮丧。**这种恐惧可以理解。事实上，假如你不允许自己表达痛苦和悲伤，你更有可能抑郁。然而，我们并不想让你陷入太深的悲伤之中，以至于你再也体验不到世界上任何美好的东西。我会再教你一些技巧，帮助你去体验深刻的悲伤，而且不必被它所淹没。（当然，如果你认为自己已经深陷悲伤之中无法自拔，那么请咨询心理治疗师或医生。）

❖ **害怕你没有情感力量去承受痛苦。**你比任何人都了解你自己，你知道你在哪个特定的时刻会变得脆弱。此时此刻，你可能会感觉自己不够坚强，无法面对自己的痛苦，为你们的关系而感到悲痛，这没什么。其实你或许要比自己想象的强大得多。你可能只需要想一想你过往的经历，就能够意识到自己实际上有多坚强。要忍受虐待带来的情感痛苦，需要很强大的力量。如果你阅读本书时始终在哭泣，那就是你的身体正在告诉你，你很难过，需要流泪。就让它们尽情流出来吧。

❖ 害怕悲伤会让你回溯过往，而无法回到当下。这是一种合理的恐惧，不过我能教给你一些方法助你关注当下，这样你就不会停留在过去的感受或创伤中了。

有一些技巧和方法可以用来保护你，如此一来，你最担心的恐惧感就不会成为现实。这里有一些新的方法，可用于面对并解决你因受虐而遭受的痛苦，并且允许自己为失去的东西感到悲伤。我相信你可以参与到这些过程中，并且避免受到更严重的创伤。然而，如果你仍感到不知所措或受到创伤，我建议你寻求专业帮助（如果你尚未这样做的话）。以下两个练习能够帮助你在悲伤时也保持冷静，活在当下。

---○　**基础触地练习**　○---

1. 找一个安静的地方，在这里你不会受到打扰或分心。

2. 坐在椅子或沙发上，并把你的双脚平放在地上。如果你穿高跟鞋，那就需要脱掉鞋子，这样你的脚才能平放在地上。现在请关注你的脚着地的方位。感受一下这种接触。

3. 睁开眼睛，做几次深呼吸。再一次把你的注意力转向脚下的感受。在整个练习过程中，继续呼吸，去体会双脚平放在地面上的感觉。

4. 现在，当你继续呼吸时，请观察四周。注意你周围事物的颜色、形状和纹理。

5. 在你继续呼吸时，让你的注意力回到对脚下地面的感受，同时要持续注意房间里事物的不同颜色、质地和形状。

这次触地练习有以下几个目的：

❖ 它能将你的意识带回你的身体，从而阻止你触发回忆或身心分离。

❖ 它能带你回到当下，回到此时此地——如果过去的记忆触发了你的悲伤，并把你拉回过去，这个练习可以很好地帮到你。

❖ 仔细地关注你周围的世界，用视觉参与打破羞耻感的循环，让纷乱的感受和想法平息下来。

❖ 此练习有助于你保持专注。

我建议你在发现自己被过去的记忆触发，或者发现自己"魂不附体"、解离时，也使用这种触地技巧，这在创伤受害者中十分常用。

─────────○　　**波浪**　　○─────────

下面的步骤将帮助你在悲伤时体验自己的情绪，而非被它们淹没。你在感觉到强烈情绪的时候可以采用这个练习，无论这种情绪是痛苦、恐惧、愤怒还是羞愧。

1. 为这个练习做好准备，先让自己的脚保持触地。

2. 从简单观察自己的情绪开始。注意它带给你的感觉。当你感受到这种情绪时，注意身体发生了什么变化。请不要判断这些情绪的好坏。

3. 充分体验你的情绪。允许自己体会这种情绪，看它像波浪一样，来来去去。尽量不要压抑或拒绝它。另外，不要对情绪过度执着和过分夸大。就让它像波浪一样起起伏伏。

4. 与你的情绪保持距离。这种简单"观看"某种情绪的体验会让你更好地摆脱这种情绪，释放因沉浸于情绪中而产生的强烈能量。

5. 从情绪中解脱。一旦你从情绪中解脱，就可以开始放手了。

当你被悲伤压得喘不过气来，以及特意腾出时间来悲伤的时候，上述两个练习都能对你有所帮助。而下面的练习能避免突然被回忆触发（想起你的伴侣）。

防止触发演练

列出那些会让你想起你的前任和 / 或你们的关系的日期、场合、地点和事件（比如生日、周年纪念日或某年发生的某件事），这些事情可能会触发你痛苦的感觉。还应该注意，有些声音、气味、音乐和电影往往也会触发记忆。如果可能的话，你要试着预测到这些触发因素，并在可能的前提下避免它们出现。例如，在离开前任之后，你或许要把车里的收音机关掉。因为里面很可能播放让你想起他的歌曲。你可以在手机或 CD 播放机里选择一些不会触发记忆的音乐来听。不过，想释放情绪时，如果你感觉自己很难哭出来，可以听一些让你想起前任的歌曲。

告别信

这个练习或许能帮助你找到最好的方式，让你以一种不那么偏激的方式与前任告别。

1. 开始给前任写一封"告别信"。想象一下这是你能够说出肺腑之言的最后机会，尽情发泄你的愤怒，或者让对方知道他 / 她对你的伤害有多深。

2. 你可能要再三斟酌才能写完这封信，所以要慢慢来。这封信中可能包含了你的很多愤怒，也可能表达了更多你为这段关系没能成功而感到的悲伤。

3. 不要畏惧表达爱意，但要记住，这封信的目的是告别。

4.写完信后读几遍，你可以大声朗读。这样做能够帮你决定是否真的要将这封信交给前任。

─────○ **盒子与火** ○─────

我设计这个练习的目的是让你别"把婴儿和洗澡水一起倒掉"，为了帮助你保留美好的回忆，摆脱糟糕的回忆。

1.将你之前写的描述前任优点的清单复制一份，或者再列一份新的类似的清单。

2.同样，将他的缺点清单复制一份。

3.列出前一份清单的目的是让你将选择存在盒子里。把这个盒子放在某个隐蔽的、偏僻的地方，并向自己保证六个月内不会打开这个盒子。告诉自己："我会记住我对他释然之后的美好时光。"

4.接着，烧掉第二份清单，也就是他的缺点清单。你可以先把清单放到壁炉里或烧烤架上，也可以简单地把它放在一个扁平的碗里，然后用火柴点着它。清单开始燃烧后，你就告诉自己："我正在摆脱所有与前任有关的负面情绪。我要告别虐待、痛苦、羞愧和恐惧感。"

─────○ **"埋葬"你的前任** ○─────

最后这个练习只推荐给那些自我感觉足够坚强的人，那些决心一劳永逸地结束这段关系而不愿再次卷入其中的人。一个完成了这个练习的来访者告诉我："我需要把前任完全从我的生活中抹去。尽管我完全没有理由再见到他（两人没有孩子，而且来访者搬到了另一个城镇），但我仍然被他困扰着，就好像他一直存在于我的脑海里。我需要把他赶出我的意识。我需要驱除他。"

1.想象你的前任去世了，你需要和他道别。你甚至可能想去墓地，为前任找到一个可以填补想象的墓地。

2.大声说再见，或是在脑海里说再见。你可以用你写的那封告别信，也可以写一篇悼词或类似的文章，达到埋葬前任并与之永别的目的。

第七步：继续从虐待中恢复。

这其实是最重要的一步。治疗需要时间和精力，除非你投入时间和精力，否则你更有可能回到施虐者身边，或是选择另一个施虐者。

跟随感觉建立一段新的关系

重新审视痛苦、愤怒和恐惧等困难情绪可以为你了解自己的内心活动提供重要信息。无论我们紧紧抓住情绪还是将其推开，情绪都具有破坏性，它们会给我们带来精神或身体上更大的痛苦。我们越是与情绪斗争，情绪似乎就越强烈。有一种更健康的方法来处理情绪，就是以开放、有意识、自我关怀的方式来"拥抱"它们。你也可以改善自己和自身感受的关系，其要领是避免评判自己的情绪，也不因产生了某种情绪而沮丧。你不要对自己说"我讨厌这种感觉"，或者"我不应该产生这种感觉"，相反，你要采用自我关怀的语言来接纳这种情绪，比如：

❖"我现在感到悲伤也是可以理解的。"

❖"我有权感到愤怒。"

治愈你的创伤后应激障碍

彼得·莱文（Peter Levine）是《唤醒猛虎：启动自我疗愈本

能》[⊖]（*Waking the Tiger: Healing Trauma*）一书的作者，他研究压力和创伤已有 35 年。他发现，当某种处境被视为危及生命时，比如亲密伴侣之间常常发生的暴力行为，我们的大脑和身体都会调动大量能量，准备战斗或逃跑，这通常被称为"战斗或逃跑反应"（fight-or-flight response）。比如，当孩子被困在车下时，母亲可以用巨大的力量把车从他的腿上抬起来。这种力量是通过肌肉血流量的大幅增加，并且释放压力激素（如皮质醇和肾上腺素）产生的。

在举起重约 2 吨的汽车的过程中，这位母亲将自己为了应对孩子所受威胁而激发的绝大部分化学物质和能量释放了出来。能量从体内释放出来后，大脑会得知威胁已经结束，是时候降低体内的压力激素的水平了。

但是，如果化学物质和能量没能释放，身体也没发出恢复正常的信息，大脑便会继续重新释放大量的肾上腺素和皮质醇，身体就会持续处于高能量、高强度的状态。这就是儿子所面临的情况。除非他能找到一种方法来释放危机带来的多余能量，否则他的身体将持续维持他在极度无助并遭受身体痛苦时的反应。这基本上就是创伤后应激障碍人群的处境。他们会体验到强烈的焦虑，出现激烈的反应，很容易触发以往的记忆，体验到与创伤有关的那些令人不安的想法、感觉、梦境和记忆，他们会逃避一切触发记忆的情景。

动物会"释放"濒死体验的压力。例如，一只被麻醉镖击中的熊会在镇静剂失效后的休克状态中恢复过来。它首先开始轻微地颤动，然后逐渐增强，直到达到近乎痉挛的程度，它的四肢似

⊖ 本书已由机械工业出版社出版。

乎在随意地摆动。颤动停止后，它会进行深入的、自然的呼吸，呼吸的能量传遍全身。很遗憾，人类不知道如何像动物这样释放压力。

更有趣的是，若用慢镜头观察熊的反应，它在这个过程中看似随机的摆动实际上是协调的奔跑动作。就好像这只熊正在积极地完成它的逃跑，因为它被麻醉镖镇住了，所以它的奔跑动作被打断了。然后，熊摆脱了"冻结的能量"，开始自然地呼吸。

莱文等研究人员解释称，人类确实拥有和动物一样摆脱创伤的内在潜力，但我们中的许多人忘记了如何使用它。如果经过适当的指导，人类有能力而且确实可以采用与动物完全相同的步骤摆脱情绪和身体虐待等事件的影响。

莱文说，他的躯体疗法（somatic therapy）之所以奏效，就是因为创伤主要来自生理层面。创伤最初发生于我们的躯体，在此之后，它的影响才会扩散到我们的思想、情感和精神上。

虐待的受害者在遭受攻击后，应该释放困在他们体内冻结的能量（无论是从情感上还是生理上的）——这是很重要的。你的伴侣对你进行情感攻击时，你可能会试图保护自己，也可能试图逃跑。但即便如此，损害也已经产生。现在，你的身体里很可能困着一种未消解的愤怒和恐惧。能量的释放能够通知大脑，是时候降低体内的压力激素水平了，因为威胁已经不复存在。在给出恢复正常的通知之前，大脑只会继续释放高水平的肾上腺素和皮质醇，你的身体将保持高能状态，你就会继续感到疼痛和无助。

通过以下任何一种方式来释放愤怒，都可以帮助你摆脱因为遭受身体或情绪攻击而承受的压力。请注意，完成这些练习中的任何一个都有可能触发回忆，让你重新回到遭受攻击的创伤中。如果你想象自己在推搡或踢开那个攻击者，并感受自己充满力量，这自然是可以的，但如果你陷入了恐惧和无助的境地，那就让自己双脚触地（参考本章前文中的基础触地练习），让自己回到当下。坚持做这个练习，直到你完全回归当下。

─────────○　　**用力跺脚**　　○─────────

仰卧在床上，弯曲膝盖，将双脚平放在床上。现在，尽你所能使劲地跺。你也可以保持双腿伸直，交替地抬起每条腿，然后用力将它砸在床上。与此同时，尽情说"不！"

─────────○　　**把它推开**　　○─────────

站在家中一扇坚固的门前。伸出双臂，让手掌平放在门上。尽可能用力推门，同时说出"滚开！"或"滚出去！"

许多曾遭受过情感虐待等创伤的受害者，都会屏住呼吸，身体紧绷，为下一次受袭做好准备。这样的高度警惕可能会对身体造成损害。创造环境练习深呼吸并让身体放松，能够纾解你的防御机制，这不仅有助于疗愈你的精神，也有助于疗愈你的身体。瑜伽是一种很好的放松方式。如果你有经济能力，我还推荐你采用以下任何一种疗法来疗愈创伤后应激障碍的症状，比如眼动脱敏与再加工疗法（eye movement desensitization and reprocessing therapy，EMDR）、颅骶疗法（cranial-sacral therapy，CST），以及莱文的躯体疗法。

⌘　⌘　⌘

事实上，即使专心实践我在本章中提出的建议，你仍然可能会回到前任身边。这并不代表你就此失败或一事无成。事实上，虐待受害者回到施虐者身边的事常有发生。你回心转意可能是因为经济问题，也可能因为你真的相信对方已经改变，你觉得他/她值得再给一次机会。不管出于什么原因，请不要对自己的回头评头论足。这一次回头可能会发生转机，也可能并不像你想的那样。不管怎样，你只是做了自己认为必须做的事。

不管怎么说，回心转意不代表疗愈之旅的终止。我鼓励你继续阅读本书，继续从过往的受虐经历中恢复。这能够让你变得更强大，不管未来你和前任之间又会发生什么。

第 14 章

理解自己，原谅自己

> 一旦你接纳了自己的瑕疵，就没有人能用它们攻击你了。
>
> ——佚名

羞耻感是十分持久的。在你逃离一段情感虐待的关系之后，这种感觉还会持续很长一段时间。每次你犯了错误，度过了糟糕的一天，或者经历了某种挫折，你前任的话都会像怪物一样从深处冒出来。即使你找到了方法去平息那些批评以及羞辱性信息，当你意识到孩子所遭受的伤害，或者想到自己忍受这种虐待行为很长时间时，你或许会发现自己仍然会体验到可怕的羞耻感。

与其持续羞辱自己，不如原谅自己。否则，你将永远背负着那份耻辱，更难重新开始自己的生活。你需要在以下每件事情上原谅自己：未曾看到虐待行为的迹象和预示；相信了施虐者对你说的话；困惑于自己到底是谁；以及维持了这段亲密关系这么长时间。你可能还需要原谅自己让孩子陷入混乱和斗争，还给他们提供了亲密关系中的负面榜样。接下来，你需要原谅自己因为遭受虐待而用某种方式伤害了他人。最后，你需要原谅自己为生存而采取的一切行动或是应对方式。在本章中，我将逐步指导你完成上述任务。

自我宽恕（self-forgiveness）[⊖]是自我关怀的一个重要方面，也是你所能采取的最有力行动之一，它能让你摆脱耗损性羞耻感。我推荐你这样做，而且我认为这很有必要：没有什么比让你完全从虐待中恢复更重要了。事情是这样的：你越能够疗愈羞耻感，就越能清晰地看待自己，而不是通过施虐前任的扭曲滤镜来看自己。你不会认为自己软弱、愚蠢或无能，而能够更现实地看待自己，并意识到即使自己和其他人一样也可能会犯错，也可能不完美，但仍然应该得到尊重和体谅。

自我关怀是羞耻感的解毒剂，而自我宽恕可以治愈羞耻感。自我关怀能够中和并清除羞耻感带来的毒害。自我宽恕可以抚慰我们的身体、思想和灵魂，抚慰羞耻感带来的痛苦，并促进你的整个恢复过程。

自我理解

我们用来帮助你原谅自己的主要工具之一就是自我理解（self-understanding）。其中包括了解羞耻感如何塑造了你的自我意象，你曾遭受的情感虐待如何切断了你与自身许多重要部分的联结，以及创伤是如何引起了某些不健康的症状和行为。

⊖ 根据语境，单独出现 forgive 时，有时采用"原谅"译法。——译者注

获得自我理解主要是使用被称为"创伤敏感"（trauma-sensitive）或"创伤知情"（trauma-informed）的方法。这种方法将许多行为定义为应对或适应让人不知所措的情境（如情感虐待）而进行的正常尝试，因此它既能让你具有同理心，又增加了你的自主权。

创伤敏感或创伤知情思维方式的主要目标在于帮助你更好地理解创伤在塑造你个人生活中所起的作用。更具体地说，其重点是帮助你认识到，你对自己最挑剔的许多行为（并受到了别人批评），实际上是你的应对机制，或是在尝试自我调节。

通过使用这种方法，你不仅能够理解自己为什么会这样做，还能提高自己的能力，并且以一种更富有同情心的方式来看待自己的能力。

以下是创伤知情思维方式所遵循的一些原则。我鼓励你遵循这些原则和观念，这能够帮助你继续专注于疗愈自身羞耻感（以及你遭受虐待所带来的其他影响）。

❖ 创伤的影响缩小了你的选择范围，削弱了你的自尊，使你丧失了控制权，并产生了绝望和无助的感觉。

❖ 你要将自己的某些令人不安的行为看作尝试应对过去的创伤，将其看作适应性的，而非病理性的。

❖ 可以理解的是，每种行为都在过去帮助过你，现在也以某种方式继续帮助着你。

❖ 要将重点放在过往的经历上，而不是纠结于自己出了什么问题。

❖ 在别无选择的时候，药物滥用或某种精神病理性的症状（如自残）可能已经演变成一种应对方式。

❖ 你在任何时间都在尽自己所能应对创伤引发的生活变故，以及这些变故常会造成的负面影响。

　　与其责备自己努力控制情感虐待的创伤，不如意识到情感虐待的受害者很可能会以有问题的行为对创伤做出反应，包括酗酒或吸毒，以及赌博和入店行窃等其他上瘾行为，甚至是自残或虐待亲人的行为。你要开始认识到自己行为所具备的适应性功能。例如，酗酒和其他形式的药物滥用之所以产生，通常是由于受害者在努力应对高水平的焦虑，这种焦虑有时可能令人无法忍受。重新认识到这一点，给自己以同情是迈向自我接纳和改变的重要一步。一旦开始自我关怀，你就能专注于学习那些让你感觉更舒适、更有控制感的方法，比如写日记，洗热水澡，在额头上敷一条凉爽的毛巾，进行触地练习或深呼吸，上述一切都有助于你自我安慰。（我们将在后文进一步讨论这点。）

　　自我理解也可以帮助你意识到自己一开始为什么会陷入一段虐待关系，又为什么会一直保持这样的关系。例如，虽然任何人都可能发现自己处于一段虐待关系中，但在某些情况下，人不得不留在这段关系中，而且很难离开施虐伴侣。研究发现，情感虐待的受害者通常有以下经历：

❖ 童年时就在情感、身体或性方面受到虐待。
❖ 童年时受到了忽视。
❖ 童年时受到过情感或身体上的遗弃。
❖ 父母有人格障碍（自恋型人格障碍或边缘型人格障碍）。
❖ 父母中有人酗酒，或有酒精和药物滥用问题。

　　如果你的童年经历过上述任何一项，那么会被一个情感虐待的伴侣吸引是可以理解的。我们将在后文中更详细地讨论这一点。

　　采用一种创伤敏感的方式看待自己，你便不会那么挑剔自己，不会再把自己视为一个"糟糕的人"，因为有时候你会以某些令人不安的方式应对情感虐待带来的创伤。当你逐渐认识到自己产生的消极行为并不代表你的本质，只代表你学会了如何应对曾经历过的创伤，那么我希望这样的自我理解能够帮助你原谅自己，并开始更有同情心地对待自己。

基于人无完人和人人都会犯错这一前提，自我理解能够鼓励我们换个角度看待自己：我们所做的任何事情都是有理由的。比如，如果你对孩子感到不耐烦了，那就问问你自己："我为什么要这样对待我的孩子？这和丈夫对待我的方式有关吗？我是否也十分害怕受到评判和批评，现在这种恐惧已经渗透到了孩子身上吗？我是不是很害怕自己或孩子会受到批评，所以才试着鼓励他们做到完美？"

还有一种可能，是否你父母中的一方或双方对你失去过耐心，而你也在用同样的行为对待你的孩子？你是否也对自己十分不耐烦和挑剔，然后将这种倾向带到了你与孩子的互动方式中？

如果上述两种情况都符合你的情况，那么你会对孩子不耐烦也是可以理解的。但是理解你为什么这样做，并不等于为你的行为开脱。这是将自己视为不完美的坏人和将自己视为有缺点的普通人的区别。

如果别人对待我们时不耐烦、批判、严厉和缺乏接纳，我们也会以同样的方式对待其他人，特别是对待自己的孩子，这是可以理解的。人非圣贤，孰能无过。一旦我们受到了不好的对待，它就会深深地影响我们，改变我们的基本人格结构。俗话说得好——"受伤的人会伤害他人"。一旦你了解自己和自己的行为，就可以开始自我宽恕了。

自我宽恕的障碍

如同你可能对自我关怀有很大的抵触，你也可能抵触自我宽恕的想法。你可能会认为自我宽恕是"为自己开脱"。但这不是我们此时要探讨的问题。我们需要探讨的是你为自己的行为负责，而不是继续进行无情的自我批评。若你因为陷入一段虐待关系，或处理关系的方式而责备自己，这对任何人包括你自己都没有帮助。它肯定无法帮助你前进。

你越是对过去的所作所为感到羞愧，你的自尊感就会越低，就越不可能有转变的动力。如果不进行自我宽恕，你的羞耻感会使你拒绝承认自己的错误，不愿再接受批评或指正。自我宽恕能够让你通过释放阻力和加深与自己的联系，打开改变之门。

你可能还会问："我为什么要原谅自己呢？毕竟，这对我伤害过的人没有一点儿帮助。"对此，最有力的理由是：如果你不原谅自己，你背负的羞耻感将迫使你继续伤害他人和自己。原谅自己能够帮助你疗愈深层次的羞耻感，让你继续自由地成为一个更好的人。卸下了一直背负的自我厌恶，你才可以真正改变自己的生活。

原谅自己的受虐行为

原谅自己的受虐行为显然是你行动的起点。毫无疑问，你觉得自己被施虐伴侣囚禁了，但只要原谅自己的受虐行为，你就不会再成为自己一手打造的囚徒了。正如《必要的失去》（*Necessary Losses*）这本精彩著作的作者朱迪思·维奥斯特（Judith Viorst）所说："你可能会因为一项自己没有犯下的罪行而判处自己终身忏悔。"我多次提醒过你，受害者往往会因为遭受了虐待行为而责怪自己，因为这总比感觉脆弱和失控要好。如果你继续由于遭受虐待而责备自己，那么你可能会继续有一种受控的错觉，以避免随之而来的无助感，并且你也不必面对被抛弃与背叛的痛苦，还能避开失望和沮丧。（你所在乎的那个人实际上是个施虐者——要面对这一事实，你难免感到被抛弃、遭背叛，并且沮丧万分。）

希望到目前为止，书中提供的许多内容已经帮助了你们中的多数人，你们不再将受虐归咎于自己。但对有的人而言，无论他们多少次听到自己不应该对受虐负责，却还是不相信。他们确信自己在某种程度上对虐待的发生负有责任。

别再否定自己

在通往自我宽恕的道路上，你需要做的第一件事就是克服对自己的否定。那些受到情感虐待的人往往倾向于不断将虐待原因归咎于自己，而这样做的主要原因就来自否认。否认是一种强大的防御机制，能够保护我们免受巨大的痛苦和创伤。它让我们屏蔽或"忘记"严重的身体和情感创伤，及其所造成的强烈痛苦。情感虐待的受害者往往会否认发生在自己身上的事情，并将其造成的损害降至最低，因为只要承认了发生的事，就要面对有时难以忍受的痛苦，面对所爱之人可能会以极为可怕的方式对待他们这一事实。

有一种方法能帮助你彻底面对事实，那就是更多地了解施虐者的共同特征，明白你不应该为自己遭受情感虐待而受到责备。有虐待倾向的人往往具有某些可以预测的特征、态度和行为模式。如果你发现前任拥有下述列表中的许多乃至所有特征，或许能停止否定自己，弄清谁是真正的责任方。

有虐待倾向的人通常会：

❖ 童年经历中涉及情感、身体／性虐待，以及遗弃问题
❖ 倾向于将自己的问题归咎于他人
❖ 强烈地想要保持控制感，害怕失去控制，以及十分需要权

力和控制感

❖ 很难与他人产生共鸣或无法同情他人

❖ 无法尊重人与人之间的边界，有打破边界的冲动

❖ 倾向于对孩子、伴侣和亲密关系抱有不合理的期望

❖ 愤怒受到压抑

❖ 无法控制脾气（非常不耐烦，往往会立刻发脾气）

❖ 感情匮乏或有要求苛刻的倾向，在个性上却依赖他人

❖ 很难控制冲动

❖ 强烈恐惧被遗弃

❖ 高度紧张，（情绪处于）高唤醒水平

❖ 很难随机应变

❖ 自私和自恋

❖ 成年后或童年后期遭受过（身体上、言语上和性方面）的虐待

重要的是应该识别施虐者的身份，以及他们为什么这样做，这样你才能认识到，不是自己导致生活中的施虐者出现虐待行为，施虐者在遇到你之前就已经有虐待倾向了。事实上，你没有做任何事，这个人就已经如此。他/她对你施加情感虐待，不是因为你做错任何事，不是因为你固执或不听话。对方虐待你是由他的情感结构和经历决定的。换句话说，这个人就是一颗炸弹，随时可能爆炸，你只是碰巧当时就在附近。

容易让人施虐的观念

除了个人的经历和个性之外，情感施虐者往往会对自己和其他人产生某种观念，这些观念使他们变成施虐者。这些观念为其所在的亲密关系定下了基调，这些观念本身也可能有虐待色彩。

施虐者坚信：

❖ 自己总是对的

❖ 都是别人的错

❖ 自己的需求比其他人的更重要

❖ 我有权期待别人按自己的要求行事，而如果有人拒绝，就
立刻与此人为敌

❖ 自己至少在某些方面优于他人（例如比大多数人更聪明、更
有能力、更有权势），因此应该得到特殊对待或优先考虑。
别人怎么想实际上并不重要

❖ 抱怨我行为的人，只是太过敏感或苛刻

❖ 无法信任任何人，而且总是要控制别人

再次重申，如果你的前任出现了很多以上观念，这个人就是
有虐待性格。这意味着此人在自己经历的大多数关系中都会施虐，
尤其是在其拥有绝对权力时。

以上所有信息都是为了帮助你认识到，只有一个人需要对虐
待你负责，就是那个虐待你的人。这绝不是受虐者的过错。不要
因为受虐而责怪自己，无论在什么情况下，这都不是你的错。

原谅自己选择了施虐者作为伴侣

我想澄清一点。有很多虐待受害者都来自健康的家庭，但也
有许多人原本就来自功能失调或充满虐待的家庭，在这些家庭中，
父母中至少有一方会虐待伴侣和／或孩子。如果这就是你的处境，
请原谅你自己受虐，因为这部分意味着理解自己实际在重演一种

模式。我的来访者卡拉就是如此。

> 我不知道为什么之前没有看清这一点，但我的丈夫真的很像我的施虐者父亲。他们有很多相同点。他们都很自私，很少意识到或是关心别人的感受。他们又都非常敏感，容易受到伤害。我父亲经常向我母亲抱怨她不关心他，我丈夫也会向我抱怨同样的事情。他总认为我轻视他。只要我不一直关注他，他就会觉得自己被忽视了。现在当我回首往事，我发现自己的父亲也是这样。满足他的需要似乎是我母亲的主要职责。他希望自己一回到家，母亲就一切都围着他转。我丈夫也有同样的期待。他甚至一天要给我打几次电话，让我帮他跑腿。他认为仿佛我的存在就是为了满足他的需要。
>
> 现在我看到了丈夫和父亲之间的相似之处，意识到自己只是在做我父母教会我做的事。对我的父母来说，女人应该屈从于男人。我父亲总是在我们这些孩子面前表达这种观念，而母亲也默认且没有抱怨。难怪我嫁给了自己的过去，也难怪我最终的表现也和我母亲一样！

新观念的产生是卡拉能原谅自己嫁给了一个施虐男人的关键。当她能够把过去和现在联系起来时，她就能够原谅自己选择了一个施虐伴侣。

我的来访者兰德尔发现，他娶了一个和他母亲一样的女人，这也是一种模式的重演。兰德尔的母亲在他成长的过程中出现过反复无常的虐待行为。他和父亲从来不知道什么时候会有什么事情让母亲心烦意乱，所以在她身边时，他们总是小心翼翼。他父亲会答应他母亲的任何要求，即使这些要求看起来很小气或自私。有很多次即使是天气恶劣，他父亲也会在深夜外出，给他母亲带一些她想吃的食物。兰德尔目睹自己的母亲一直在指责父亲：不够关心她，和其他女人调情，或者在某种程度上不够尊重她。他的父亲尝试着为自己辩护，但徒劳无功。在他母亲的立场上，他父亲总是错的，必须通过某种方式来弥补。

兰德尔最终和一个与他母亲有同样情感问题的女人结婚了。像兰德尔的母亲一样，他的妻子表现出了许多边缘人格倾向，这些行为最终导致了情感虐待，尽管这不是她的本意。和他母亲一样，兰德尔的妻子也常常丧失理性，很小的事也会让她感到不安，并将其放大成为巨大的罪过。如果兰德尔回家晚了，她就会指责他有外遇或不想回家。即使他只是用某种眼神盯着她看，她也会指责他在生她的气。尽管抱怨和指责似乎没完没了，兰德尔也和他的父亲一样，总是努力保持冷静，并试图向她解释，是她误会了。

换作一个有着不同家庭背景的男人，很可能在兰德尔能这样做之前就选择结束这段婚姻了。关系中的对方也会意识到自己处于两败俱伤的境地。但兰德尔决心让妻子相信他是爱她的，不管付出什么代价。

尽管困难重重，却仍想要一个与从前不同的结果，这样的愿望是典型的强迫性重复（repetition compulsion）。来自虐待或其他功能失调的家庭会让你被施虐伴侣吸引，这是你进入此类关系的另一种方式。为了消除过去的影响，看到一个与从前不同的结果，许多人发现自己会被一个类似于施虐父母的伴侣强烈吸引。在潜意识层面上，他们仿佛相信，如果伴侣能欣赏、爱慕或不抛弃他们，就能消除施虐父母对他们所做的一切。

即使我们刻意想找一个不同于施虐或忽视型父母的伴侣，我们也可能会陷入强迫性重复之中。这就是我的来访者凯莉的处境，她没有意识到自己嫁给了一个和她父亲一模一样的男人。"我真的从未看出有什么相似之处。事实上，我以为我嫁给了一个和我父亲相反的男人。"她在一次治疗中解释道。

凯莉在选择伴侣时犯了一个错误，那就是注重对方的外在。她的丈夫卢卡斯与她父亲十分不同，比如他不喝酒，经济状况比她父亲更稳定，性格也比她父亲更外向。但是，强迫性重复是一种非常强大的潜意识驱动力，它可能会导致我们对更严重的个性特点视而不见。

在凯莉的案例中，尽管她的丈夫看起来比她的父亲更外向、更包容，但当她更深入地了解了对方后，她意识到他实际上对别人非常挑剔，这点跟她的父亲一样。可凯莉没有将此视为危险信号，而是将其视为一种挑战。"我试图告诉他，他口中一无是处的人也有一些积极方面，以此反驳他的批评。或者我会跟他说：'我敢打赌，那个人这样做是有自己原因的。'"

尽管当时未婚夫并未做出改变，但他们还是结婚了。因为他的批评并不是针对她，因此她说服自己，这并不算真正的问题。不幸的是在他们结婚后，丈夫对她的批评越来越多，与她的父亲对母亲和孩子（包括凯莉）一样。

说到这里，凯莉失声痛哭。"我真不敢相信我嫁给了一个和我父亲一样挑剔的男人。我觉得自己太蠢了。我怎么会犯这样的错误呢？"

即使成为丈夫不断批评的对象，她仍然试图用自己积极的态度和人生观去改变他。但她丈夫对她越来越不耐烦，开始叫她"波利安娜小姐" ⊖。尽管他拒绝改变，他的挑剔也对凯莉的生活产生了负面影响，但她最终还是和他在一起了十年之久。凯莉在

⊖　Miss Pollyanna，童话故事中的人物，意指盲目乐观的人。——译者注

一次治疗中告诉我："我只是照搬了我母亲。我真不敢相信自己那样做了。"

如果你怀疑自己可能重复了父母的婚姻模式，或者你选择伴侣是因为强迫性重复，那么下面的练习将帮助你判断，自己是否可能属于上述两种情况中的任何一种。

———————○ **探索你的模式** ○———————

1.在一张纸的中心画一条垂直线，将纸分成两部分。

2.在左边列出你前任的情绪特征，包括积极和消极两方面（例如有幽默感、要求苛刻、挑剔）。

3.现在，在右边写下在你成长过程中对你虐待或忽视最严重的那个人的情绪特征（也包括好的和坏的）。这个人可以是你的父母，也可以是其他家庭成员或照顾者。

4.仔细阅读清单，并比较两边的答案。圈出两个人的共同点。

这个练习可以帮助你更好地识别自己的关系模式，了解你被前任吸引的原因。

你的过往创造了你的未来，其中或许另有原因

复制你父母的关系，或者挑选一个和你父母一方乃至双方相似的伴侣，是你选择施虐伴侣的最表层原因，生活中还存在其他一些情况也会影响我们选择伴侣。比如问问你自己："我的童年、青春期或成年早期到底发生了什么事情，这些事情如何影响了我的择偶，或者如何影响了我被谁选择？"

例如，如果小时候你的母亲或父亲在情感或身体上抛弃了你，

你就可能会被某个一直想和你在一起的人吸引，这是不是很有道理？即使这个人有过强的占有欲或嫉妒心，但是有人一直关心你让你感觉很好，这种情况也是可以理解的。试想一下，有人无法忍受失去你，而你一直害怕再次被遗弃，这样的关系难道不能抚慰你吗？

又或者事实恰恰相反，如果你的父母在情感上压抑、吞噬或控制你呢？你就可能会被一个给你充分自由的伴侣吸引，他并不总在你身边，甚至他自己也需要很大的空间，这种情况也是可以理解的。一开始，这会是一种巨大的解脱。但随着时间的流逝，你的伴侣不会令你窒息，但会变得冷漠而疏远，你很难了解他到底在哪里。要是你质问他去了哪里，他会防御性地指责你试图"占有他"。起初看似健康的关系很快就变得极度不健康和不愉快，你总感到被拒绝，并为自己表现得和从前令人窒息的父母一样而感到内疚。

如果虐待你的是父母之外的人，或者你受到过性虐待等其他伤害，又该怎么办？这些创伤也会影响你对伴侣的选择。

从8岁到11岁，梅林达一直被邻居性侵。这种虐待对她的自我感觉造成了深远的影响，主要是因为她经历了强烈的羞耻感。"多年以来我都很恨我自己，"她告诉我，"我认为受虐是自己的错，因为他告诉我，是我引诱了他，我一直回去找他。毕竟，如果我不喜欢，我又为什么要那样做呢？"

> 因为我觉得自己很糟糕，我以为没有男人会要我。我在高中时并不受欢迎；事实上，可以说男孩几乎都不理睬我。因此，当我在第一份工作中遇到的一个人开始注意我时，我感到十分惊喜。我习惯了被动，而他喜欢掌管一切，比如我们要去哪里，甚至我们怎样发生性爱，

因此这并不令我困扰。他向我求婚时，我很激动，因为那时我想到眼中的自己是那么糟糕，竟然还是有人想要我。从此，我开始了将近15年的地狱生活，丈夫把我当奴隶一样对待，并且对我提出越来越多的性要求。

现在我意识到，如果我没有遭受过性虐待，就永远不会嫁给我的丈夫。我会意识到，让一方完全控制婚姻的方方面面是不对的。我也肯定不会屈服于他那些无耻的性要求。

你们有的人可能会说："可我没有被虐待过。我的家庭生活相当不错。我又为什么会选择施虐伴侣呢？"有时候，人在经历某种毁灭性的丧失（例如父母去世、分手或离婚）后，会变得特别脆弱，在这种状态下，他们很容易成为情感虐待的施虐者的牺牲品。

以下是我的来访者埃琳娜与我分享的内容：

我现在意识到，如果我不曾失去父亲，就永远不会被我的丈夫所吸引。当时我悲痛欲绝，这让我轻易接纳了丈夫的魅力。他冲进生活拯救了我，我哭的时候抱着我，听我没完没了地说自己有多想念父亲。他是那么善良可爱，我几乎立刻就爱上了他。我没有意识到，我只是想用另一个男人取代我的父亲。

原谅自己对别人的伤害

原谅自己以某种方式对他人造成的伤害，可能是你为了抚平羞耻感而必须做的最艰难的事。事实上，这可能是你一生中最难的事。如果你以同样的方式伤害了另一个人，这种艰难感会更明显。

例如，你似乎不可能原谅自己虐待孩子。毕竟，你或许很直观地明白虐待会给一个孩子造成多大的伤害。你也可能很清楚，伴随虐待而来的羞耻感会对一个人的生活造成多大的破坏。以下是一些来访者与我分享的，他们因童年受虐而感到羞耻的例子。

❖ "我记得在父亲批评和羞辱我时，我会受多大的打击。我真不敢相信我也对自己的孩子做了那样的事。"

❖ "我曾向自己承诺，不会重复自己的遭遇去折磨自己的孩子，然而令我恐惧的是，母亲对我说的话却从我嘴里说了出来——那些可怕的、令人羞耻的、具有毁灭性的话，例如'我恨你''我希望你从未出生'。我怎么能原谅自己对世界上最爱的人说了那些可怕的话呢？"

理解自己为何会成为忽视或施虐的父母

有孩子的情感虐待受害者往往会感到非常羞愧，不仅因为自己与施虐者生活在一起，还因为自己成了忽视或虐待孩子的父母。如果这符合你的情况，那么希望下面的内容能帮助你理解自己为什么会这样对待孩子。

首先请记住，所有遭受情感虐待的人都遭受了精神创伤。这些人把所有的注意力和精力都用来应对这种创伤，可能会导致他们无法照顾自己的孩子。他们经常处于解离的状态下，或者用酒精或药物自我麻痹。这反过来也会使他们无法在某些时刻注意到孩子的沮丧，甚至无法注意到孩子处于危险之中。以下是我的来访者汉娜与我分享的经历。

被虐待的时候，我就没有精力去照顾孩子了。我要花掉所有的精力才能熬过一天。我甚至没有注意到大儿子是什么时候开始吸毒的。我对此感到很难过，特别是想到我母亲也从来不曾陪在我身边。

那些受到情感虐待的人往往带着极大的愤怒。由于受虐者可能很畏惧施虐伴侣，所以可能会将这种愤怒持续下去。但愤怒是一种需要表达出来的情绪，因此受虐者最终可能会把愤怒发泄在孩子身上。这不应该是一种借口，而只是一种解释。受虐者会无意中发泄自己对孩子的愤怒，这是可以理解的。

此外研究表明，创伤的长期影响往往在人们受到压力时、在新的情境下或在让他们想起最初创伤情景的情况下最为明显和突出。不幸的是，为人父母者受到情感虐待时，上述三种情况都会发生。特别是第一次为人父母的压力很大，这几乎总能唤起我们对童年创伤的记忆。这就可能会为虐待儿童埋下伏笔。

可悲的事实是，童年时被虐待或忽视的人比没有经历过这些的人更有可能虐待或忽视自己的孩子。可能会让你倾向于以虐待或忽视的方式对待孩子的特征包括对孩子没有同情心；倾向于把事情太个人化（这可能会导致你对孩子的行为反应过度，如大喊、辱骂或殴打他们）；由于你的羞耻感和缺乏自信，你会投入过多精力让孩子看起来很好（而你作为他们的父母看起来也很好），并且坚持让你的孩子关心你或尊重你，以弥补你的羞耻感或缺乏自信。

还有一个原因可能会导致为人父母者施虐——在孩子身上看到自己的劣势或脆弱之处。那些有过受害历史的人，往往会倾向于对软弱表示憎恨和轻视。如果你在孩子身上看到了弱点，你可能想起自己的脆弱和受害经历，这可能会点燃你的自我仇恨，从而导致你痛斥孩子。一旦你对自己这样做的原因有了更深的理解，就更愿意原谅自己的负面行为了。你要继续提醒自己，由于你小时候遭受了痛苦或成年后受到虐待，你容易重蹈虐待的覆辙，这是可以理解的；你是能够为自己的行为负责的，不需要进一步感到羞耻。你所经历的创伤导致你产生了无法控制的心理问题，理解这一点对你原谅自己以某种方式伤害他人也是有很大帮助的。

正如克里斯汀·内夫在《自我关怀》一书中所写的那样，"当我们开始认识到现在的自己是无数因素的产物时，我们就不需要把自己的'个人缺点'看得如此特殊了。当我们认识到所有人都处在一个错综复杂的原因和条件网络中时，我们就能够对自己和他人少一些评判了。对事物之间相互纠缠的深刻理解使我们能够产生一种共情，即我们已经尽了最大努力，生活也已经给了我们最大的帮助。"

────────○　**理解自己的行为**　○────────

1. 列出你伤害过的人，并描述伤害他们的方式。

2. 逐项浏览一遍这份清单，写下你每一次行动的所有诱因和条件。除了你在成人和/或童年时期受到虐待这一事实之外，考虑一下其他的诱发因素，比如家庭暴力史和家庭吸毒史等。

3. 现在问问你自己，为什么你没有阻止自己伤害他人。比方说，当时你是不是满腔怒火，无法控制自己？你是不是很憎恶自己，甚至不在乎自己伤害了别人几分？你是否筑起了一堵防御壁垒，以至于无法对你伤害的人产生同情心？

4. 现在，你已经对自己伤害他人的原因和条件有了更深的理解，接下来看看你是否原谅自己一些了。你是一个并不完美、容易犯错的人，跟所有人一样，你的所作所为会伤害别人。承认自己人性中的不完美和局限性，对自己富有同情心，原谅你自己。

如果你发现仍然对自己过去的行为影响了他人而感到内疚或羞愧，那么认识到并记住这个事实很重要：最有效的自我宽恕方法就是发誓你不会重复同样的行为，也不会再以同样的方式伤害别人。

药物或酒精滥用带来的羞耻感

许多曾经遭受过情感虐待的人都有巨大的羞耻感，因为他们会使用药物或酒精来帮助自己应对虐待。例如我的来访者莉娜就用酒精来缓解她不断因丈夫无情的批评和不合理期望而体验到的焦虑。

> 我丈夫早上一去上班，我就开始酗酒。起初，我只是在咖啡里放一点儿白兰地，告诉自己我需要一些东西来帮我度过一天。这能够让我放松下来，让我暂时忘记丈夫骂我的那些可怕字眼。
>
> 接着，随着我丈夫回家的时间越来越近，我开始喝伏特加兑橙汁，这让我能鼓起勇气面对他。我会担心房子是否打扫得足够干净，或者他是否喜欢我为他做的晚餐。我不知道他会找到什么能批评的点，但总会有些东西让他不满。如果此时我有点醉，我就能接受这一切，不会产生被摧毁的感觉，我甚至可以假装爱他。我可以毫无障碍地微笑并表达我的深情，这能让他对我手下留情。有时我们还一起喝酒，甚至想方设法玩得很开心。
>
> 但随着时间的推移，我喝酒越来越多，而他开始注意到这点并小题大做。此时，他有理由抱怨妻子是个醉鬼了。我知道我应该戒酒。我也看得出这件事如何影响了我对待孩子的方式，为此，我痛恨自己。我特别恨我自己，因为我会在喝醉的时候开车带着孩子到处跑。这会要了他们的命。

我第一次见到莉娜时，她已经设法摆脱了虐待她的丈夫，但也失去了他们三个孩子的监护权。她的丈夫利用她被判酒后驾车的事实，试图要挟她和自己住在一起。但这样做不起作用，于是他在孩子的监护权案中用酒后驾车对付她。

莉娜对自己曾是酗酒者的事实极为自责。"我太傻了。我怎么能这样对待自己和我的孩子？"

我向她解释说，她一点儿也不傻。事实上，她已经找到了一种非常聪明的（尽管带有自我毁灭的性质）自我治疗方法。当我向莉娜解释说，她确实有充分的理由喝酒，而且她正在尽最大努力应对情感虐待时，她对自己的批评也不那么苛刻了。接着我向她解释说，虽然喝酒可以帮助她应对虐待，但这种应对机制并不合适，因为这不能帮助她从虐待情境中恢复过来。事实上，喝酒给她带来了更多创伤（即失去了她的孩子）。

我很高兴告诉大家，得益于心理咨询和戒酒互助会，莉娜已经戒酒两年了。她也重获了争取孩子监护权的力量和自尊，并赢得了这场战斗。

如果你也有酒精或药物依赖问题，意识到你很可能是在用它们应对情感虐待或儿童时期的虐待史，这很重要。最重要的是明白，无论是酒精、毒品、性、食物、购物还是赌博成瘾，它们一直都是自我治疗与应对焦虑和恐惧的一种方式。这可以帮助你不再因为成瘾行为伤害了亲近之人而责备自己。

———○   情有可原   ○———

❖ 列出你对所受情感虐待的应对方式。比如，也许你会因为忍受虐待而感到羞耻，所以将自己与他人隔绝，也许你会开始大量饮酒，以此作为应对虐待的一种方式。

❖ 对于你采用的每一种应对机制，都请告诉自己："这是可以理解的。"比如："我把朋友们拒之门外是可以理解的。我固然感到非常羞愧。我很难想象他们在知道发生了什么后，还会接受我。"或者"我需要喝更多的酒来缓解痛苦，这是可以理解的。"

原谅你对自己的伤害

虽然你或许很难相信，但原谅你的自我伤害，与原谅你伤害过他人一样重要。有时，这种伤害表现得十分明显，比如过度饮酒、吸毒、吸烟、暴饮暴食或吃不健康的食物，暴食厌食交替，自残，无保护措施的性行为或滥交。

你要原谅自己沉迷于这些行为。彼时的你不爱护自己的身体，不尊重自己的身体，是因为你背负着巨大的羞耻感。你厌恶自己的身体，因为它是痛苦和羞耻感的来源。你让身体忍受饥饿，是因为你小时候或许在虐待关系中缺乏爱、滋养以及适当的照顾。你攻击自己的身体是因为它曾受过别人的攻击，而你认为自己的身体罪有应得。你对自己的身体十分粗鲁，是因为在你成长的过程中没有人珍惜它。

原谅自己曾经做过的伤害自己精神、形象和正直品质的事情。原谅自己容忍伴侣的辱骂甚至违法行为；原谅自己允许伴侣强迫你进行让你感到厌恶或恶心的性行为；原谅自己对爱你和担心你的家人和朋友置之不理。

通常，你给自己精神造成的伤害比你对身体、自尊或形象的可见损害要隐蔽得多。比如，你应该原谅自己不相信自己，对自己太苛刻，因为受到虐待而责怪自己，为自己设定了不合理的期望。记住，你当时已经尽了最大的努力，你找不到其他解决方式，你只是在做别人教你做的事。

你把他人推开是因为你害怕信任别人，因为你不相信自己值得被爱。你不相信自己，因为在你成长的过程中没有人相信你，因为施虐者对你撒了谎，你却相信了对方。你之所以对自己过分苛刻，为自己设定了不合理的期望，是因为别人对你太苛刻，其中包括你的父母和施虐伴侣。

自我宽恕信

1.写一封信请求自己的原谅，比如忽视自己的身体状况，采用与父母或施虐者对待你的方式来对待自己，还包括你因对自己过于苛刻而伤害了自己的行为。

2.不要指望自己一坐下来就能写完这封信。这可能需要几天甚至几周的时间才能完成。慢慢来，仔细想想你伤害自己的各种行为。

3.你在写信的时候，要带着最强烈的自怜之心。如果你开始出现自我批评，就停止写作。你可以选取书中的其他自我关怀练习来做，也可以重读本书的某一部分，这能够让你想起写信的初衷。接着抓住时机，内心和脑海中带着自我关怀，重新专注写你的信。

心灵冥想：原谅你对自己的伤害

1.舒适地坐下，闭上眼睛，让呼吸自然而轻松。

2.让你的身体和思想放松下来。

3.轻轻地吸气，让空气进入你的心灵地带，然后让自己感受到，你已经立下的所有障碍以及自己所承受的情绪，都是因为你没有原谅自己。

4.让你的内心感受到紧闭心扉的痛苦。

5.（呼吸）轻轻呼吸，开始原谅自己，请诵读下面的话："我做了很多伤害自己的事。我曾多次有意无意地通过思想、言语或行为背叛或放弃自己。"

6.感受自己宝贵的身体和生命。让你明白做了哪些伤害自己的事。

7.感受一下你因伤害自己而带来的悲伤吧。感受到自己有能力释放这些负担。

8.逐一对这些负担给予原谅。

9.对自己重复："对于我因某些行为或不作为、羞耻感、恐惧、痛苦或愤怒而伤害了自己，我现在要发自内心地充分原谅自己。我原谅我自己，原谅我自己。"

相比你能做的其他事，原谅自己更能疗愈你的羞耻感。你是无辜的受害者，不应该受到虐待。原谅你反复虐待自己。你充满了羞耻感，你十分了解，羞耻感会让我们对自己和他人做出可怕的事情。

如果你小时候受过创伤，请原谅自己，因为创伤对你选择健康伴侣的能力产生了负面影响。原谅自己十分缺乏安全感、缺乏自尊、感到羞耻、害怕被拒绝或抛弃，以至于失去了本应得到的东西。原谅自己想要重现过去，以期消除过去事件的影响。

原谅自己留在了这段关系中，因为你太害怕独自一人了。原谅自己重现了母亲或父亲的行为，和虐待你的伴侣待在一起。原谅你自己追随家人或教会的信仰，认为离婚是永远不可接受的。原谅你自己和父母之一乃至双方有相同之处，但只要你足够耐心，人都是可以改变的。原谅你所做的一切。

第 15 章

持续疗愈自己的羞耻感

> 回过头来照顾好自己，你的身体、感受、认知
> 都需要你。而你的遭遇需要得到承认。回家吧，做
> 完上面的所有事。
>
> ——一行禅师（Thich Nhat Hanh）○，《与自己和解：治愈你
> 内心的内在小孩》(*Reconciliation: Healing the Inner Child*)

　　羞耻感给那些遭受情感虐待的人留下了深深的伤痕。这些伤痕包括你对自我和身份的核心认知的损害，产生持续且偏激的厌恶和羞耻感，并持续因为忍受虐待而惩罚自己。你就像许多曾经的受害者一样，可能会因为意识到自己忍受虐待太久，并且对朋友和家人隐瞒秘密而感到羞愧，你还会不断质疑这段关系的失败是不是自己的错，这一切都可能会困扰你。或许这还不够，羞耻感会毒害你对自己的信念，你将不再相信可以靠自己取得成功，

○ 越南人，现代著名的佛教禅宗僧侣、诗人、学者。——译者注

不再相信别人会爱你，也不再相信未来你有能力选择一个健康、安全的伴侣。

上述所有羞耻感都需要疗愈。你需要正面解决它们，并将它们从你的身体、头脑和精神中驱逐出去。在这一章中，我将教你更多的方法来完成上述疗愈过程。我们还会关注更多能让你继续学习并练习自我关怀的方法，包括一些更为具体的态度和技能，这些态度和技能可以扭转你的不良倾向，不再以谴责和自我批评的方式看待自己。这需要你从各个方面努力进行自我关怀，包括自我理解、自我宽恕、自我接纳、善待自己和自我鼓励等。

疗愈你的身体羞耻感

你为什么需要疗愈自己的身体羞耻感呢？一个重要的原因是我们会通过身体与自己以及其他人交流自我感觉。我们的身体姿势会清楚地表明我们对自己的感受。彼得·莱文等创伤研究专家一直在与来访者合作，帮助他们改变身体姿势，将典型的羞耻感体态，包括肩膀下垂、胸部蜷曲、垂头丧气变为更有力量的抬头、挺胸和向后舒展肩膀，他们发现这能够很有效地帮助来访者消除羞耻感，并且感觉自己更有力量。

下面的练习能够帮助你开始改变自己的体态，这反过来又可以帮助你改变自己的情绪和想法。

─────○ 将羞耻感逐出你的体态 ○─────

1. 像往常一样坐在椅子上。如果能坐在镜子前则是最理想的，但这不是必须。注意你的姿势。你是瘫软的，还是坐直的？你的肩膀是向后伸展，还是向前倾，就像在保护自己的胸部？

2. 注意你的姿势给自己的感觉。你是感到精力充沛，还是感到消极被动？

3. 现在，我想让你把肩膀向后延伸，坐直一点。你想象有一根绳子系在你的头上，有人在拉这根绳子，试图让你抬起头来。现在深呼吸，舒展你的胸部，像人猿泰山敲打胸膛之前一样。在每一次深呼吸中，注意自己是如何感受到胸腔打开的。

4. 关注当下的感觉。在你坐得更直一些的时候，你有没有感觉到情绪有什么不同？当你舒展胸部时，感觉到什么不同了吗？如果你坐在镜子前，请留意你的外表发生了怎样的变化。

以下是我的一些来访者就自己感受到的前后差别而表达的一些看法。

❖ "当我坐得更直以后，我感觉自己长高了，不知是什么原因，这让我感觉自己更强大了，不再那么害怕了。"

❖ "我注意到之前的我总是无精打采的，可把肩膀向后展开后，我感觉更自信了。"

❖ "我打开胸腔深吸一口气时，会感觉自己很有力量。每呼吸一次，我就觉得自己多了一分自信。"

羞耻记忆

目前的研究表明，我们实际上可以重新与自己的羞耻记忆产生连接。大脑的神经具有可塑性，也就是说在我们的一生中，大脑能够不断长出新的神经元连接新的突触，因此你可以用新的自我同情（self-empathy）和自我关怀体验来主动修复已往的羞耻记忆。要做到这一点，我们需要唤起从前的羞耻记忆，也就是激活那些经过精心排布的神经网络。我们之所以能够培养出自我同情和自我关怀，正是这些神经网络在起作用。两种神经网络模式（由羞耻记忆唤起的神经网络，以及由自我同情和自我关怀唤起的神经网络）同时被激活。新的神经通路在那一刻被创造出来，有时充满戏剧性。羞耻感能就此融入更强烈的自我觉察和自我关怀中，就像湖里的一茶匙盐。它不再起作用了。但这很显然需要反复练习，在你曾多次受到羞辱的情况下尤其如此，不过这种方法终归是有效的。下面的练习就是上述操作的一个示例。

————————○ **与你的羞耻记忆重新连接** ○————————

1. 把你的手放在你的心脏处，深呼吸。

2. 唤起曾经被爱的记忆。

3. 让自己体验到被爱的感觉流经你的头脑和身体。

4. 现在，唤起一小段曾经的羞耻记忆，只需要一茶匙，不必很多。

5. 在更广阔的意识中将羞耻记忆保存下来，体会自己的善良、力量和智慧。把它留在一个更大的背景下，即对他人报以爱和接纳，也给自己更多的爱和接纳。当你的整个身体开始对这种新的存在、感觉和思维方式进行深度"编码"时，你甚至可能会感受到身体发生了变化。

我鼓励你反复进行上述做法，尽可能多次修复神经，对曾有的羞耻感的神经通路进行重新连接。

继续练习自我关怀

继续练习自我关怀是疗愈羞耻感最有效的方法。自我关怀除了作为羞耻感的解毒剂外，还可以是自我批评的解毒剂，而自我批评是那些经历了强烈羞耻感之人的主要行为之一。研究发现，自我关怀能触发大量催产素的释放，催产素是一种激素，可以增加人们的信任、平静、安全、慷慨和联结感。另外，自我批评对我们的身体的影响却大不相同。杏仁核是大脑中最古老的部位，用于快速检测环境中的威胁。当我们遇到威胁时，战斗或逃跑反应就会被触发，杏仁核发出信号，血压、肾上腺素和皮质醇都会增加，以此调动我们对抗或避免威胁所需的力量与能量。虽然我们的身体创造这个系统是用来应对生理攻击的，但它同样容易因为被情绪攻击激活。随着时间的推移，皮质醇水平升高会导致抑郁，因为它们会耗尽我们体验快乐的各种神经递质。

练习自我关怀有诸多好处，其中一项在于它会向我们的身体释放催产素。下面的练习会告诉你如何使用这种催产素。

─────────○　**催产素的使用**　○─────────

请让自己想起你无条件爱着的人。对方可能是一个亲密的朋友，是你心爱的孩子，或者是向你提供爱和支持的人，比如治疗师。

1. 发自内心地感受你对这个人的爱。关注这种感觉。感受你与所爱之人之间的爱意流动。

2. 感受到这种爱之后，让你长期以来向所爱之人传递的爱回流到自己身上。继续感受你对所爱之人的爱，还要让它回流到自己身上。

3.如果可以，请让自己接受这份爱；请你接受关怀，接受自己被爱与照顾的感觉。

认同感的重要性

自我关怀还有一个好处，就是带来认同感。简单地说，认同感就是一种认可，是承认并接受他人内心体验的重要性。当一个人认同了另一个人的体验，其传递出的信息就是："你的感觉是有意义的。我不仅能听到你的呼声，还能理解你为什么会有这样的感觉。你产生这样的感觉不糟糕，没有错，也并不疯狂。"

不认同则意味着攻击或质疑一个人的感情基础或事实，可能是通过否认、嘲笑、忽视或评判他人的感受。不管用什么方法，其效果都很明显：这个人觉得自己"错了"。正因如此，你的感知和感觉在现在得到认同是至关重要的。产生自我关怀，触碰自己的痛苦，是认同你自己以及你的感觉、感知和经历的一种方式。

通常是认同感的缺乏导致了负罪感和羞耻感的肆虐，这是人们对负面体验的一种反应。比如，如果你和大多数情感虐待的受害者一样，就很难将有关虐待的事情告诉任何人。正因如此，你的受虐经历本身很可能从未得到认同。为了从虐待及其相关的羞耻感中恢复，你现在就该接受来自自己和他人的认同感，这是很重要的。

自我关怀能够帮助你滋养、理解和认同自己，这是你迫切需要的，只有这样才能疗愈你的羞耻感，并开始让你感到自己值得获得关心和悦纳。

自我关怀信

我让来访者莫琳给自己写一封充满自我关怀的信，在信中，她对自己在与丈夫的 20 年婚姻期间所遭受的一切情感虐待表示同情。她是这样写的：

> 我很抱歉，你在婚姻中遭受了这么多痛苦。这么多年来，这样的辱骂一定让你难以忍受。你一定感觉自己被困住了，感到很孤单。我知道你不敢将发生在自己身上的事告诉任何人，因为你害怕他们不相信你或者拒绝你。你爱你的丈夫，他又是一个好父亲、一个称职的顶梁柱，我明白你一想到要离开他就会感到内疚。你的丈夫对你做了那么多可怕的事情，对你说了这么刻薄的话，我希望这没能压垮你。我希望在经历每一次创伤之后，都有人能够安慰你。但是后来，你陷入了抑郁和自责，变得越来越麻木。你不应该被这样对待。

正如你所见，在这封信中，莫琳不仅对自己的遭遇表示了安慰和理解，还认同了自己的感受。

研究人员利娅·B.沙皮拉（Leah B. Shapira）和玛丽亚姆·蒙格伦（Myriam Mongrain）进行的一项研究发现，与被要求提取早期记忆的对照组成员相比，成年受试者如果在一周的时间里每天给自己写一封充满自我关怀的信，承认自己经历折磨的事件，他们此后三个月内的抑郁症状会显著减少，六个月内的幸福感会显著增加。

除了自我认同，你还需要被其他人认可。我鼓励你把受到情感虐待的事实告诉别人。我知道这很可怕。你从前可能试过这样做，结果却发现那个人没有相信你，或者试图说服你别去相信自己的经历。但你现在已经变得更坚强了，你不需要依靠别人的相信来了解现实。然而，你确实需要走出孤立的状态，去探索周围是否会有人相信和支持你。接受这种支持的一个好地方，就是为情感虐待受害者设立的团体，找找你所在的社区中是否有这样的团体，也可以与你所在地的受虐妇女组织联系。这些组织往往会组建支持团体，此类团体不仅面向身体上受虐的妇女，也面向正在或曾经受到情感虐待的妇女。Meetup 也是一种十分受欢迎的选择。美国、英国、加拿大、澳大利亚和新西兰都有此类团体。要获取更多相关信息，可以访问相关网站。

从自我批评走向自我接纳

除了内心住着一个强大的批评家以外，曾经的情感虐待受害者通常对自己有不合理的期望。你遭受的情感虐待可能包括伴侣对你的不合理期望。正因如此，你很可能已经对自己有同样的期望。你或许希望自己做的事情永远正确，永不犯错。当你确实不可避免地犯了错误或行为不当时，你很可能无法原谅自己。你可能会像那个虐待你的人一样严厉地惩罚自己，甚至可能会通过挨饿、剥夺自己喜爱的东西乃至自我伤害来惩罚自己。

出于这些原因，开始对自己产生更合理的期望是很重要的，这些期望既不要太苛刻，也不能太宽松。如果你不这样做，你就很难避免对自己失望（同时激起内心的批评声音）。合理期望是可以实现的期望，要以你过去的遭遇、现在的处境，以及你现在的形象作为依据。比如，考虑到你遭受虐待的历史，你可能会体验到自卑、强烈的内心批判和不健康的羞耻感，这都是合理的。鉴于你的过往，期望你能够在一夜之间克服受虐带来的负面影响是不合理的。无论如何，我们希望你在阅读本书并进行练习后，能够克服曾经遭受的大部分伤害。

────────○　　　**更合理的是……**　　　○────────

1. 想一想你现在想要改善的行为（比如成为更好的父母）。
2. 采用下面的格式来填空。

　　　鉴于＿＿＿＿＿，我认为＿＿＿＿＿是不合理的。

　　　而更合理的做法是＿＿＿＿＿。

例句："鉴于父母对我进行过如此多的批评，我认为永远不批评自己的孩子是不合理的。而更合理的做法是，我可以控制住自己的批评，向自己和孩子承认这一点，并且继续尽力做到不挑剔。"

不必期望自己"一切都好"

你给自己设定不合理期望的一种方式是希望自己总表现得尊重他人、慷慨、有耐心、善良和宽容，换句话说，自己要"一切都好"。但事实上，没有人能永远当个好人。我们都会有感觉自己很小气或心胸狭隘的时候，我们都可能有自私的时候，也都可能会生气。如果我们接受了这个事实，我们就能够原谅自己的缺点，希望做得更好，然后继续前进。如果我们期望自己永远不表现出小气或自私，永远不生气，那我们就会让自己感到羞耻。

事实上，我们无法完全抛开自己身上不被接纳的特点（比如自私、刻薄、易怒等），它们最终都会露出丑陋的面目。那些试图当个好人的人往往会尽力让自己看起来很好，坚持行善积德，因为他们背负着太多的羞耻感。这可能会让一个人出现依赖共生，或者忍受其他人不可接受的行为。这就仿佛人们希望通过行善来消除曾做过的一切坏事。那么你呢？为了补偿自己背负的羞耻感，你有没有专注于当一个好人呢？

探询的力量

这个练习基于一种名为"探询"（inquiry）的正念练习。下次当你的行为让自己心烦意乱（比如你对孩子大喊大叫，或者暴饮暴食等）的时候，你就可以试着做一做。

1. 停下来问问自己："我内心最需要关注的是什么？"或者"我想接纳的是什么？"这能够帮助你减少自我评判，并与自己的情感建立联结。

2. 注意你体内发生的转变。你胃里的肌肉收缩了吗？你身体的其他部位紧张吗？如果是这样，问问你自己，是否因为感受到了什么情绪，身体才如此紧张。你可能会感到恐惧，可能会害怕失败，或害怕无法当一个好家长。

3. 请注意，仅仅关注恐惧情绪会使其减弱，从而减弱你的自我评判。

4. 现在，在你的内心探询练习中加入一份同情。向恐惧（痛苦、愤怒或羞耻感）的情绪传递一个信息："我很关注这种遭遇。"带着你的感受坐下来，仿佛你和一个正在痛苦挣扎的好朋友坐在一起。将下面这句话重复几遍："我很关注这种遭遇。"

在这个练习中，自我接纳的态度让你的那些恐惧和脆弱的部分安全地暴露在自己面前。自我关怀练习能帮助你不再追求完美自我，而是学会如何爱自己，让自己变得完整。

塔拉·布莱克（Tara Brach）在她的精彩著作《全然接纳：用佛心支撑你的生活》（*Radical Acceptance：Embracing Your Life with the heart of a Buddha*）中建议我们采取下述态度：我们只要已经按照自己的方式行事，就是完美了，无论自己还有多少缺点。你无须一直努力成为更好的自己；你已经很棒了。就像好的父母会喜爱并接纳孩子的本来面目一样，努力去喜爱并接纳自己的本来面目。

---○ **全然接纳** ○---

1. 列出你的缺点，包括让你感到羞耻的方面，以及你一直在努力改变的方面。

2. 大声朗读出每一个缺点，然后对自己说："我愿爱自己，并接纳我本来的样子。"每次你说这些话的时候，都要深呼吸，真正用心说出。

3. 要知道，你的任何一面都属于你自己，都是可接纳的。

最重要的是，你要意识到每个人都渴望自己得到接纳。我们中的大多数人一生都在寻求他人的认同和赞许。但事实上，如果我们不能接纳自己，就无法指望别人接纳我们。如果无法自我接纳，我们将会生活在对遭到拒绝的持续恐惧中。

接纳的对立面是拒绝。如果你无法完全接纳自己，就是在含蓄地拒绝某一部分的自己。当你否认、压抑或隐藏自己的任何一面，都相当于在拒绝自己。假如你长期疲于隐藏自己的某些方面，掩饰自己的真实身份，那么你的完整生活就会受到限制。但是，如果你保存下自己所有的品质和生活经历，那你就会茁壮成长，保持完整。

善待自己

我们从第 8 章开始探讨善待自己。善待自己是自我关怀的一个重要组成部分，是疗愈羞耻感的最有力方法之一。事实上，善待自己是自我关怀的核心。但你可能不知道该如何练习。善待自己包括以温柔、慈爱、柔和的态度看待和对待自己。这是在采取一种善良、耐心和自我悦纳的态度提升自己，不带有自我批评、完美主义和不合理期望的态度。

善待自己还包括对自己产生关心和安慰感。相比自我批评，善待自己需要做到对自己的缺点和不足保持宽容。这里有些简单的学习工具，当我们遭受痛苦、失败或感受到匮乏时，下述工具可以为我们提供支持。

善待自己对那些认为自己值得善待的人来说是很自然的。不幸的是，你的羞耻感很可能让你很难善待自己，也让你很难接受别人的善意。我希望，随着你的羞耻感部分消散，你会更加开放，相信自己值得被自己善待。不过我也理解，这对一些人来说确实困难些。如果你没有体验过他人的善意，通常很难学会善待自己。正如前文所提，找到某个对你很好的人，模仿她对待你的方式往往会很有帮助。不过，即使你不知道如何善待自己，只要现在你认为自己值得被善待，那么本书中的信息和建议还是能帮助你学会实践。

你已经开始在某些方面学习如何练习善待自己了，首先你要停止自己已经习惯的持续自我批评，开始理解、接纳和原谅自己的弱点和错误，而不再强化它们，这些都属于善待自己的要件。

有神经学证据表明，善待自己和自我批评的大脑功能运作方式是截然不同的。最近的一项研究发现，自我批评与大脑外侧前额叶皮质和背侧前扣带回皮层的活动有关，这两个区域与错误处理和问题解决有关。另外，对自己友善和让自己安心与大脑左颞极和脑岛区域的激活有关，脑岛与积极情绪和同情心有关。因此，相比于把自己看作一个需要解决的问题，善待自己的视角能让我们把自己看作值得关心且有价值的人。

练习善待自己，能够激励你更好地照顾自己，确保自己的安全，不做任何可能危及自身安全和权益的事情。善待自己还能帮助你做出更明智、更健康的选择，包括让你选择以更健康的方式行事。

如果你不爱自己，对自己和自身价值没有强烈的渴望，那么即使你不想这样，也会继续保持消极状态。但是当你能把对安全和尊重的需求放在其他不太重要的需求（比如总是试图取悦你的伴侣）之上时，你会发现更加尊重自己了。

自我支持

如果我们感觉自己得到了他人的支持，就更容易忍受困难的感受和处境。当情况涉及我们与自己的关系时也是如此。我们对自己越善良、越有同情心，就越有勇气去忍耐困难的事。下面的练习也是一种让你接触到虐待带来的情绪的方式，同时能够为你提供支持和滋养。

描绘自己

如果你有儿时的照片，请仔细看一遍，找出一两张能让你感到身临其境的照片，让你能回想起童年时光。你最好是能找到一张照片，表明当时的自己正处于一段特别困难的时期（例如你的父母离婚了，或你遭受了性虐待）。

1. 试着长时间盯着自己选择的一张或几张照片。

2. 注意照片中你的表情、姿势，以及可能出现的任何其他能够表达你当时感受的暗示。你可能会注意到，自己看起来很悲伤、害怕或生气。不过你也可能看不到任何线索。

3.留意你在看自己的照片、思考自己当时的处境时，你的感觉是怎样的。

4.给童年的自己写一封信，告诉她当你回想起童年遭受的痛苦时，你现在有什么感觉。就仿佛是成年的自己写信给童年的自己。

5.信写好后，大声读给自己听（或者更准确地说，是读给童年的自己）。允许自己接纳这些表明善意、支持和同情的话语。

学习自我安慰的方法

自我安慰实际上是许多孩子在自然发育阶段学习生存的手段。当一个孩子开始哭喊着找她的母亲时，敏锐的母亲会对孩子的哭声反应迅速。她抱起婴儿，用温柔的声音和抚摸来抚慰孩子。她很确定婴儿需要什么，无论是要食物、换尿布，还是仅仅要被抱着并获得安抚。婴儿将这看作一种他人和自己感同身受的反应，她会感到安全和放心。从这样的体验中，婴儿能够以一种高度无意识的方式认识到，她可以在自己有所求的时候获得想要的东西，一切都会好起来的。这种无意识的体验告诉她，她能够得到他人的充分回应，总能获得很好的照顾，这样的认识能够化为其自我安慰的能力。

你可能已经注意到，当生活面临挑战时，你常会体验到一种强烈的痛苦，感到过激和失控。你或许还会体验到一种深度的绝望和徒劳感，这种绝望和徒劳感也似乎具有毁灭性的力量。如果这完全符合你的情况，那可能就是由于你还是个婴儿或学步期孩子时，你的需求没有以一种带有安慰和滋养性的方式被回应。而这也可能意味着，你还是一个婴儿或学步期孩子时，就经历了大量的人际关系混乱（比如经常听到父母吵架）以及父母的忽视或愤怒。当你还是个孩子的时候，这一切经历都会让你在内心产生强烈的焦虑感。然而，这并不意味着你永远无法因为满足自己的需求而感到舒适和自信，也永远无法做到自我安慰。下面的信息和练习可以帮助你着手修复这些缺陷。

────○ **通过温柔的抚摸和拥抱来缓解你的痛苦** ○────

想象一下，如果你每次遭遇伴侣的情感虐待之后，都有人可以拥抱或轻轻地摇一摇你，那会是什么感觉。通过这些方式体会到关爱无法让虐待消失，但可以在那一刻缓解你的痛苦。即使你在那个时候可能没有得到这些充满爱的抚摸，但在你悲伤和疗愈的整个过程中，无论何时这样爱抚自己都不算太晚。

1. 只要你能记得虐待经历的痛苦，或记得虐待是由环境中的何种事物引发，就可以逐一尝试下面的方法：①轻轻抚摸自己的手臂、脸或头发；②轻轻摇晃身体；或③给自己一个温暖的拥抱。

2. 注意你的身体在接纳了这些自我安慰技巧后产生的感觉。是不是感觉更平静、更放松了？

3. 注意对你来说，这些自我安慰技巧中的哪一种让你感觉最好。比如，某一种方式比其他方式让你产生了更积极的联想吗？

4. 不要让你的自我批评的想法试图说服你放弃自我安慰。安慰自己并不愚蠢，也并没显得以自我为中心，而是你在为自己做一件充满爱的事情。

有实际研究表明，善待自己产生的力量不是一些仅令人感觉良好但无法改变事物的想法。例如，自我安慰起作用的一个重要方式就是触发催产素的释放，研究人员将其称为"爱和联结的激素"。我在本章的前文中提到了对催产素的研究，并讨论了研究如何证明了这种激素能增加信任感、平静感、安全感、慷慨感和联结感，还能提高我们温暖和同情自己的能力。当你通过温柔地抚摸身体来进行自我安慰时，上述结论尤其正确，因为研究表明，身体受到抚摸后会释放催产素，而催产素可以减少恐惧和焦虑，并抵消与压力相关的血压升高和皮质醇增加。

你能够通过很多方法从身体上安抚自己。我的许多来访者发现，轻轻抚摸自己的脸颊或手臂，特别能令人感到安慰。你可以找到一种适合自己的方法，并通过抚摸来安慰自己。

满足自己的需求

善待自己的另一点就是为自己提供生活中需要和渴望的东西，这不仅针对压力情景，更针对整个生活。要做到这一点，你必须有自我觉察。自我觉察的重要部分是了解自己，也就是关注自己，包括关注你的感受和反应。有很多例子表明，由于缺乏自我觉察，我们会让自己置身困境，或者强迫自己去做确实不想做的事情。想一想，为了做那些自认为应该做的事，或者取悦别人，你有多少次会将自己的需求放在一边。

做自己的父母，积极养育和回应自己

由于你儿时很可能是某种虐待或忽视的受害者，所以你的父母很可能并没有积极养育和充分回应你。你父母的一方或双方可

能正在通过忽视或虐待你，来重演他们童年时遭受的虐待行为，你的父母也可能并不知道该如何满足你的情感需求。又或者，你的父母因为将大部分精力都用于谋生而忽视了你的情感需求。基于上述所有原因，对你来说，如今让你滋养自己，担任自己积极回应的父母角色是很重要的。

劳蕾尔·梅林（Laurel Mellin）在她的杰出著作《开辟道路：通往健康与幸福的路》（*The Pathway*：*Follow the Road to Health and Happiness*）中解释说，为了担起积极回应的父母角色，你需要在对自己的剥夺和放纵这两个极端之间找到平衡，而这个中间点正是积极回应。正如我们在本章前面讨论的，反应迅速的父母能够敏锐地意识到孩子的需求。如果孩子哭了，而且很难看出哭的原因时，父母会尽一切努力去了解孩子的需求。当孩子因为饥饿而哭泣时，父母不会去给他换尿布。当孩子的真正需要是被拥抱时，父母也不会试着去给孩子喂奶。当反应灵敏的父母发现并满足了孩子的真正需求，便不需要纵容和溺爱孩子了。父母不需要弥补自己在某方面对孩子的疏忽。父母知道自己已经回应了孩子的真实需求，不会产生内疚或羞耻感。

反应迅速的父母能够意识到孩子的需求，你也一样需要意识到自己的需求，并对其保持敏感。一旦确定了自己的真正需求，你就会产生更强的能力去满足它们。不幸的是，要发现自己的真正需求往往并不那么容易，特别是如果你的父母曾过分剥夺你的自由或过分纵容过你。

需求和感觉的联系

保证时刻了解自己需要什么的方法之一，就是确认自己的感觉。如果你密切关注自己，你的感受就会告诉你需要什么。下面的练习能够帮助你建立这种重要的联系。

感受和需求

1. 每天通过多次"走进自己内心"检查自己，问自己有怎样的感受。有时，人很容易与愤怒、悲伤、恐惧、内疚或羞耻这四种基本感受纠缠不休。问问你自己："我感到愤怒吗？"如果答案是否定的，你就继续追问："我感到悲伤吗？"以此类推。你对"我有什么感受"的回答也可能是感到"孤独"或"饥饿"。

2. 当你找到某种感觉之后，去寻找与之相对应的需求。问问自己："我需要什么？"答案通常是："感觉到了自己的感觉，我想让它消失。"简单点看待这个问题；不要将这个问题与太多细节或复杂情况相混淆。比如当你感到愤怒时，可能需要为自己发声；当你感到悲伤时，可能需要哭泣。如果你感到饥饿，就需要食物；如果你感到内疚，则需要道歉。

3. 在找到真正与你匹配的需求之前，你可能需要多番尝试。你的一种感觉可能对应多种需要。比如你可能感到孤独，那么你的需求有可能是打电话给朋友，也可能是得到伴侣的拥抱，以及与自己建立联结。

4. 你需要警惕那些无法带来真实反馈的答案。比如当你感到悲伤的时候，你的"需要"是得到一些糖果；或者如果你感到愤怒，你的"需要"是打某个人。相反，你应该挖掘自己与生俱来的智慧，放松一下，找到更符合逻辑的、能够滋养自己的答案。你要问问自己："我真正需要的是什么？"更符合逻辑、更有助益的需求可能是"表达自己（写作、唱歌）""锻炼身体（走路、跳踢踏舞）""制订一个计划"，或者"（下次）从中总结教训"。

当你持续练习善待自己时，可能会体验到自己被强烈的悲痛情绪、其他负面情绪、创伤或痛苦的记忆淹没。当你把自我关怀变成生活的一部分时，你从童年开始就对持有的核心信念（"我不可爱""我一文不值"）可能也会浮现出来。

我那位睿智且富有同情心的治疗师是这样向我解释这一现象的：在第一次开始处理自己的问题时，我们就像一个容器，里面装满了羞愧、痛苦、愤怒、恐惧和内疚。当我们开始疗伤，尤其是开始为自己提供自我关怀并善待自己时，就像把上述的善意和同情心倾注到那个容器里。鉴于容器里已经充满了羞耻感和其他负面情绪，那么我们必须为全新的、积极的善待自己和爱的感觉腾出空间。而此时羞耻感和其他负面情绪开始倾泻而出，这才能为善待自己和爱的感觉腾出空间。比如你对自己的态度越好、越具有同情心，你就越有可能在感到孤独和受到误解的时候发泄出悲伤的情绪。

对这种意料中的情况，我们直接面对它即可，而非试图驱赶那些不好的感觉。你可以说："我曾经自我感觉很好，所以即使过去的自我怀疑和自我仇恨情绪可能浮现，这也是很有意义（或是可以理解）的。"

即使悲痛之类的情绪变得强烈，你也不要惊慌，只要让这些情绪流露出来就行了。当你陷入痛苦中，无人可以帮助你的时候，也要允许自己为过去经历的一切而悲伤。换句话说，你要温柔地对待自己，在痛苦和磨难中安慰自己。

让善待自己自然成为生活的一部分，你需要时间和实践。你可以学会倾听自己的需求并满足它们。你应该学着不再忽视自己的身体信号（比如充分休息、吃健康的食物），而是对它们做出反应。提升自我安慰能力之后，即使犯了错误，你也能够学会爱自己。

　　善待自己还有嘉奖的作用，这是个好消息。新的一天能为你提供新的机会，让你用仁慈来面对痛苦，每次你这样做时，都在加深自己的一个信念，就是自己值得这样的善待。当你犯了错误或出现问题时，你越是善意地回应自己，就越能抹去积年累月的自我批评（或来自他人的批评）对你的伤害。当你感到悲伤、害怕、愤怒或内疚时，你越是抚慰和滋养自己，就越不容易被消极的情绪压倒。

　　最重要的是记住一点：你应该善待自己。当你感觉到压力时，应该安慰自己。你应该了解和满足自己对休息、良好营养以及与他人交往的基本需求，这是所有人都有的需求。

结语

继续前行

> 在生活中，你起码能做到弄清楚自己希望的是
> 什么。而你所能做的，至多也就是活在希望里。不
> 过，你并非在远远地欣赏这份希望，而是与它共处
> 一个屋檐下。
>
> ——芭芭拉·金索沃 (Barbara Kingsolver)，
> 《动物梦》(*Animal Dreams*)

你同我一起走了很长一段路——这真的是一次探险。这次探险的目的是让你知道自己是否受到了情感虐待，并且了解虐待是如何发生并影响你的。另一个很重要的目的是帮助你重新发现自我，帮助你回忆起遇到伴侣之前的自己是谁，那个不曾深感羞愧的你是谁。

无论你现在是什么状态，无论你是已经结束了恋情还是仍在考虑，无论你是在积极地准备离开还是决定留下并努力维持这段

关系,我深切地希望本书能够帮助你疗愈羞耻感,尤其是疗愈你因伴侣对待你的方式而长期体验到的羞耻感。

我希望你已经认识到自己因受伴侣的虐待而体会到的痛苦,并学会了如何练习自我关怀。即使你不准备结束这段关系,我也希望你能下定决心找到一种更好的方式照顾自己,并尊重自己的感受。

本书有很多信息,有很多方法和练习,也有许多要求,能帮助你敞开心扉去改变想法、感觉和信念。尽管这无疑很困难,但希望你已经体验到了诸多转变,其中最重要的是树立更坚定的信念,相信自己值得被尊重、体贴和友善地对待。

你已经明白了自我关怀是羞耻感的解毒剂。你已经知道了愤怒可以赶走羞耻感。你也明白了自我宽恕是治愈创伤和羞耻感所需的药膏。但你还需要了解一件事:自豪感是与自责和羞耻感相反的。承认自己成长了多少,结束情感虐待的关系需要多少勇气,并且承认你有了许多其他积极转变是非常重要的。你要记住努力的起点,然后为你经历的遥远跋涉而信任自己。你要为自己感到骄傲自豪,这是你应得的。

做出上述改变需要你付出大量心血,也需要你有大量勇气来坚持整个过程。我赞许你的勇气和力量。你比想象的自己要勇敢和坚强得多。

从现在开始,你足以成为一个更坚强、更勇敢的人,一个不会再让任何人羞辱、操纵或再次控制的人。你成了一个能够重新生活的人,即使受伤也不会被摧毁。

能与你在旅途中同行,让我十分荣幸和自豪。我会把你放进心里,希望你对我也是如此。

我想留给你下面这句话。

　　有时候，你内心的力量并非每个人都能看到的熊熊火焰。它只是小小的火花，正轻轻地低语着："你能行。请继续前进。"

——佚名

延 伸 阅 读

从创伤中恢复

Herman, Judith Lewis. *Trauma and Recovery: The Aftermath of Violence—From Domestic Abuse to Political Terror.*

Levine, Peter. *Healing Trauma: A Pioneering Program for Restoring the Wisdom of Your Body.*

从童年虐待和忽视中恢复

Engel, Beverly. *Healing Your Emotional Self: A Powerful Program to Help You Raise Your Self-Esteem, Quiet Your Inner Critic, and Overcome Shame.*

_____. *It Wasn't Your Fault: Freeing Yourself from the Shame of Childhood Abuse with the Power of Self-Compassion.*

Forward, Susan. *Mothers Who Can't Love: A Healing Guide for Daughters.*

McBride, Karyl. *Will I Ever Be Enough? Healing the Daughters of Narcissistic Mothers.*

从性虐待中恢复

Atkinson, Matt. *Resurrection After Rape: A Guide to Transforming from Victim to Survivor.*

Bass, Ellen, and Davis, Laura. *The Courage to Heal: A Guide for Women Survivors of Child Sexual Abuse.*

Lew, Mike. *Victims No Longer: The Classic Guide for Men Recovering from Sexual Child Abuse.*

从情感虐待中恢复

Engel, Beverly. *The Emotionally Abused Woman: Overcoming Destructive Patterns and Reclaiming Yourself.*

_____. *The Emotionally Abusive Relationship: How to Stop Being Abused and How to Stop Abusing.*

Evans, Patricia. *The Verbally Abusive Relationship.*

Forward, Susan. *Emotional Blackmail: When the People in Your Life Use Fear, Obligation, and Guilt to Manipulate You.*

从依赖共生中恢复

Lancer, Darlene. *Conquering Shame and Codependency: 8 Steps to Freeing the True You.*

愤怒

Engel, Beverly. *Honor Your Anger: How Transforming Your Anger Style Can Change Your Life.*

疗愈羞耻感

Engel, Beverly. *It Wasn't Your Fault: Freeing Yourself from the Shame of Childhood Abuse with the Power of Self-Compassion.*

Kaufman, Gershen. *Shame: The Power of Caring.*

家庭暴力

Bancroft, Lundy. *Should I Stay or Should I Go? A Guide to Knowing if Your Relationship Can—and Should—Be Saved.*

_____. *Why Does He Do That? Inside the Minds of Angry and Controlling Men.*

自强的女性

Engel, Beverly. *I'm Saying No! Standing Up Against Sexual Assault, Sexual Harassment, and Sexual Pressure.*

———. *Loving Him Without Losing You: How to Stop Disappearing and Start Being Yourself.*

———. *The Nice Girl Syndrome: 10 Steps to Empowering Yourself and Ending Abuse.*

自我关怀

Germer, C. *The Mindful Path to Self-Compassion: Freeing Yourself from Destructive Thoughts and Emotions.*

Neff, Kristin. *Self-Compassion: The Proven Power of Being Kind to Yourself.*

边缘型人格障碍

Kreger, Randi. *The Essential Family Guide to Borderline Personality Disorder: New Tools and Techniques to Stop Walking on Eggshells.*

Kreisman, Jerold, and Hal Straus. *I Hate You—Don't Leave Me: Understanding Borderline Personality Disorder.*

———. *Talking to a Loved One with Borderline Personality Disorder: Communication Skills to Manage Intense Emotions, Set Boundaries, and Reduce Conflict.*

Mason, Paul T., and Randi Kreger. *Stop Walking on Eggshells: Taking Your Life Back When Someone You Care About Has Borderline Personality Disorder.*

自恋型人格障碍

Miller, Meredith. *The Journey: A Roadmap for Self-Healing After Narcissistic Abuse.*

Morningstar, Dana. *Out of the Fog: Moving from Confusion to Clarity After Narcissistic Abuse.*

Simon, J. H. *How to Kill a Narcissist: Debunking the Myth of Narcissism and Recovering from Narcissistic Abuse.*

离婚

Eddy, Bill, and Randi Kreger. *Splitting: Protecting Yourself While Divorcing Someone with Borderline or Narcissistic Personality Disorder.*

关于逃离情感和身体虐待的回忆录

Morris, Marguerite. *Leaving: One Woman's Story of Verbal Abuse.*
Morgan Steiner, Leslie. *Crazy Love.*

关于从童年虐待和忽视中恢复的回忆录

Engel, Beverly. *Raising Myself: A Memoir of Neglect, Shame, and Growing Up Too Soon.*
Wisechild, Louise. *The Mother I Carry: A Memoir of Healing from Emotional Abuse.*

参 考 文 献

第 1 章　情感虐待与羞耻感的完美联合

Karakurt, Günnur, and Kristin Silver. 2013. "Emotional Abuse in Intimate Relationships: The Role of Gender and Age." *Violence and Victims* 28, no. 5: 804–21.

Turner, Mary. 2001. "Shame on You: Self-Blame Can Literally Make You Sick."

第 2 章　确定自己是否受到了情感虐待

Karakurt and Silver. "Emotional Abuse."

Mouzos, Jenny, and Toni Makkai. 2004. *Women's Experience of Male Violence: Findings from the Australian Component of the International Violence Against Women Survey (IVAWS).* Canberra: Australian Institute of Criminology.

第 3 章　常见的情感虐待方式

Engel, Beverly. 2007. *The Jekyll and Hyde Syndrome.* Hoboken, NJ: John Wiley & Sons.

Forward, Susan. 2019. *Emotional Blackmail.* New York: Harper Paperbacks.

Stevenson, Robert Louis. 2018. *The Strange Case of Dr. Jekyll and Mr. Hyde.* Orinda, CA: SeaWolf Press.

第 4 章　羞耻缘何成为控制的手段

Turner. "Shame on You."

Van der Kolk, B. A. 1989. "The Compulsion to Repeat the Trauma: Reenactment, Revictimization, and Masochism." *Psychiatric Clinics of North America* 12, no. 2: 389–411.

第 5 章　走出羞耻感困境

Chapple, C. L. 2003. "Examining Intergenerational Violence: Violent Role Modeling or Weak Parental Controls? *Violence and Victims* 18, no. 2: 143–62.

DePrince. A. P. 2005. "Social Cognition and Revictimization Risk." *Journal of Trauma and Dissociation* 6, no. 1: 125–41.

Engel, Beverly. 2015. *It Wasn't Your Fault: Freeing Yourself from the Shame of Childhood Abuse with the Power of Self-Compassion.* Oakland, CA: New Harbinger.

Gilbert, R., C. S. Widom, K. Browne, D. Fergusson, E. Webb, and S. Janson. 2009. "Burden and Consequences of Child Maltreatment in High-Income Countries." *Lancet* 373, no. 9657: 68–81.

Gobin, R. L., and J. J. Freud. 2014. "The Impact of Betrayal Trauma on the Tendency to Trust." *Psychological Trauma: Theory, Research, Practice, and Policy* 6, no. 5: 505–11.

Herman, Judith. 2015. *Trauma and Recovery: The Aftermath of Violence.* New York: Basic Books.

Kaufman, Gershen. 1992. *Shame: The Power of Caring.* Rochester, VT: Schenkman Books, Inc.

Mouzos and Makkai. *Women's Experience of Male Violence.*

Norman, R. E., M. Byambaa, R. De, A. Butchart, J. Scott J., and T. Vos. 2012. "The Long-Term Health Consequences of Child Physical Abuse, Emotional Abuse and Neglect: A Systematic Review and Meta-analysis." *PLOS Medicine* 9, no. 11: 1–31.

Tackett, Kathleen Kendall. 2001. *The Long Shadow: Adult Survivors of Childhood Abuse.* Oakland, CA: New Harbinger.

Widom, C. S., S. Czaja, and M. A. Dutton. 2014. "Child Abuse and Neglect and Intimate Partner Violence Victimization and Perpetration: A Prospective Investigation." *Child Abuse & Neglect* 38, no. 4: 650–63.

第 6 章　别再相信施虐者

de Becker, Gavin. 1999. *The Gift of Fear: And Other Survival Signals That Protect Us from Violence.* New York: Dell.

Gilbert, P. 2005. "Compassion and Cruelty: A Biopsychosocial Approach." In *Compassion: Conceptualizations, Research, and Use in Psychotherapy,* edited by P. Gilbert. London: Routledge.

Longe, O., F. A. Maratos, P. Gilbert, G. Evans, F. Volker, H. Rockliff, and G. Rippon. 2010. "Having a Word with Yourself: Neural Correlates of Self-Criticism and Self-Reassurance." *Neuroimage* 49, no. 2: 1849–56

Shapira, Leah B., and Myriam Mongrain. 2010. "The Benefits of Self-Compassion and Optimism Exercises for Individuals Vulnerable to Depression." *Journal of Positive Psychology* 5, no. 5: 377–89.

第 7 章　用愤怒来改变旧习惯，给自己以力量

Levine, Peter. 1997. *Waking the Tiger: Healing Trauma.* Berkeley, CA: North Atlantic Books.

第 8 章　给自己的礼物：自我关怀

Neff, Kristin. 2015. *Self Compassion: The Proven Power of Being Kind to Yourself.* New York: William Morrow.

Longe et al. "Having a Word with Yourself."

第 9 章　你的亲密关系还有希望吗

American Psychiatric Association. 2013. *Diagnostic and Statistical Manual of Mental Disorders: Fifth Edition: DSM-5.* Washington, DC: American Psychiatric Association Publishing.

Soper, Richard G. 2014. "Intimate Partner Violence and Co-Occurring Substance Abuse/Addiction." American Society of Addiction Medicine.

Chapple. "Examining Intergenerational Violence."

de Becker. *Gift of Fear.*

Engel, Beverly. 2003. *The Emotionally Abusive Relationship: How to Stop Being Abused and How to Stop Abusing.* Hoboken, NJ: John Wiley & Sons.

Gilbert et al. "Burden and Consequences of Child Maltreatment."

Kwong, M. J., K. Bartholomew, A. J. Henderson, and S. J. Trinke. 2003. "The Intergenerational Transmission of Relationship Violence." *Journal of Family Psychology* 17, no. 3: 288–301.

Mason, Paul T., and Randi Kreger. 2020. *Stop Walking on Eggshells: Taking Your Life Back When Someone You Care About Has Borderline Personality Disorder, Third Edition.* Oakland, CA: New Harbinger.

Simpson, T. L., and W. R. Miller. 2002. "Concomitance Between Childhood Sexual Abuse and Physical Abuse and Substance Use Problems. A Review." *Clinical Psychology Review* 22, no. 1: 27–77.

Whiting, J. B., L. A. Simmons, J. R. Havens, D. B. Smith, and M. Oka. 2009. "Intergenerational Transmission of Violence: The Influence of Self-Appraisals, Mental Disorders, and Substance Abuse. *Journal of Family Violence* 24: 639–48.

Widom et al. "Child Abuse and Neglect."

第 10 章　如果你选择直接对质

de Becker. *Gift of Fear.*

Engel, Beverly. 2001. *The Power of Apology,* Hoboken, NJ: John Wiley.

第 11 章　关系终结的预兆

A Conscious Rethink. 2019. "12 Ways to Spot a Malignant Narcissist in Your Life."

第 12 章 若你选择留下

Mason and Kreger. *Stop Walking on Eggshells.*

第 13 章 抵御回头的诱惑

Bancroft. Lundy. 2003. *Why Does He Do That? Inside the Minds of Angry and Controlling Men.* New York: Berkley Books.

Levine. *Waking the Tiger.*

第 14 章 理解自己，原谅自己

Neff, 73.

Viorst, Judith. 1998. *Necessary Losses.* New York: Simon & Schuster.

第 15 章 持续疗愈自己的羞耻感

Bach, Tara. 2004. *Radical Acceptance: Embracing Your Life with the Heart of a Buddha.* New York: Bantam.

Gilbert. "Compassion and Cruelty."

Longe et al. "Having a Word with Yourself."

Levine. *Waking the Tiger.*

Neff. *Self-Compassion*, 48.

Mellin, Laurel. 2003. *The Pathway: Follow the Road to Health and Happiness.* New York: William Morris Paperbacks.

Shapira and Mongrain. "Benefits of Self-Compassion."